北京文化书系
京味文化丛书

文人笔下的北京

中共北京市委宣传部
北京市社会科学界联合会 组织编写
李春雨　万书言　汤晶 等　著

北京出版集团
北京出版社

图书在版编目（CIP）数据

文人笔下的北京 / 中共北京市委宣传部，北京市社会科学界联合会组织编写 ；李春雨等著. — 北京 ：北京出版社，2024.4
（北京文化书系. 京味文化丛书）
ISBN 978-7-200-18165-4

Ⅰ. ①文… Ⅱ. ①中… ②北… ③李… Ⅲ. ①文化史—北京 Ⅳ. ①K291

中国国家版本馆CIP数据核字（2023）第150339号

北京文化书系　京味文化丛书
文人笔下的北京
WENREN BIXIA DE BEIJING
中共北京市委宣传部
北京市社会科学界联合会　组织编写
李春雨　万书言　汤晶　等　著
*
北京出版集团
北京出版社　出版
（北京北三环中路6号）
邮政编码：100120
网　址：www.bph.com.cn
北京出版集团总发行
新华书店经销
北京建宏印刷有限公司印刷
*
787毫米×1092毫米　16开本　26.5印张　367千字
2024年4月第1版　2024年4月第1次印刷
ISBN 978-7-200-18165-4
定价：99.00元

“北京文化书系”编委会

“京味文化丛书”编委会

“北京文化书系”
序言

文化是一个国家、一个民族的灵魂。中华民族生生不息绵延发展、饱受挫折又不断浴火重生，都离不开中华文化的有力支撑。北京有着三千多年建城史、八百多年建都史，历史悠久、底蕴深厚，是中华文明源远流长的伟大见证。数千年风雨的洗礼，北京城市依旧辉煌；数千年历史的沉淀，北京文化历久弥新。研究北京文化、挖掘北京文化、传承北京文化、弘扬北京文化，让全市人民对博大精深的中华文化有高度的文化自信，从中华文化宝库中萃取精华、汲取能量，保持对文化理想、文化价值的高度信心，保持对文化生命力、创造力的高度信心，是历史交给我们的光荣职责，是新时代赋予我们的崇高使命。

党的十八大以来，以习近平同志为核心的党中央十分关心北京文化建设。习近平总书记作出重要指示，明确把全国文化中心建设作为首都城市战略定位之一，强调要抓实抓好文化中心建设，精心保护好历史文化金名片，提升文化软实力和国际影响力，凸显北京历史文化的整体价值，强化“首都风范、古都风韵、时代风貌”的城市特色。习近平总书记的重要论述和重要指示精神，深刻阐明了文化在首都的重要地位和作用，为建设全国文化中心、弘扬中华文化指明了方向。

2017年9月，党中央、国务院正式批复了《北京城市总体规划（2016年—2035年）》。新版北京城市总体规划明确了全国文化中心建设的时间表、路线图。这就是：到2035年成为彰显文化自信与多元包容魅力的世界文化名城；到2050年成为弘扬中华文明和引领时代潮流的世界文脉标志。这既需要修缮保护好故宫、长城、颐和园等享誉中外的名胜古迹，也需要传承利用好四合院、胡同、京腔京韵等具有老北京地域特色的文化遗产，还需要深入挖掘文物、遗迹、设施、景点、语言等背后蕴含的文化价值。

组织编撰“北京文化书系”，是贯彻落实中央关于全国文化中心建设决策部署的重要体现，是对北京文化进行深层次整理和内涵式挖掘的必然要求，恰逢其时、意义重大。在形式上，“北京文化书系”表现为“一个书系、四套丛书”，分别从古都、红色、京味和创新四个不同的角度全方位诠释北京文化这个内核。丛书共计47部。其中，“古都文化丛书”由20部书组成，着重系统梳理北京悠久灿烂的古都文脉，阐释古都文化的深刻内涵，整理皇城坛庙、历史街区等众多物质文化遗产，传承丰富的非物质文化遗产，彰显北京历史文化名城的独特韵味。“红色文化丛书”由12部书组成，主要以标志性的地理、人物、建筑、事件等为载体，提炼红色文化内涵，梳理北京波澜壮阔的革命历史，讲述京华大地的革命故事，阐释本地红色文化的历史内涵和政治意义，发扬无产阶级革命精神。“京味文化丛书”由10部书组成，内容涉及语言、戏剧、礼俗、工艺、节庆、服饰、饮食等百姓生活各个方面，以百姓生活为载体，从百姓日常生活习俗和衣食住行中提炼老北京文化的独特内涵，整理老北京文化的历史记忆，着重系统梳理具有地域特色的风土习俗文化。“创新文化丛书”由5部书组成，内容涉及科技、文化、教育、城市规划建设等领域，着重记述新中国成立以来特别是改革开放以来北京日新月异的社会变化，描写北京新时期科技创新和文化创新成就，展现北京人民勇于创新、开拓进取的时代风貌。

为加强对“北京文化书系”编撰工作的统筹协调，成立了以“北京文化书系”编委会为领导、四个子丛书编委会具体负责的运行架构。“北京文化书系”编委会由中共北京市委常委、宣传部部长莫高义同志和市人大常委会党组副书记、副主任杜飞进同志担任主任，市委宣传部分管日常工作的副部长赵卫东同志担任副主任，由相关文化领域权威专家担任顾问，相关单位主要领导担任编委会委员。原中共中央党史研究室副主任李忠杰、北京市社会科学院研究员阎崇年、北京师范大学教授刘铁梁、北京市社会科学院原副院长赵弘分别担任“红色文化”“古都文化”“京味文化”“创新文化”丛书编委会主编。

在组织编撰出版过程中，我们始终坚持最高要求、最严标准，突出精品意识，把“非精品不出版”的理念贯穿在作者邀请、书稿创作、编辑出版各个方面各个环节，确保编撰成涵盖全面、内容权威的书系，体现首善标准、首都水准和首都贡献。

我们希望，“北京文化书系”能够为读者展示北京文化的根和魂，温润读者心灵，展现城市魅力，也希望能吸引更多北京文化的研究者、参与者、支持者，为共同推动全国文化中心建设贡献力量。

“北京文化书系”编委会

2021年12月

“京味文化丛书”
序言

京味文化，一般是指与北京城市的地域和历史相联系，由世世代代的北京居民大众所创造、传承，具有独特风范、韵味的生活文化传统。京味文化表现于北京人日常的生活环境中与行为的各个方面，比如街巷格局、民居建筑、衣食住行、劳作交易、礼仪交往、语言谈吐、娱乐情趣等，能够显露出北京人的集体性格，折射出北京这座城市的历史进程和发展轨迹。

京味文化的整体风貌受到北京的地理位置、自然环境和历史地位等条件的制约和影响。北京地处华北平原北端和燕山南麓，西东两侧有永定河和潮白河等，是农耕与游牧两种生产生活方式交会的地带，这里的风光、气候、资源、物产等都形成了京味文化地域性的底色和基调。

北京曾是古代中国最后几个朝代的国都，是当代中国的伟大首都，是中国最著名的教育与文化中心城市。因此，从古代的宫廷势力、贵族阶层、士人阶层到现代和当代的文化精英群体，都较多地介入了京城生活文化的建构，而且影响了一般市民的日常交往、休闲娱乐等行为模式。

北京居民大众在历史上与来自全国各地、各民族的人员有频密的交流，接受了各地区、各民族的一些生活习惯和文化形式，使得京味文化具有了比较明显的包容性特征。尤其是在北京的一些文化人、艺术家将各地区的文化、艺术精华加以荟萃，取得了一些具有文化中心城市地标式的创作成就——例如京戏这样的巅峰艺术。

近代以来，北京得风气之先，在与外来思想、文化的碰撞与交流中，现代的交通、邮政、教育、体育、医疗、卫生、报业、娱乐等领域的公共制度、市政设施和文化产业等相继进入北京市民的日常生活，京味文化中加入了许多工业文明的元素。与此同时，乡村的一些文艺表演、手工制作等也大量出现在北京城里，充实了京味文化中的乡土传统成分。

当今时代，北京成为凝聚国人和吸引全世界目光的现代化大都市，人们的生产生活方式发生了彻底性变革，京味文化传统由此而进入一个重新建构的过程。其中，城市建设中对老城风貌的保护、老北京人在各种媒体上讲述过往生活的故事等，都成为北京人自觉的文化行动，使得京味文化绵延不绝，历久弥新。

对于每一个北京人，包括在北京居住过一段岁月的人来说，京味文化都是伴随着生命历程，融入了身体记忆，具有强烈家乡感的文化。生活变化越快，人们越愿意交流和共享自己的北京故事，这是京味文化传统得以传承的根本动力。一些作家、艺术家所创作的京味文学和京味艺术，深刻影响了北京乃至全国人民对京味文化的关注与体悟，成为京味文化传统中不可缺少的组成部分。

我们相信，京味文化在向前发展的路上将保持其大众生活实践的本性，在北京全面发展的进程中发挥出加强城市记忆、凝聚城市精神和展现城市形象的重要而独特的功能。全面深入地整理、研究和弘扬京味文化，是摆在我们面前的一项迫切任务。“京味文化丛书”现在共有10部得以出版，分别是《文人笔下的北京》《绘画中的北京》《京味文学揽胜》《北京方言中的历史文化》《北京戏曲文化》《北京传统工艺》《北京礼俗文化》《北京节日文化》《北京服饰文化》《北京人的饮食生活》。这10部书，虽然还不能涵盖京味文化的所有内容，但是以一种整体书写的形式推出，对于京味文化的整理、记述和研究来说，应该具有一定工程性建设的意义。

“京味文化丛书”是在中共北京市委宣传部和北京市社会科学界联合会的有力领导和精心主持下完成的。有关负责同志在组织丛书编委会和作者队伍、召开会议、开展内部讨论、落实项目进行计划等方面都付出巨大心力。北京出版集团对本丛书的顺利编写提出了很多建议，许多专家学者都为本丛书的编写提供了宝贵的意见，特别是对书稿的修改和完善做出了无私奉献。我们希望“京味文化丛书”的出版能够在加强京味文化研究、促进城市文化建设上发挥出积极的作用，并由衷地期待能够得到专家和广大读者的批评、帮助。

刘铁梁

2021年9月

目　录

图片目录

绪　论　北京：一座承载文人情怀的城

北京，一个有着三千多年建城史、八百多年建都史的城市，在世界文明史上具有重要的地位。它早已超越一座城市自身的价值，成为中国及其文化的象征，成为中国对外展示自身形象的窗口。其丰厚的文化底蕴、典雅大气的文化格局不仅留存在历史的长河中，而且鲜活地呈现于历代文人笔下。古往今来，北京始终是中外名人最钟情、最向往、描述最为丰富的城市之一。不是每一座城市都像北京一样，能够被历代文人反复书写，这不仅是因为北京拥有鲜明的民族标记、丰富的文化资源，更在于北京一直以来都作为全国的文化中心承担着它的历史使命和责任。多年来，文人对于北京的书写，已经构成了特殊的历史记载，它见证了北京的发展，也引领着北京未来的发展。作为历史的回响和文人智慧的结晶，文字同北京城历史一样，具有极其丰富的研究价值和审美价值。我们应当自觉肩负起推动北京文化乃至全国文化发展的重任，加快建设中国特色社会主义先进文化之都，不光要将北京建设成为首善之区、模范之地、创新之城，还要努力将北京建设成具有国际竞争力的创新创意之城、世界文明交流互鉴的首要窗口，不断朝着世界历史文化名城、世界文脉标志迈进。这也是今天我们回望历史，追溯文人笔下北京的重要意义。

（一）文人心中的北京情结

北京，这座既承载着以往的辉煌，又体现着未来发展的城市，处处彰显着独特的文化魅力。千百年来，无数的文人墨客受之感染、为之倾倒，无论走到哪里，身处何地，都忘不了北京，也不忘书写北京。对他们而言，北京不仅仅是一座栖居的城市，更代表了一种浪漫的想象。北京是精神的寄托，北京是情感的家园，北京是文化的故土。

著名现代小说家老舍，去英国、美国讲过学，也到过中国无数的城市，可是不管走到哪儿，也忘不了长着红酸枣的老城墙，忘不了雨后什刹海的蜻蜓和玉泉山的塔影，更忘不了他幼年和少年时期生活过的地方——小杨家胡同（小羊圈胡同）。他曾说：“我的最初的知识与印象都得自北平，它是在我的血里，我的性格与脾气里有许多地方是这古城所赐给的。我不能爱上海与天津，因为我心中有个北平。”① 近代作家郁达夫，一个典型的浙江人，而且在北京居住的日子并不长，但是他被这座北方城市的人和事深深地吸引。他曾坦言：“上海的闹热，南京的辽阔，广州的乌烟瘴气，汉口武昌的杂乱无章，甚至于青岛的清幽，福州的秀丽，以及杭州的沉着，总归都还比不上北京——我住在那里的时候，当然还是北京——的典丽堂皇，幽闲清妙。”② 对于现代女作家谢冰莹来说，北京“好像是每个人的恋人，又好像每个人的母亲，它似乎有一种不可思议的魔力在吸引着每个从外省来的游子。住在北平时还不觉得怎样，一旦离开她，便会莫名其妙地想念起她来”③。这些作家分别在不同时期表达了北京在他们心中的独特地位：北京是他们的心中独一无二的存在，是离开之后仍想回归的故土。

在李洧孙、陈敬宗等文人的心中，北京是天下中心。早在元朝初年，李洧孙就在《大都赋并序》中明确指出大都所处之地为天下之中：“昔《周髀》之言：天如倚盖而笠欹，帝车运乎中央。北辰居而

---

① 老舍：《想北平》，《老舍全集》（第十四卷），人民文学出版社，2008年，第55—56页。

② 郁达夫：《北平的四季》，《郁达夫全集》（第三卷），浙江大学出版社，2007年，第269页。

③ 谢冰莹：《北平之恋》，孙晔编：《北京四九城里的风流岁月》，北方文艺出版社，2016年，第328页。

不移，临制四方。下直幽都，仰观天文，则北乃天之中也。”① 按照这里的说法，天就像欹车盖，南高北低，像斗笠一样扣在大地上方，北极星高悬不动，群星则在它四面环绕。它的下面正对着幽都，幽都就像北辰，是天下的中心。明人陈敬宗《北京赋》同样强调北京天下之中的地位：“圣皇之建北京也，绍高帝之鸿业，启龙潜之旧邦。廓天地以宏规，顺阴阳而向方……拱北辰兮帝居陋，巩固于金汤。均万国兮会同，而适居天下之中央也。”②

在鲁迅、朱自清等文人的眼里，北京是一座“文化之城”。鲁迅在《北平笺谱》曾言及北京的学术魅力：“北京夙为文人所聚，颇珍楮墨，遗范未堕，尚存名笺。”③ 在他力劝即将离京的郑振铎的信中也有这样的表达：“先生如离开北平，亦太可惜，因北平究为文化旧都，继古开今之事，尚大有可为者在也。”④ 可见，鲁迅对于北京这座文化之城的重视与厚爱。朱自清也在他的《南行通信》中有这样的描写：“我们都知道北平书多。但是书以外，好东西还多着。如书画，铜器，石刻，拓片，乃至瓷器，玉器等，公家收藏固已很丰富，私人收集，也各有专长；而内阁大库档案，是极珍贵的近代史料，也是尽人皆知的。中国历史，语言，文学，美术的文物荟萃于北平；这几项的人才也大部分集中在这里。……胡适之先生说过，北平的图书馆有这么多，上海却只有一个，还不是公立的。这也是北平上海重要的不同。”⑤ 在他的心中，北京不仅具有厚重的历史文化，还拥有丰富的

---

① ［元］李洧孙：《大都赋并序》，［清］于敏中等编纂：《日下旧闻考》，北京古籍出版社，1985年，第89页。

② ［明］陈敬宗：《北京赋》，李国豪主编：《建苑拾英——中国古代土木建筑科技史料选编　第3辑》，同济大学出版社，1999年，第110页。

③ 鲁迅：《北平笺谱》，《鲁迅全集》（第七卷），人民文学出版社，2005年，第427页。

④ 鲁迅：《致郑振铎》，《鲁迅全集》（第十三卷），人民文学出版社，2005年，第340页。

⑤ 朱自清：《南行通信》，《朱自清全集》（第十一卷），江苏教育出版社，1996年，第288页。

现代文化资源。

在林语堂、老舍、郁达夫等文人的心里，北京则是“田园之都”。林语堂在《辉煌的北京》一书中，专门总结了赋予北京个性的三大因素，其中的两大因素就是艺术和自然。他认为，“北京的魅力不仅体现于金碧辉煌的皇朝宫殿，还体现于宁静得有时令人难以置信的乡村田园景象。就是从这样的城市中，人们既为它的艺术格调，建筑风格和节日风采而兴奋不已，同时也会享受到一种宁静的乡村生活”①。他的小说《京华烟云》里也有类似的描述：

> 在北京，人生活在文化之中，却同时又生活在大自然之内，城市生活极高度之舒适与园林生活之美，融合为一体，保存而未失，犹如在有理想的城市，头脑思想得到刺激，心灵情绪得到安静。……既富有人文的精神，又富有崇高华严的气质与家居生活的舒适。②

老舍在《想北平》一文中曾提到他最爱的还是花多、菜多、果子多的北京：“北平在人为之中显出自然，几乎是什么地方既不挤得慌，又不太僻静；最小的胡同里的房子也有院子与树，最空旷的地方也离买卖街与住宅区不远。”③ 郁达夫也认为北平是“具城市之外形，而又富有乡村的景象之田园都市”④。都市的大气和乡村的恬淡共同营造出这个城市的精神实质，喧嚣与繁华、宁静与安闲是渗透在这座城市的内在底蕴，历史的沧桑感和民间的烟火气息相互交织构成了这座古老城市跳动的脉搏。

---

① 林语堂：《辉煌的北京》，赵沛林、张钧、陈亚珂、周允成译，《林语堂名著全集》（第二十五卷），东北师范大学出版社，1994年，第5页。

② 林语堂：《京华烟云》，张振玉译，《林语堂名著全集》（第一卷），东北师范大学出版社，1994年，第196页。

③ 老舍：《想北平》，《老舍全集》（第十四卷），人民文学出版社，2008年，第56页。

④ 郁达夫：《住所的话》，《郁达夫全集》（第三卷），浙江大学出版社，2007年，第224页。

正是因为北京在这些文人心中占据着举足轻重的地位，所以才能在他们的笔下绽放出多姿多彩的光芒。

（二）文人笔下的北京印记

古往今来，无数的文人墨客都选择了北京作为他们的书写对象。北京映在他们的眼底，也藏在他们的心里。在他们的笔下，北京的自然风情、北京的人文景观、北京的城与人、北京的俗与趣、北京的舞台神韵都呈现出了多元、多维的特点，它既威严庄重，又灵动活泼；既沉稳厚重，又可爱可亲。

在文人的笔下，北京的景是四季分明、各具特色的。北京有一句俗语，叫作“春脖子短”，指的就是北京的春天稍纵即逝。对来自南方的作家林斤澜来说，北京不仅是春脖子短，更是没脖子，“北京人说：‘春脖子短。’南方来的人觉得这个‘脖子’有名无实，冬天刚过去，夏天就来到眼前了”[①]。在当代女作家杜京的眼里，北京的春天不只春脖子短，还非常唐突，非常任性。她曾在《北京的春天》中写道：“北京的春天似乎来得有些唐突，昨日还硬朗的风，今天就轻柔了许多。托起草儿的脸，轻轻触摸，放开手就是一片绿茵。昨天还是星星点点，今天就已挂满枝头，春天的脚步就是这么任性。”[②] 北京的夏天有着袅袅的蝉声、微微的清风。冰心在《一个奇异的梦》里就叙述了一个悠闲舒适的北京：“窗帘垂着，廊下的苇帘也放着，窗外的浓荫，绿水般渗透到屋里来。微微的凉风，和着鸟声蝉声，都送到我耳中。”[③] 可见，北京的夏天伴随着蝉声和微风，显得格外清静。郁达夫也写道：“你只教有一张藤榻，搬到院子里的葡萄架下或藤花阴处去躺着，吃吃冰茶雪藕，听听盲人的鼓词与树上的蝉鸣，也可以

---

① 林斤澜：《春风》，邓九平编：《林斤澜文集　4　散文卷》，北京师范大学出版社，2000年，第155页。

② 杜京：《北京的春天》，《人民日报》，2015年3月30日。

③ 冰心：《一个奇异的梦》，卓如编：《冰心全集　文学作品　1919—1923》（第一册），海峡文艺出版社，2012年，第110页。

一点儿也感不到炎热与熏蒸。”[①] 在他的笔下，北京的夏天充满了趣味。秋天的北京更是格外迷人，是老舍笔下的人间天堂，更是强调秋天一定要住在北平：“天堂是什么样子，我不晓得，但是从我的生活经验去判断，北平之秋便是天堂。”[②] 在郁达夫《故都的秋》中：“从槐树叶底，朝东细数着一丝一丝漏下来的日光，或在破壁腰中，静对着像喇叭似的牵牛花（朝荣）的蓝朵，自然而然地也能够感觉到十分的秋意。”[③] 北京的冬天在寒冷里有着小小的情趣。在梁实秋笔下，北平的冬天既让人不寒而栗，又让人感到其乐融融：“不知什么人放鸽子，一队鸽子划空而过，盘旋又盘旋，白羽衬青天，哨子忽忽响。又不知是哪一家放风筝，沙雁蝴蝶龙睛鱼，弦弓上还带着锣鼓。隆冬之中也还点缀着一些情趣。”[④] 冯唐则对北京的火炉记忆犹新：“为了伺候炉火，老爸自制了很多钢铁工具，夹煤的、捅煤的、掏灰的、钩火炉盖儿的，其中捅煤的钎子常常被我们拿去滑冰车用。”[⑤]

当然，说到北京的景，不得不提到北海、什刹海、西山。什刹海景色优美，风光秀丽，素有“北方的水乡”之称。明朝内阁首辅大臣李东阳，先后写了几十篇有关什刹海的诗文，他在《慈恩寺偶成》一诗中赞什刹海为城中第一佳山水：“城中第一佳山水，世上几多闲岁华。何日梦魂忘此地，旧时风景属谁家。林亭路僻多生草，浦树秋深尚带花。犹有可人招不得，诗成须更向渠夸。”[⑥] 老舍爱了一辈子的什

---

① 郁达夫：《北平的四季》，《郁达夫全集》（第三卷），浙江大学出版社，2007年，第273页。

② 老舍：《“住”的梦》，《老舍全集》（第十五卷），人民文学出版社，2008年，第396页。

③ 郁达夫：《故都的秋》，《郁达夫全集》（第三卷），浙江大学出版社，2007年，第297页。

④ 梁实秋：《北平的冬天》，《梁实秋文集》（第五卷），鹭江出版社，2002年，第337页。

⑤ 冯唐：《火炉》，《在宇宙间不易被风吹散》，北京联合出版公司，2016年，第95页。

⑥ ［明］李东阳撰，周寅宾、钱振民校点：《李东阳集》（一），岳麓书社，2008年，第284页。

刹海，也写了一辈子的什刹海。在《老张的哲学》中，老舍曾这样描述什刹海："到了德胜桥，西边一湾绿水，缓缓的从净业湖向东流来，两岸青石上几个赤足的小孩子，低着头，持着长细的竹竿钓那水里的小麦穗鱼。桥东一片荷塘，岸际围着青青的芦苇。几只白鹭，静静的立在绿荷丛中，幽美而残忍的，等待着劫夺来往的小鱼。一阵阵的南风，吹着岸上的垂杨，池中的绿盖，摇成一片无可分析的绿浪，香柔柔的震荡着诗意。"① 对于现代散文家、小说家师陀来说："什刹海的乐土似乎是在茶棚下。不管外面多么拥挤吵［嘈］杂，这里永远是静的：却没有禅堂岑寂逼人，也不似书斋阴冷可畏，也许像一池溶溶春水吧。如再俱［具］象的摹仿时，那只有还原到'什刹海的茶棚下'了。"② 北海位于什刹海的南面，南临中南海，东与景山相邻，是我们现存最悠久、保存最完整的皇家园林之一。明代文徵明曾在《琼华岛》一诗中将北海的琼华岛比作被山水簇拥的妇女环形发髻，琼华岛内的建筑好似云端中的天宫，仿佛仙境一般："海上三山拥翠鬟，天宫遥在碧云端。古来漫说琼台迥，人事宁知玉宇寒？落日芙蓉烟袅袅，秋风桂树露团团。胜游寂寞前朝事，谁见吹箫驾彩鸾？"③ 现代作家、建筑学家林徽因也曾在《北海公园》中高度称赞北海的艺术手法："北海布局的艺术手法是继承宫苑创造幻想仙境的传统，所以它以琼华岛仙山楼阁的姿态为主：上面是台殿亭馆；中间有岩洞石室；北面游廊环抱，廊外有白石栏楯，长达三百公尺；中间漪澜堂，上起轩楼为远帆楼，和北岸的五龙亭隔水遥望，互见缥缈，是本着想象的仙山景物而安排的。"④ 说到北京自然之景，不得不提到西山。金朝时文人李晏在《香山纪略》中描述它是"西山苍苍，上干云霄，重

① 老舍：《老张的哲学》，《老舍全集》（第一卷），人民文学出版社，2008年，第43页。

② 师陀：《什刹海与小市民》，刘增杰编校：《师陀全集　散文诗歌》（第三卷 下册），河南大学出版社，2004年，第580页。

③ ［明］文徵明著、周道振辑校：《琼华岛》，《文徵明集》，上海古籍出版社，2014年，第300页。

④ 林徽因：《北海公园》，《林徽因散文》，百花洲文艺出版社，2014年，第102页。

图1　北海公园一角

冈叠翠，来朝皇阙"[1]。西山的红叶可以说是一大景观。在《北平西山的红叶》中，熊佛西满怀激情地抒发了对红叶的赞美："尤其是北平郊外西山的红叶，在重阳的时候正红透了心，真使人迷醉！从香山（静宜园）沿着石板小道，穿过松林登山，几乎满谷都是红透了的红叶！"[2]

除了北京的自然之景，北京的人文景观也是文人墨客描写的重点。对于佘树森来说，紫禁城的美就在于它一泻千里的气势。他在《紫禁城，东方的艺术之宫》写道："紫禁城之美，首先在于它那恢宏壮阔、一泻千里的气势。你看：从午门至神武门，那殿阁楼宇，盘盘囷囷，千门万户，掩映迷离的壮丽景象，仿佛是一位丹青巨手，倾金泼虹，一气呵成！"[3] 在叶君健笔下，天安门广场展现了一种奇异的朦胧美："广场在月光下像一个辽阔的银色平原。红色的天安门和乳白色的人民大会堂及中国革命博物馆和中国历史博物馆遥遥对峙，淡青色的人民英雄纪念碑耸立在它们中间，成为一个交点。通过它，这几座具有历史意义的大建筑形成一个完整的美丽的图案。"[4] 在寺志的笔下，潭柘寺那幽静的景色让人神清气爽：

---

① ［金］李晏：《香山纪略》，郭预衡主编：《中国古代文学作品选　元明部分》，湖南出版社，1996年，第493页。

② 熊佛西：《北平西山的红叶》，《山水人物印象记》，海豚出版社，2011年，第47页。

③ 佘树森：《紫禁城，东方的艺术之宫》，《中国风景散文三百篇》，华夏出版社，1992年，第15页。

④ 叶君健：《天安门之夜》，百花文艺出版社，1979年，第113页。

……楼阁因山而高，窗棂阶陛间皆挟西山爽气。至夫晦明、晴雨，景态百变，花香鸟语与泉声山翠相映发，则一山所同耳。

左方之东南，别为小院曰十间房者。阶下即泉，槛外即山，在南楼之下而相间若远。芳树垂檐，幽花压砌，倚修竹，听流泉，邈然身世俱忘，真幽绝境也。①

在雨果的眼中，圆明园是梦幻艺术的代表，他曾在《致巴特雷上尉的一封信》中写道："圆明园是梦幻艺术的代表。它荟萃了一个民族的几乎是超人类的想象力所创作的全部成果。与帕特农不同的是，圆明园不但是一个绝无仅有、举世无双的杰作，而且堪称梦幻艺术之崇高典范——如果梦幻可以有典范的话。"② 颐和园在陈从周的笔下充满了魅力："万寿山面临昆明湖，佛香阁踞其巅，八角四层，俨然为全园之中心。登阁则西山如黛，湖光似镜，跃然眼帘；俯视则亭馆扑地，长廊萦带，景色全囿于一园之内，其所以得无尽之趣，在于借景。小坐湖畔的湖山真意亭，玉泉山山色塔影，移入槛前，而西山不语，直走京畿，明秀中又富雄伟，为他园所不及。"③ 陶然亭则是日本作家芥川龙之介的眼中的质朴之地："陶然亭。抬头望见'古刹慈悲净林'的匾额等。可是这些东西无关大局，由它去吧。陶然亭的顶棚由竹子扎成，窗子张有绿纱，而且这些窗子是纸糊的隔窗，都由一个个卍形的木框组成，采用向上开的方式。看来颇有特色，简朴而可爱。当我们吃着此地有名的素斋时，频频听到天空传来的鸟叫声。问服务生，那是什么鸟？答曰：'你听一下便知道，那是子规在叫。'"④

---

① 神穆德编纂、释义庵续、门学文点校，金励编纂、李新乐点校整理：《潭柘山岫云寺志　妙峰山志　外二种》，北京燕山出版社，2007年，第17页。

② 程曾厚选编：《雨果文集》（第十一卷），人民文学出版社，2002年，第360页。

③ 陈从周：《陈从周讲园林》，湖南大学出版社，2009年，第122页。

④ ［日］芥川龙之介：《北京日记抄》，《中国游记》，陈生保、张青平译，北京出版社，2006年，第195页。

再如长城，毛泽东曾在《清平乐·六盘山》中赞道：“天高云淡，望断南飞雁。不到长城非好汉，屈指行程二万。六盘山上高峰，红旗漫卷西风。今日长缨在手，何时缚住苍龙？”[①] 对于他来说，长城不仅象征着烽火连天的抗日前线，更反映的是向往胜利、民族崛起的豪迈和自信。

还有卢沟桥，在卢沟桥东段上，有一块大石碑，上面写着“卢沟晓月”四个大字，这是当年乾隆帝的御笔。现代作家王统照曾在《卢沟晓月》一文中绘声绘色地向我们展现了“卢沟晓月”的朦胧之美：

> 朝气清蒙，烘托出那勾人思感的月亮——上浮青天，下嵌白石的巨桥。京城的雉堞若隐若现，西山的云翳似近似远，大野无边，黄流激奔……这样的光，这样的色彩，这样的地点与建筑，不管是料峭的春晨，凄冷的秋晓，景物虽然随时有变，但若无雨雪的降临，每月末五更头的月亮、白石桥、大野、黄流，总可凑成一幅佳画，渲染飘浮于行旅者的心灵深处，发生出多少样反射的美感。[②]

对于北京的书写，既已包括北京自然之景、北京人文景观，便也少不了对北京城与人的描写。作为古都的北京城，见证了漫长的王朝历史，同时现代化的发展又使古都北京尽展新颜。古老的中轴线贯穿北京中心，并随着时代的发展继续延伸，当代诗人西川在《想象我居住的城市》中就曾写道：“要认识北京乃至中国，就必须认识这条中轴线。”[③] 古老的中轴线是了解北京过去的钥匙，而现代北京的多彩风貌更是伴随着新兴的建筑地标，展现着不同的风姿：鸟巢、水立

---

① 毛泽东：《清平乐·六盘山》，徐四海编著：《毛泽东诗词全集》，东方出版社，2016年，第129页。

② 王统照：《卢沟晓月》，《王统照散文精选》，山东文艺出版社，2014年，第141—142页。

③ 西川：《想象我居住的城市》，《水渍》，百花文艺出版社，2001年，第51页。

方、中关村、798艺术区等多种新式地标开启着北京的另一张面孔。这里的每一所学府，每一条胡同街道，甚至老城墙上每一块斑驳的石头与每一棵酸枣树都在诉说着一段动听的故事。

再如北京的学府与胡同。北京的学府是鲁迅笔下常新的先锋、向上的势力："北大是常为新的，改进的运动的先锋，要使中国向着好的，往上的道路走……北大是常与黑暗势力抗战的，即使只有自己。"① 在国学大师季羡林的笔下，清华园美得像一首诗，在心中久久不能忘怀：

> 清华园这名称本身就充满了诗意。它的自然风光又是无限的美妙。每当严冬初过，春的信息，在清华园要比别的地方来的早，阳光似乎比别的地方多。②

江苏人、当代作家苏童的眼里，胡同不仅是幽静之所，更是安逸闲适的养生之地：

> 适宜漫步的是东城西城那些僻静而整洁的胡同，当然是在没有风沙和寒冷的夏秋之季，偶尔地你看见一个卖糖葫芦的推着车一路叫卖，看见一些未经改造破坏的四合院门墙在阳光下闪着朴拙而古老的色泽，听见某个门洞里传来老人聊天的声音（老北京人说话尤见韵味和美感），你会觉得北京其实也是安逸闲适的养生之地。③

迷人的北京城是北京人独特的文化心态滋长的沃土。正如当代

---

① 鲁迅：《我观北大》，《鲁迅全集》（第三卷），人民文学出版社，2005年，第167页。

② 季羡林：《清华颂》，《季羡林全集》（第一卷），外语教学与研究出版社，2009年，第403页。

③ 苏童：《北京胡同》，《寻找灯绳》，江苏文艺出版社，1995年，第43页。

京味作家崔岱远《京味儿》中所概括的："在北京人身上，既可以感受到北方民族的粗犷，又能体会出宫廷文化的细腻；既蕴涵了宅门儿里的闲散，又渗透着官府式的规矩。"[①] 北京——这个史诗级的城市，世事更迭犹如风云变幻，气定神闲、知命乐天的北京人，无论面对命运慷慨的馈赠还是无情的捉弄，都一样的淡定与从容。正如当代作家肖复兴在《北京的精气神儿就是"气定神闲"》中说道："用老北京人的话来说，就是小日本的大炮在西直门外响了，城里缺粮少吃了，就是只有窝窝头和老咸菜疙瘩吃了，咱照样把咸菜疙瘩切成讲究的丝儿，没香油浇，也得用水洗得水灵灵的。"[②] 北京人过日子讲究自得其乐，陈建功在《找乐》中说："'找乐子'，是北京的俗话，也是北京人的'雅好'。北京人爱找乐子，善找乐子。这乐子也实在好找得很。养只靛颏儿是个乐子，放放风筝是个乐子。一碗酒加一头蒜也是个乐子。即便讲到死吧，他们不说'死'，喜欢说：'听蛐蛐叫去啦！'好像还能找出点儿乐儿来呢。"[③] 北京人局气、好"面儿"，为人处世爱讲究个老理儿、规矩。崔岱远在《京味儿》中说："北京人注重体面，讲究礼貌，无论是有钱的没钱的，有地位的还是没地位的，都不能失了身份。天子脚下嘛，皇城根儿长大的主儿，有钱的，那是真讲究；没钱的，也都穷讲究。北京人闲适而安稳，散淡而追求品位，自尊而又有些自傲，用现在话儿说，叫作懂得享受生活。所以即使是卖力气干粗活儿的，也得拿出'爷'的份儿，尽管没钱，也得摆出有闲的谱儿。"[④] 北京人性格中的"隐忍"与"幽默"，是被生活磨砺出的大智慧。它们看似是两种风马牛不相及的特点，却分别代表着克制与宣泄，使得北京人的内心在这一收一放之间达到某种平衡，才能淡然直面这变化无常的人间岁月。苏叔阳在《"北京人"杂谈》中说："北京人的幽默，有的出自于口，有的则以行为，甚至礼仪来

---

① 崔岱远：《京味儿》，生活·读书·新知三联书店，2012年，第6页。

② 肖复兴：《北京的精气神儿就是"气定神闲"》，《北京晚报》，2011年11月2日。

③ 陈建功：《找乐》，《放生》，作家出版社，2009年，第52页。

④ 崔岱远：《京味儿》，生活·读书·新知三联书店，2012年，"代序"，第6页。

表示。这其中有冷嘲，有热讽，有自嘲自慰，有的还包含许多哲理和人生的经验，足资别人回味。比如说，街上遇见位一走三哼哼的老人，您问他：‘哟，怎么一个人上街？您老高寿了？’他回答：‘还小呐，80。不一人儿上街怎么办？孩子都是祖宗。’这是幽默，满含着酸楚，却也盼着自己再多活几年。”① 北京人的多重文化心态展现了这里复杂斑斓的人生，而城市的新移民群体，也正在为这里书写下崭新一段的城与人的故事。对于外来者来说，北京是一座承载着梦想的城市。这些外来者，给北京这座古老的皇城注入了新鲜的血液，无论是扎根于此的移民还是身如浮萍的“北漂”，都在这片充满希望的土地上努力耕耘，而慷慨的北京也毫不吝惜地让他们饱尝了收获的喜悦。

在文人墨客的笔下，北京民俗风格独特、源远流长。在文人笔下，北京美食的味道就是光阴的味道、历史的味道，从特色菜肴到地道的小吃，无不叫人魂牵梦萦。萧乾辗转飘零时，常忆起老北京的豆汁儿，“回想我漂流在外的那些岁月，北京最使我怀念的是什么？想喝豆汁儿，吃扒糕；还有驴打滚儿，从大鼓肚铜壶里倒出的面茶和烟熏火燎的炸灌肠”②。对于何大齐来说，北京的美食最让人怀念的便是糖葫芦。他在《燕京往事》中提到：“老北京厂甸庙会上，有专卖大糖葫芦的小贩。大糖葫芦有一米多长，选大而红的山里红，用荆条穿起来，然后蘸上或刷上饴糖，白里透红，十分好看。在顶端还插着彩色小旗子。逛厂甸的人大多买上一串，扛回家去，增加了过年的喜庆气氛。”③ 豌豆黄儿更是承载了海外美食作家冰清对祖国的不舍与眷念之情，她曾写道：“到了美国之后，见惯了各国舶来的美食，却又想起了儿时病中的美食——豌豆黄。可是美国连两半的豌豆都不容易

① 苏叔阳：《“北京人”杂谈》，《生命的延续》，中国盲文出版社，2014年，第59—60页。

② 萧乾：《北京城杂忆》，《萧乾文集　4　散文卷》，浙江文艺出版社，1998年，第434页。

③ 何大齐：《燕京往事》（上），知识产权出版社，2015年，第24页。

买到，又如何自己做呢？那一日，逛印度超市，看到一袋去皮绿豆，就拎了一袋回来。按照网上一些朋友的做法：把去皮绿豆加水和糖，熬煮成绿豆泥，加熔化的琼脂（也叫洋菜或者燕菜），放在模子里放冷。拿出来尝一尝，虽不太完美，还是有当年的味道了。”①

再如老字号，北京的老字号数量在全国来讲都是数一数二的，无论在字号的命名，还是招牌幌子的设计、牌匾楹联的书写上，都体现着北京这座历史文化名城独有的京味儿特色。老舍在短篇小说《老字号》中，详细地描写了老字号“三合祥”的铺面形象，通过他的描述，我们依稀可以看到20世纪老北京字号的风貌：

> 多少年了，三合祥永远是那么官样大气：金匾黑字，绿装修，黑柜蓝布围子，大机凳包着蓝呢子套，茶几上永远放着鲜花。多少年了，三合祥除了在灯节才挂上四只宫灯，垂着大红穗子外，没有任何不合规矩的胡闹八光。多少年了，三合祥没打过价钱，抹过零儿，或是张贴广告，或者减价半月；三合祥卖的是字号。多少年了，柜上没有吸烟卷的，没有大声说话的；有点响声只是老掌柜的咕噜水烟与咳嗽声。②

北京是一座文化活动相当丰富的城市，深厚的历史文化内涵催生了独具特色的京味儿艺术。北京是京剧、相声、京韵大鼓等京味儿艺术的中心。京味儿艺术雅俗共赏，老少皆宜。现代作家梁实秋就痴迷于京剧的唱腔之美，并且认为京剧具有同西洋音乐不同的味道，他深情款款地写道：“只要能听到一两段韵味十足的歌唱，便觉得那抑扬顿挫使人如醉如迷，使全身血液的流行都为之舒畅匀称。”③ 美国剧评家罗伯特·里特尔（Robert Littell）对京剧评价甚高：“我也许只

① 冰清：《怀念豌豆黄》，《美味人生》，吉林出版集团有限责任公司，2011年，第10页。

② 老舍：《老字号》，《老舍全集》（第七卷），人民文学出版社，1999年，第321页。

③ 梁实秋：《听戏》，《梁实秋文集》（第二卷），鹭江出版社，2002年，第414页。

懂得其中的百分之五，而不了解其他大部分，但这足以使我为我们的舞台和一般西方的舞台上的表演感到惶恐谦卑，相比之下我们的表演似乎没有传统，根本没有往昔的根基。”[①] 人艺话剧的演出往往一票难求，话剧研究专家李鸣春在《朱旭》一书中对北京人艺有这样的评价：

> 北京人民艺术剧院是有着自己鲜明的艺术个性与文化传统的艺术殿堂，自打成立伊始，北京人艺始终把握着中国社会的时代发展脉搏，即时反映每个阶段中国社会的时代风貌，及时传播社会行进中的变迁信息。[②]

在文人的笔下，天桥是各路英雄大显身手的场所，那里会集了三教九流、五行八作，是各色人等的表演场。作家姚克就曾在《天桥风景线》一文中详细地描述了天桥的摔跤：

> 走到尽头处，有一个露天场子围着一堆瞧热闹的人。我挤进去一看是两个“摔跤的”在那里角力。他们上身赤着膊，只穿一件粗麻布的特别背心，胸腹都袒露着。其中一个是大肚子，肚皮像瓠一般凸出，形状很好笑。
>
> “我就不服这口气，”大肚子指着他的伴当说，“只准你摔倒我，不准你趴下。只等我一趴下——哗哈！大伙儿就都乐啦！”
>
> “哈……哈……”看客们哄然笑了。
>
> “噼啪，噼啪。”在肉和肉的搏击声中，大肚子和他的同伴扭做一团。才一眨眼，他已把他凌空抱了起来。但那人手脚快，双手扳住他的颈项，两条腿就夹住了他凸出的肚皮，若要摔倒他，大肚子自己也得跌翻。

① 梅绍武、梅卫东：《梅兰芳与京剧》，新世界出版社，2016年，第94页。

② 李鸣春：《朱旭》，中国戏剧出版社，2016年，第65页。

“哈……哈……”观众看大肚子没法想，都很高兴。

“你瞧！他们只帮你！”大肚子放下他的伴当，忿忿地说。

“哈哈……”众人又笑了。

我刚离开这片场子，背后哄哄的又是一片笑声。回头一瞧，原来大肚子被他的伴当摔翻了，正趴在地上喘气儿。[①]

漫步琉璃厂，就仿佛置身于一条穿越古今的文化艺术长廊。百年沧桑，荣名为宝。一得有墨，天下足供。这里遍布着京师最正宗的古籍店、文玩店、古董铺、南纸铺、碑帖铺以及各类古董、历代古籍、碑帖拓片、过刊报纸、古玩、字画、陶器、艺术品琳琅满目。黄裳的《琉璃厂》就曾提及琉璃厂作为“文化超级市场”的独特作用：

过去读者逛琉璃厂也不只是为了来买书。我想，我们至今还没有足够的、标准的、门类齐全的图书馆、博物馆，但在过去，我们却有很好的替代物。例如，人们到琉璃厂来在某种意义上说是奔向一所庞大的、五彩缤纷的爱国主义大学校、展览馆。不只能看，还能尽情欣赏、摩挲品味，可能时还能买回去。这是一座文化超级市场，门类之广博，品种之丰富，新奇货色的不时出现，对寻求知识的顾客带有强烈的诱惑。这一切，今天的博物馆、书店……一切文化设施都不可能完全代替。人们在这里得到知识，还受到传统精神文明的熏染、教养；封建文化中有精华也有糟粕，但归根结底爱国主义内容的比重是占着重要地位的。[②]

---

① 姚克：《天桥风景线》，姜德明编：《梦回北京：现代作家笔下的北京（1919—1949）》，生活·读书·新知三联书店，2009年，第122页。

② 黄裳：《琉璃厂》，《黄裳散文》，浙江文艺出版社，1998年，第320—321页。

（三）历史的北京与文学的北京

文人笔下的北京是特殊的历史，是文学的历史，也是我们了解北京的一个特殊视角；文人笔下的北京又是历史的文学，它既是历史，又超越历史，是历史的延伸和想象。文学的历史与历史的文学相互照应，共同构建了一个文人笔下的北京世界。

作为文学的历史，文人笔下的北京，客观、真实地记载了北京的古都风貌，描写了北京的社会习俗与生活方式，叙述了北京的历史演变，讲述了老北京独特的风土人情。例如，老舍的《四世同堂》中就客观、详细地描述了老北京端午节的风俗：到了端午节这一天，家家户户"要买几张神符贴在门楣上"。这些"神符"有的是在黄纸上"印着红的钟馗，与五个蝙蝠的，贴在大门口"，并用"蒲子，艾子，插在门前"；有的是"买几张粘在白纸上的剪刻的红色'五毒儿'图案，分贴在各屋的门框上"。[①] 再如，现代京派作家代表人物汪曾祺在《古都残梦——胡同》中真实地叙述了北京街道的特点："北京城是一个四方四正的城，街道都是正东正西，正南正北。北京只有几条斜街，如烟袋斜街、李铁拐斜街、杨梅竹斜街。北京人的方位感特强。你向北京人问路，他就会告诉你路南还是路北。"[②] 无论是谈论北平的自然风景还是描绘北京的人文景观，或是书写市井天地里的苦辣认识，抑或是描摹胡同及四合院内的日常生活，这都构成了北京历史文化不可或缺的侧面，是北京文化的特殊记载。在他们的笔下，不仅能够看到北京历史风貌、风土人情的演变，更加能够在传统与现代、东方与西方的交会中体味北京文化的深厚底蕴与博大胸怀，增强我们整个民族的文化自信。

文人笔下的北京，同时又是历史的文学，它既是历史，又不同于史料里的历史。它充满了情感，充满了想象，并且赋予了历史以生命

① 老舍：《四世同堂》，《老舍全集》（第四卷），人民文学出版社，2008年，第403页。

② 汪曾祺：《古都残梦——胡同》，《汪曾祺全集》（第四卷），人民文学出版社，2019年，第19页。

力和活力，为北京增添了无限的魅力。例如，“七七”卢沟桥事变发生不久，左翼作家曹靖华就迅速发表了《故都在烽烟里》，文中不仅描绘了侵略者所占领的东四、西四、西单、南池子，淹没在炮声中的大红门，更展现了北京人民心中的悲愤与无奈，以及作者和学生们胸中燃烧起的抗敌烈火，温和、老成、持重的北京此时也变成了充满愤怒、激情、热血的形象：

> 呵，幽静壮美的故都呵，就这样浸到奴隶的悲愤里！
>
> 但是，故都呵，在你的周围，又响起了漫天的争自由的烽烟！……①

再如，萧乾《老北京的小胡同》中就绘声绘色地描述了荡漾在老北京胡同里的市声：

> 啊，胡同里从早到晚是一阕动人的交响乐。大清早就是一阵接一阵的叫卖声。挑子两头是“芹菜辣青椒，韭菜黄瓜”，碧绿的叶子上还滴着水珠。过一会儿，卖“江米小枣年糕”的车子推过来了。然后是叮叮当当的“锅盆锅碗的”。最动人心弦的是街头理发师手里那把铁玩意儿，“嗞啦”一声就把空气荡出漾漾花纹。②

无论是叫卖声、剃头声，还是那叶子上滚动的水珠、叮叮当当的“锅盆锅碗”声，在萧乾的笔下，北京活起来了。北京是一座有历史积淀的城市，更是一座年轻有活力的城市，二者完美结合，使北京之美溢于言表。

文人笔下的北京不仅承载着历史，还可以观照历史，审视北京。

---

① 曹靖华：《故都在烽烟里》，《救亡》，1938年第6、7期合刊。

② 萧乾：《老北京的小胡同》，《萧乾文集》（第五卷），浙江文艺出版社，1998年，第243—244页。

邓友梅曾在《穿过大街走小巷》一文中叙述胡同的来源与发展，强烈表达了他对原汁原味胡同消失的失望以及对胡同文化保护的渴望："胡同是封建时代的产物，随着时代变迁，社会进步，经济发展……它已不能适应、不能满足北京人的需要。它在蜕变和消失中。留下来的也失去了原汁原味。这是好事。但是作为一个民族，一个城市曾经有过的典型生存状态，也不妨留下一处两处，供后人研究，凭吊。"[①] 通过邓友梅的叙述，我们不仅了解到老北京胡同的历史，也引发我们对北京特色文化保护的思考。这些文学记载可以让我们了解历史上的北京，同时也使我们更好地感受当代的北京，更好地保存北京的文化、北京的历史，可以让我们在未来建设更好的北京。

北京作为全国文化中心，拥有着丰富的文化资源，源远流长的古都文化、丰富厚重的红色文化、特色鲜明的京味文化、蓬勃兴起的创新文化等这些共同积淀了北京的文化底蕴。关注文人笔下的北京，无疑对积极建设全国文化中心，着力做好首都文化这篇大文章，发挥首都全国文化中心示范作用有着重要的意义。

---

① 邓友梅：《穿过大街走小巷》，《北京观察》，1995年第12期。

第一章

北京的自然风情

北京，不仅四季分明，还拥有北海、西山等自然景观。在文人的笔下，北京的景不再是孤立的自然之景，而是浸染着城市精魂的象征物，是作家对于北京的关怀与牵挂。当下我们对北京的西山、北海、什刹海等景观的刻画，其意义不单单是展现北京迷人的风景画卷，更是通过这些至美之景独有的魅力明晰其丰厚的北京文化价值，洞察作家创作时的心境，感知时代的推演变迁。

一、北京的“时”

北京气候的一大特点就是四季分明。春天好似从未出现过那般，格外短暂；夏天不仅历时长，还格外炎热；秋天气候宜人，是北京一年中的黄金时节；冬日虽然寒冷，但也充满了别样的情趣。北京的季节与气候被历代文人反复书写，文人也将自己的情感寄托在他们笔下的北京四季中。可以说不同时代的文人，怀揣着不同的心境，却共同塑造了一个别样的北京春夏秋冬。

1. 北京的“春脖子”短

提起北京的春天，老北京有句俗语“春脖子短”，指的就是北京的春天非常短暂，好似人的脖子那样短。

祖籍福建的现代作家冰心，非常喜爱北京的春天，她曾在《一日的春光》中提到：“去年冬末，我给一位远方的朋友写信，曾说‘我要尽量的吞咽今年北平的春天’。”[①]“吞咽”一词足见她对北京春天的喜爱与珍惜之情。在她的眼里，北京的春天好像从未露过面一样，来也匆匆，去也匆匆：

> 今年北平的春天来的特别的晚，而且在还不知春在哪里的时候，抬头忽见黄尘中绿叶成荫，柳絮乱飞，才晓得在厚厚的尘沙黄幕之后，春还未曾露面，已悄悄的远引了。[②]

同样来自福建的当代文学评论家、诗人、作家谢冕也曾在《北京的春天》一文中感叹北京春日的短暂。在他的心中，北京春天的骤然消失就像是一曲短暂乐章，令人感伤：

① 冰心：《一日的春光》，《冰心全集》（第二册），海峡文艺出版社，2012年，第454页。

② 冰心：《一日的春光》，《冰心全集》（第二册），海峡文艺出版社，2012年，第454页。

北京的春天是短暂的，短暂得让人在感觉到它的到来时便消失了。长久期待之后的骤然消失，不仅让人惆怅，而且让人伤感。从这个角度讲，北京只有漫长的冬季而没有春季。当我们所认为的春天到来的时候，春天也就过去了。接着又是一个漫长的火般燃烧的炎热的夏季。接着又是一个漫长的期待，期待着夏天的过去，期待着冬天的过去。冬天之后是春天，而春天在人们的心中依然是一片空空的无！①

当代女作家杜京，小时候曾在春城昆明居住，但却非常喜欢北京的春天。因为昆明一年四季如春，人们每时每刻都能感受到春天的魅力。而北京的春天和春城不一样，"整整一个冬天积聚的苍凉与寒冷，在短暂的瞬间挥然而去，天高云淡，鸟儿如心灵放飞一般展翅在空中游弋，看绿色风景，闻沁脾芬芳，这是多少人心中的夙愿"②。在她的眼里，北京的春天不只春脖子短，还非常唐突，非常任性。她曾在《北京的春天》中写道：

北京的春天似乎来得有些唐突，昨日还硬朗的风，今天就轻柔了许多。托起草儿的脸，轻轻触摸，放开手就是一片绿茵。昨天还是星星点点，今天就已挂满枝头，春天的脚步就是这么任性。脱去厚厚的冬装，春风就这么温暖身子，春绿就这么跃入眼帘，点染着树梢，闪躲在角落里，不肯一下子揭下羞涩的面纱。再看路边地上的土，松软起来，周围的树木花草在春风中摇曳着，仿佛洋溢着鲜活充盈的气息。北京的春天来了，于是赶紧融入其中，追随春风一同跳起欢快的舞蹈。③

---

① 谢冕：《北京的春天》，《咖啡或者茶》，长春出版社，2012年，第149页。

② 杜京：《北京的春天》，《人民日报》，2015年3月30日。

③ 杜京：《北京的春天》，《人民日报》，2015年3月30日。

多风也是北京春天的一大特点。在北京人老舍的眼中，北京那强劲的春风好似狂暴地要将春天吹跑。他曾在小说《正红旗下》中绘声绘色地向我们描述了北京春天风呼啸而过的场景：

> 风来了，铺户外的冲天牌楼唧唧吱吱地乱响，布幌子吹碎，带来不知多少里外的马嘶牛鸣。大树把梢头低得不能再低，干枝子与干槐豆纷纷降落，树杈上的鸦巢七零八散。甬路与便道上所有的灰土似乎都飞起来，对面不见人。不能不出门的人们，像鱼在惊涛骇浪中挣扎，顺着风走的身不自主地向前飞奔；逆着风走的两腿向前，而身子后退。他们的身上、脸上落满了黑土，像刚由地下钻出来；发红的眼睛不断流出泪来，给鼻子两旁冲出两条小泥沟。[①]

从户外牌楼被风吹得乱响到树枝上鸦巢的七零八散，再到路上的行人在风中挣扎，从老舍的描述中，我们就可以感受到北京春天的风力之快、之大、之迅猛。其实，北京春风的猛烈早在清朝时期就有记载，在曾任清朝翰林院侍讲学士、刑部尚书王士祯的笔记小说集《池北偶谈》中就曾提及康熙十五年（1676）五月初一大风将人吹跑的场景："京师大风，昼晦，有人骑驴过正阳门，御风行空中，至崇文门始坠地，人驴俱无恙。又有人在西山皇姑寺前，比风息，身已在京城内。"[②] 从正阳门到崇文门至少有4公里的距离，而从西山到京城内更是超过数十里，北京的春风能将人吹到那么遥远的地方，足见其爆发力之强。

来自南方的现代作家林斤澜，刚来北京时也非常不习惯北京的春风，常常怀念南方春日温柔的细风。他曾在《春风》中提到：

---

① 老舍：《正红旗下》，《老舍全集》（第八卷），人民文学出版社，2008年，第505页。

② ［清］王士祯著、文益人校点：《池北偶谈》，齐鲁书社，2007年，第503页。

起初，我也怀念江南的春天，“暮春三月，江南草长，杂花生树，群莺乱飞”。这样的名句是些老窖名酒，是色香味俱全的。这四句里没有提到风，风原是看不见的，又无所不在的。江南的春风抚摸大地，像柳丝的飘拂；体贴万物，像细雨的滋润。这才草长，花开，莺飞……

北京的春风真就是刮土吗？[①]

没想到的是，原本对北京春天毫无好感的林斤澜最后竟也爱上了这极具爆发力的春风：

如果我回到江南，老是乍暖还寒，最难将息，老是牛角淡淡的阳光，牛尾蒙蒙的阴雨，整天好比穿着湿布衫，墙角落里发霉，长蘑菇，有死耗子味儿。

能不怀念北国的春风！[②]

北京的春天还伴随着风沙。华裔英籍画家钟鸣曾提到，北京春天里黄沙漫天的景象是在台北无法体会到的，每当看到黄沙笼罩下的北京，心中无比惆怅。他在《北京春天的风》一文中形象地描绘了被黄沙包围的北京：“要是住在北京饭店的十层楼上，从窗往外看看，整个城市是黄兮兮的，只是那个挂在天空的太阳变成了蓝灰色的，跟随着一阵紧一阵慢的滚滚黄沙，竟像一只四处无着的蓝灯笼，看得你心中生出无限的惆怅来，却说也说不出。”[③] 被喻为文坛的常青树、鲁迅的批判者，女作家苏雪林对此也深有体会，她也不喜欢北京的风

① 林斤澜：《春风》，《林斤澜文集》（第五卷），北京师范大学出版社，2000年，第84页。

② 林斤澜：《春风》，《林斤澜文集》（第五卷），北京师范大学出版社，2000年，第84页。

③ 钟鸣：《北京春天的风》，《坐西朝东：他乡的雨丝风片》，上海锦绣文章出版社，2012年，第220页。

沙，因为风沙就意味着辛苦的打扫。她曾在其自传《浮生九四——雪林回忆录》中提到：

> 一个月中总要遇见几次风沙。人走在街上沙尘扑面而来，使你眼睛眯得睁不开，身上衣服变成黄色。人家糊窗都用绿纱，纱眼甚密，风沙仍会钻入，地上积了一层。屋中各种器具无不黄沙厚积，扫除擦拭，煞费精神。外国有个地质气象学者说，这种从西北瀚海沙漠刮来风沙，正向南部不断侵袭，将来北京城郊也将成为一片大沙漠。我记得中亚古时有一国家名楼兰者甚为富庶强盛，只因经不住风沙的蚕食，只好举国迁徙于数百里外。想到北京这样一个名城，将来也要遭受这样可怕运命的支配，非常可惜！①

在这段文字中，苏雪林不仅详细描述了北京的风沙之甚，同时也表达了对北京未来的担忧。

与钟鸣、苏雪林等作家有所不同，在现代文学评论家郑振铎的眼里，虽然漫天吹刮的黄沙令人扫兴，给外出带来不便："那风卷起了一团的泥沙；你一不小心便会迷了双眼，怪难受的；而嘴里吹进了几粒细沙在牙齿间萨拉萨拉的作响。耳朵壳里，眼缝边，黑马褂或西服外套上，立刻便都积了一层黄灰色的沙垢。"② 但再大的风沙也阻挡不了北京春天的美丽，等到沙尘散去，晴天回归，北京的春天依旧格外迷人："到了下午，或到第三天，风渐渐的平静起来。太阳光真实的黄亮亮的晒在墙头，晒进窗里。那份温暖和平的气息儿，立刻便会鼓动了你向外跑跑的心思。鸟声细碎的在鸣叫着，大约是小麻雀儿的唧唧声居多。——碰巧，院子里有一株杏花或桃花，正含着苞，浓红

① 苏雪林：《浮生九四——雪林回忆录》，台北三民书局，1991年，第47页。

② 郑振铎：《北平》，《郑振铎全集》（第二卷），花山文艺出版社，1998年，第531页。

色的一朵朵，将放未放。”[①]

在现代散文家、翻译家钱歌川看来，风沙更是被看作北京的代名词，北京的特色，没有风沙的北京缺乏韵味，不能称之为北京。他在《飞霞妆》中有一段充满诗意的文字：

> 北平与飞沙两个名辞是有联带关系的。要没有飞沙，就不成其为北平。正同日本人久不感到地震，就觉得寂寞似的。北平若没有了飞沙，我们一定要觉得有点不够味，缺乏一种构成这个故都的要素，而感着缺陷了。同时它也许要改换一副面目：空气会要清鲜，花草会要改色……[②]

在钱歌川的笔下，北京的风沙被赋予了独特的价值，充满了韵味，不再那么令人生厌，反而变得格外亲切。

当然，北京的春天也并非都是大风席卷、沙尘弥漫。在现代通俗小说家张恨水的笔下，春天的北京是一座碧槐之城，四处都种满了槐树，充满了绿色，充满了生机。他曾在《五月的北平》中写道：

> 北平这个地方，实在适宜于绿树的点缀，而绿树能亭亭如盖的，又莫过于槐树。在东西长安街，故宫的黄瓦红墙，配上那一碧千株的槐林，简直就是一幅彩画。在古老的胡同里，四五株高槐，映带着平正的土路，低矮的粉墙，行人很少，在白天就觉得其意幽深，更无论月下了。在宽平的马路上，如南、北池子，如南、北长街，两边槐树整齐划一，连续不断，有三四里之长，远远望去，简直是一条绿街。在古庙门口，红色的墙，半圆的门，几株大槐树在庙外拥立，把

---

① 郑振铎：《北平》，《郑振铎全集》（第二卷），花山文艺出版社，1998年，第532页。

② 钱歌川：《飞霞妆》，《钱歌川文集》（第一卷），辽宁大学出版社，1988年，第12页。

低矮的庙整个罩在绿阴下，那情调是肃穆典雅的。在伟大的公署门口，槐树分立在广场两边，好像排列着伟大的仪仗，又加重了几分雄壮之气。太多了，我不能把她一一介绍出来。有人说五月的北平是碧槐的城市，那却是一点没有夸张。①

北京的春天，虽然短暂，令人难以捉摸，却并不妨碍它那么美，那么迷人。

2. “北平的夏天是很可爱的”

如果说北京的春天是转瞬即逝还伴随着风沙的，那么北京的夏天不仅历时长，而且较为炎热。据资料记载，北京6、7、8三个月的平均气温都在24摄氏度以上。在最热的7月，平均气温是26.1摄氏度，和四川盆地的成都相近（成都的月平均气温是26.5摄氏度）。北京历年极端气温出现过42.6摄氏度的最高纪录。②

俄罗斯当代汉学家司格林教授在他的回忆录《北京——我童年的故乡》中曾形象地描述北京夏日酷热难当的感受：

北京的夏天有一系列典型的特征。干热能够把人灼伤，使人难以呼吸，让人一点儿不想动弹。这种天最合适的也是用滥了的比喻就是烤箱。太阳无情地炙烤着，可以说人走不了几步就会被熔化了。在这些日子里，只有早晨和夜里才是“正常的”生活时间。白天人们只想待在家里，或躲在树荫下。老实说，连阴凉地儿也酷热难当。③

---

① 张恨水：《五月的北平》，《子曰丛刊》，1948年第2期。

② 赵天耀、高汉民：《北京的气候》，北京出版社，1958年，第69页。

③ ［俄］司格林：《北京——我童年的故乡》，于培才、刘薇译，东方出版社，2006年，第126页。

澳大利亚女作家塔尼亚·麦卡特尼和丈夫、孩子一起在北京生活了4年的时间（2005—2009），也和司格林教授有着同样的感受，她在《北京太太：一次通往中国的奇妙之旅》中写道：

> 我曾喋喋不休地抱怨北京的夏天。没有海滨可以避暑。没有强劲的海风。没有树木繁茂的公园可以躲藏。似乎就没什么阴凉的地方。对于一个冬天如此严寒的城市来说，夏天如此炎热理所当然。
>
> 我们到北京后的第一个夏天，天气酷热难耐，然而情况似乎一年糟似一年。热气灼人——热得让人汗流成河，甚至以前每分钟180跳的有氧运动也望尘莫及。[①]

与国外文人的感受有所不同，在浙江人、现代作家郁达夫看来，北京的夏天远比南方凉爽。他曾在《北平的四季》一文中提到：

> 从地势纬度上讲来，北方的夏天，当然要比南方的夏天来得凉爽。在北平城里过夏，实在是并没有上北戴河或西山去避暑的必要。一天到晚，最热的时候，只有中午到午后三四点钟的几个钟头，晚上太阳一下山，总没有一处不是凉阴阴要穿单衫才能过去的；半夜以后，更是非盖薄棉被不可了。而北平的天然冰的便宜耐久，又是夏天住过北平的人所忘不了的一件恩惠。
>
> 我在北平，曾经过过三个夏天；像什刹海，菱角沟，二闸等暑天游耍的地方，当然是都到过的；但是在三伏的当中，不问是白天或是晚上，你只教有一张藤榻，搬到院子里的葡萄架下或藤花阴处去躺着，吃吃冰茶雪藕，听听盲人的

① ［澳］塔尼亚·麦卡特尼：《北京太太：一次通往中国的奇妙之旅》，阚怀未、姚婧雯译，上海三联书店，2016年，第378页。

鼓词与树上的蝉鸣，也可以一点儿也感不到炎热与熏蒸。而夏天最热的时候，在北平顶多总不过九十四五度，这一种大热的天气，全夏顶多顶多又不过十日的样子。①

对于张恨水来说，夏日的北京给人以清凉之感，非常适宜居住。他曾在《燕居夏亦佳》指出，与重庆这座火炉相比，北京简直没有夏天：

到了阳历七月，在重庆真有流火之感。现在虽已踏进了八月，秋老虎虎视眈眈，说话就来，真有点谈热色变，咱们一回想到了北平，那就觉得当年久住在那儿，是人在福中不知福。不用说逛三海、上公园，那里简直没有夏天。就说你在府上吧，大四合院里，槐树碧油油的，在屋顶上撑着一把大凉伞儿，那就够清凉。……小书房门口，垂上一幅竹帘儿，窗户上糊着五六枚一尺的冷布，既透风，屋子里可飞不进来一只苍蝇。花上这么两毛钱，买上两三把玉簪花、红白晚香玉，向书桌上花瓶子一插，足香个两三天。屋夹角里，放上一只绿漆的洋铁冰箱，连红漆木架在内，只花两三元钱。每月再花一元五角钱，每日有送天然冰的，搬着四五斤重一块的大冰块，带了北冰洋的寒气，送进这冰箱。若是爱吃水果的朋友，花一二毛钱，把虎拉车（苹果之一种，小的）、大花红、脆甜瓜之类，放在冰箱里镇一镇，什么时候吃，什么时候拿出来，又凉又脆又甜。再不然，买几大枚酸梅，五分钱白糖，煮上一大壶酸梅汤，向冰箱里一镇，到了两三点钟，槐树上知了儿叫得正酣，不用午睡啦，取出汤来，一个人一碗，全家喝他一个“透心儿凉”。②

① 郁达夫：《北平的四季》，《郁达夫全集》（第三卷），浙江大学出版社，2007年，第273页。

② 张恨水著、解玺璋编：《北京人随笔》，北京出版社2021年版，第3—4页。

对于冰心来说，北京的夏天有着时断时续的蝉鸣声，微微的清风，不仅凉爽，还非常舒适。她在《一个奇异的梦》中写道：

> 那一天是下午，我卧在床上。窗帘垂着，廊下的苇帘也放着，窗外的浓荫，绿水般渗透到屋里来。微微的凉风，和着鸟声蝉声，都送到我耳中。我那时的神志，稍微的清醒一些，觉得屋里洁净无尘，清静得很。①

和冰心一样，在北京生活多年的现代民俗学家邓云乡也同样描写过夏日嘹亮的蝉鸣声。他在《夏虫京华梦》一文中毫不掩饰地表达了对夏蝉的喜爱和怀念：

> 经常在我的忆念中的，是那嘹亮的蝉鸣。蝉声是特别能打动诗人心扉的。“西陆蝉声唱，南冠客思深，不堪玄鬓影，来对白头吟。”这是一种意境；“倚杖柴门外，临风听暮蝉。”这是一种意境；昔人写试帖诗有句云：“知了知春了。”塾师批道：很有情趣。这又是一种意境。躺在小小四合院的北屋里，午梦初回，睡眼惺忪，透过一大方格木窗棂上新糊的冷布，望着荫屋的古槐，这时那嘹亮的蝉声正在欢噪，像海潮般地冲击着你的耳鼓，似乎天地间都被这种声浪填满了。这又是一种意境。而这种意境，住在新式楼房里，你还能领略得到吗？②

夏日的北京不仅充满了乐趣和诗意，更寄托了邓云乡的思念。

在北京人老舍的眼中，北京的夏天更是充满了趣味，格外的可爱。他曾在《四世同堂》中这样写道：

---

① 冰心：《一个奇异的梦》，《冰心全集》（第一册），海峡文艺出版社，2012年，第110页。

② 邓云乡：《夏虫京华梦》，《燕京乡土记》，上海文化出版社，1986年，第51页。

> 在太平年月，北平的夏天是很可爱的。……
>
> 在最热的时节，也是北平人口福最深的时节。果子以外还有瓜呀！西瓜有多种，香瓜也有多种。西瓜虽美，可是论香味便不能不输给香瓜一步。况且，香瓜的分类好似有意的“争取民众”——那银白的，又酥又甜的“羊角蜜”假若适于文雅的仕女吃取，那硬而厚的，绿皮金黄瓤子的“三白”与“蛤蟆酥”就适于少壮的人们试一试嘴劲，而“老头儿乐”，顾名思义，是使没牙的老人们也不至向隅的。①

当然，夏日北京的可爱不仅体现在水果的丰富，还体现在搭凉棚、听戏、划船等各个方面：

> 天气是热的，可是一早一晚相当的凉爽，还可以作事。会享受的人，屋里放上冰箱，院内搭起凉棚，他就会不受到暑气的侵袭。假若不愿在家，他可以到北海的莲塘里去划船，或在太庙与中山公园的老柏树下品茗或摆棋。“通俗”一点的，什刹海畔借着柳树支起的凉棚内，也可以爽适的吃半天茶，咂几块酸梅糕，或呷一碗八宝荷叶粥。愿意洒脱一点的，可以拿上钓竿，到积水潭或高亮桥的西边，在河边的古柳下，作半日的垂钓。好热闹的，听戏是好时候，天越热，戏越好，名角儿们都唱双出。夜戏散台差不多已是深夜，凉风儿，从那槐花与荷塘吹过来的凉风儿，会使人精神振起，而感到在戏园受四五点钟的闷气并不冤枉，于是便哼着《四郎探母》什么的高高兴兴的走回家去。②

老北京居民夏日为了凉爽、通风，会撕去原有的窗户纸，换上冷

① 老舍：《四世同堂》，《老舍全集》（第四卷），人民文学出版社，2008年，第484页。

② 老舍：《四世同堂》，《老舍全集》（第四卷），人民文学出版社，2008年，第485—486页。

布，糊上卷窗。冷布其实并非普通常见的布，而是一种极为稀疏的纱布。这种纱布又细又软，用它糊窗不仅透风，还能够防止蚊虫进入房间内。清代诗人张维屏曾咏此物曰："此岂章身具，罗纹体一新。易明虚白室，难障软红尘。雾眼看无碍，冰衔味较亲。清凉满窗牖，中有热肠人。"[①] 从这段诗中，我们就可以了解到冷布的优势及特点。

除了冷布糊窗之外，还会在门上挂帘子，将热气和太阳光阻挡在帘外，使得屋内更加凉爽。当代民国风俗史、生活史研究学者徐凤文也曾在《民国风物志》一书中向我们生动地展现了夏日北京打竹帘小贩的吆喝声：

> 早年间，天儿快热的时候，经常能看见有小贩肩扛修竹帘的架子，走街串巷地吆喝："打竹帘子儿唻！"昔日一首北京儿歌的开头两句唱的就是"打竹帘子的，哗啦啦"，形容的就是胡同里的这一道小风景。[②]

还有的富裕家庭为了消暑，夏天还会在四合院内搭凉棚。每到炎夏之时，凉棚便成为百姓们的消暑纳凉之地，在凉棚下一边喝茶一边聊天，实在是惬意。老北京有句俗语"天棚鱼缸石榴树，老爷肥狗胖丫头"，这里的天棚指的就是夏日里的凉棚。

在《消夏拾零》一文中，现代古典文学专家刘叶秋对北京夏日搭凉棚的场景进行了细致的描写：

> 夏天搭天棚，也是棚铺的一项主要生意。一般"大宅门儿"差不多都有"交买卖"的熟棚铺，每年夏天搭天棚，是"例行公事"。一到时候，不等派人来找，棚铺掌柜就自己上门联系，订日子拉料来干活儿。先以大杉篙安柱扎枷子，随

---

① ［清］张维屏撰、陈宪猷校点：《冷布》，《张南山全集》（一），广东高等教育出版社，1995年，第225页。

② 徐凤文：《民国风物志》，花山文艺出版社，2016年，第119页。

用一种粗如手指大过饭碗的半圆形的大钩针，穿上麻绳，把一张一张的席连接缝好，然后两面铺席上顶子。顶上有拉绳，可以从下面任意卷舒。太阳晒时就放下来，遇上阴天下雨就拉起来。仍旧见天，甚为方便。等到秋凉不用天棚，棚铺即来拆棚算账，把材料运回，年年如此，习以为常。①

不仅是平民百姓家，皇宫里为了消暑、遮阳，也会在各宫搭起凉棚。每到举办活动时，内务府也会事先搭好凉棚，并在凉棚上覆盖苇席。清代道光皇帝还为此曾作诗一首，歌颂凉棚的好：

消夏凉棚好，浑忘烈日烘。
名花罗砌下，斜荫幕堂东。
偶卷仍留露，凭高不碍风。
自无烦暑至，飒爽畅心中。
凌高神结构，平敞蔽清虚。
纳爽延高下，当炎任卷舒。
花香仍入户，日影勿侵除。
得阴宜趺坐，南风晚度徐。②

现在故宫博物院内还存有紫禁城西六宫之一的长春宫的凉棚烫样。据故宫博物院古建部馆员朱庆征介绍：“长春宫凉棚为寸样，制作年代不详，但从体元殿已改为穿堂殿并加有后抱厦的格局来看，当为咸丰九年（1859）之后的作品。其凉棚的形式与长春宫正殿建筑一样，共分为5间，下部用杉篙高高支起，高度超过长春宫和体元殿的殿顶，然后再搭出一个悬山式殿顶，上覆苇席。殿顶的南北两坡，按建筑间数开出5个天窗，以利于光线的摄入。天窗

① 刘叶秋：《消夏拾零》，《回忆旧北京》，北京燕山出版社，1996年，第26页。

② 转引自丁超：《“住”在北京——北京居住文化》，东方出版社，2007年，第202页。

上沿安有两个卷帘，其中下层为卷箔，放下可以防沙尘；上层为油布，用来防雨。凉棚檐下形式与建筑本身一样，周圈安有上亮，以增加凉棚内的亮度。整个凉棚涂成红色，与建筑本身的颜色完全一致。”①

酸梅汤也是夏日北京消暑佳品，不仅能够生津止渴，还能消热解暑。在民国时期的京剧评论家、记者徐凌霄所写的《旧都百话》中就详细地记载了民国时期大街小巷卖酸梅汤的情形：

> 暑天之冰，以冰梅汤为最流行，大街小巷，干鲜果铺的门口，都可以看见“冰镇梅汤”四字的木檐横额。有的黄底黑字，甚为工致，迎风招展，好似酒家的帘子一样，使过往的热人，望梅止渴，富于吸引力。昔年京朝大老，贵客雅流，有闲工夫，常常要到琉璃厂逛逛书铺，品品古董，考考版本，消磨长昼。天热口干，辄以信远斋梅汤为解渴之需。②

据说清朝的慈禧太后也非常喜欢喝酸梅汤，即使在她和光绪皇帝避难到西安期间也每天都要喝酸梅汤。为了能够在夏天喝到冰镇酸梅汤，她不惜让地方官派人每日赴距西安百余里外的太白山拉冰，供“御膳房”使用，足见她对酸梅汤的喜爱。

提到酸梅汤，不得不想到老北京有一家卖酸梅汤的老字号，那就是信远斋。该店始建于清乾隆五年（1740），其酸梅汤主要是按照清朝宫廷秘方来进行加工制作，并且选料极为严格，所有的乌梅都必须是来自浙江、福建和广东等地的优质乌梅。

因为该店处于琉璃厂附近，所以吸引了很多文人墨客来此光顾。梅兰芳、马连良、尚小云、唐鲁孙等人都是信远斋的老顾客。现代散文家、文学批评家梁实秋就非常喜欢信远斋的冰镇酸梅汤，每次到信

---

① 朱庆征：《紫禁城·长春宫凉棚烫样》，《紫禁城》，2004年第4期。

② 转引自梁实秋：《酸梅汤与糖葫芦》，《梁实秋文集》（第五卷），鹭江出版社，2002年，第40页。

远斋都忍不住要多喝几碗。他在《酸梅汤与糖葫芦》一文中写道：

> 信远斋的冰镇就高明多了。因为桶大罐小冰多，喝起来凉沁脾胃。他的酸梅汤的成功秘诀，是冰糖多、梅汁稠、水少，所以味浓而酽。上口冰凉，甜酸适度，含在嘴里如品纯醪，舍不得下咽。很少人能站在那里喝那一小碗而不再喝一碗的。抗战胜利还乡，我带孩子们到信远斋，我准许他们能喝多少碗都可以。他们连尽七碗方始罢休。我每次去喝，不是为解渴，是为解馋。我不知道为什么没有人动脑筋把信远斋的酸梅汤制为罐头行销各地，而一任“可口可乐”到处猖狂。①

可以说，酸梅汤承载了北京人夏日最美好的记忆。虽然随着时代的发展，各式各样的饮品层出不穷，酸梅汤已不再是夏日北京的必备饮品，但它的价值和意义是其他夏日饮品远不能比的。

图2　信远斋酸梅汤

文人笔下的北京夏天，不只是一个酷热难当、令人难熬的季节，也是一个充满别样趣味的时节，可以坐在凉棚内休息，喝着冰镇酸梅汤，听听蝉声，格外的凉爽和悠闲。

3. “北平之秋便是天堂”

“上有天堂，下有苏杭”是众人皆知的一句俗语。其实，中国还有一个天堂，那就是秋天的北京。秋天，可以说是北京的黄金时节，

① 梁实秋：《酸梅汤与糖葫芦》，《梁实秋文集》（第五卷），鹭江出版社，2002年，第40页。

不仅秋高气爽，气候宜人，而且还意味着丰收。

秋日的北京是老舍笔下的人间天堂。他曾强调秋天一定要住在北京："天堂是什么样子，我不晓得，但是从我的生活经验去判断，北平之秋便是天堂。"[①] 在《"住"的梦》一文中，老舍写道：

> 论天气，不冷不热。论吃食，苹果，梨，柿，枣，葡萄，都每样有若干种。至于北平特产的小白梨与大白海棠，恐怕就是乐园中的禁果吧，连亚当与夏娃见了，也必滴下口水来！果子而外，羊肉正肥，高粱红的螃蟹刚好下市，而良乡的栗子也香闻十里。论花草，菊花种类之多，花式之奇，可以甲天下。西山有红叶可见，北海可以划船——虽然荷花已残，荷叶可还有一片清香。衣食住行，在北平的秋天，是没有一项不使人满意的。即使没有余钱买菊吃蟹，一两毛钱还可以爆二两羊肉，弄一小壶佛手露啊！[②]

其实全世界的秋天都很美，但老舍将北京的秋天比作天堂，足见其对北京的感情之深。

郁达夫，生长于风景秀丽的江南，可每年秋天到来，他却无限地怀念和向往北京的秋天，想起"陶然亭的芦花"是否依旧竞相开放，"钓鱼台的柳影"是否依然柔嫩如丝，"西山的虫唱"是否仍旧婉转动人，"玉泉的夜月"是否依旧恬静如故，"潭柘寺的钟声"是否依然雄浑嘹亮，怀念之情跃然纸上。他曾在《故都的秋》中感慨道："秋天，这北国的秋天，若留得住的话，我愿把寿命的

① 老舍：《"住"的梦》，《老舍全集》（第十五卷），人民文学出版社，2008年，第396页。

② 老舍：《"住"的梦》，《老舍全集》（第十五卷），人民文学出版社，2008年，第396页。

三分之二折去，换得一个三分之一的零头。”[1] 对于他来说，北京的秋天即使不出门便足以让他感受到浓浓的秋意，体会到北京秋日独特的韵味：

> 在北平即使不出门去罢，就是在皇城人海之中，租人家一椽破屋来住着，早晨起来，泡一碗浓茶、向院子一坐，你也能看得到很高很高的碧绿的天色，听得到青天下驯鸽的飞声。从槐树叶底，朝东细数着一丝一丝漏下来的日光，或在破壁腰中，静对着像喇叭似的牵牛花（朝荣）的蓝朵，自然而然地也能够感觉到十分的秋意。[2]
>
> 秋天，无论在什么地方的秋天，总是好的；可是啊，北国的秋，却特别地来得清，来得静，来得悲凉。[3]

在郁达夫的心中，北京的秋天不仅浓烈、醇厚，更充满了清静与悲凉。他在《故都的秋》中写道：

> 北国的槐树，也是一种能使人联想起秋来的点缀。像花而又不是花的那一种落蕊，早晨起来，会铺得满地。脚踏上去，声音也没有，气味也没有，只能感出一点点极微细极柔软的触觉。扫街的在树影下一阵扫后，灰土上留下来的一条条扫帚的丝纹，看起来既觉得细腻，又觉得清闲，潜意识下并且还觉得有点儿落寞，古人所说的梧桐一叶而天下知秋的遥想，大约也就在这些深沉的地方。

---

① 郁达夫：《故都的秋》，《郁达夫全集》（第三卷），浙江大学出版社，2007年，第188页。

② 郁达夫：《故都的秋》，《郁达夫全集》（第三卷），浙江大学出版社，2007年，第191页。

③ 郁达夫：《故都的秋》，《郁达夫全集》（第三卷），浙江大学出版社，2007年，第188页。

> 秋蝉的衰弱的残声，更是北国的特产；因为北平处处全长着树，屋子又低，所以无论在什么地方，都听得见它们的啼唱。在南方是非要上郊外或山上去才听得到的。这秋蝉的嘶叫，在北平可和蟋蟀耗子一样，简直像是家家户户都养在家里的家虫。[①]

那“北国的槐树”以及“秋蝉的衰弱的残声”，在郁达夫心里，颇具悲凉、安静之美，令人回味无穷。《故都的秋》创作于1934年，在此之前，郁达夫的儿子不幸因病去世，并且国内正处于白色恐怖时期。许是触景生情，不论是秋风中的牵牛花，毫无声音和气味的槐树，还是那秋蝉衰弱的啼唱，令他想起儿子的去世和严峻的局势，不禁生出悲凉之感。

现代作家林语堂，曾两度生活于北京。虽然只在北京生活了6年，但却对北京情有独钟。与郁达夫的“悲秋”不同，在林语堂的眼里，北京的秋天是收获的季节，它代表了成熟。在其1941年所写的散文《秋天的况味》中，有这样一段话：

> 在四时中我于秋是有偏爱的，所以不妨说说。秋是代表成熟，对于春天之明媚娇艳，夏日之茂密浓深，都是过来人，不足为奇了，所以其色淡，叶多黄，有古色苍茏之慨，不单以葱翠争荣了。这是我所谓秋的意味。大概我所爱的不是晚秋，是初秋，那时暄气初消，月正圆，蟹正肥，桂花皎洁，也未陷入凛冽萧瑟气态，这是最值得赏乐的。那时的温和，如我烟上的红灰，只是一股熏熟的温香罢了。或如文人已排脱下笔惊人的格调，而渐趋纯熟练达，宏毅坚实，其文读来有深长意味。这

① 郁达夫：《故都的秋》，《郁达夫全集》（第三卷），浙江大学出版社，2007年，第189页。

就是庄子所谓“正得秋而万宝成”结实的意义。[①]

于林语堂而言，初秋是四季中最好的时间，它不像春天那样娇艳动人，也不像夏日那样炎热似火。初秋不仅给人以成熟与稳重之感，更是游玩赏乐的最佳时期。虽然林语堂没有在《秋天的况味》这篇散文中单独描写北京的秋天，但他对秋天的喜爱之情跃然纸上。此外，他曾在其英文原著《辉煌的北京》中，向我们绘声绘色地描绘了北京初秋的自然风光，表达了其对北京秋日的眷恋：

> 秋天，在城南的大沼泽地里，经过整个夏季养得肥肥的野鸭，和躲藏在河边灌木丛中的苍鹭，开始了一年一次的南迁。公园和西山都泛着红、紫色。西山上红土与蓝天映衬混杂一起，产生了著名的西山紫坡景观，在更高、更远的山顶，山色渐渐变成暗紫色和灰色。[②]

秋蝉可以说是北京秋天一大特色。作家刘凌云认为，与南方的蝉相比，北京的秋蝉声音更悦耳动听，更为从容。他在《北京的秋天》中提到：

> 秋日的衰蝉，在北京也是一种特产。南国的蝉声调子扯得高，声音叫得尖，听起来太为刺耳，颇觉不堪。北京的秋蝉则不然。它拖着细长圆滑的调子，仿佛是扯了一丝细线，又细腻又轻婉，打在耳膜上，听来的是从容，感到的是安闲。一向又不肯浮夸，只那么一声两声的，亦不噪，亦不喧，不经意从树间飞传过来，竟有一种“愈鸣愈静”的色

① 林语堂：《秋天的况味》，《林语堂名著全集》（第十四卷），东北师范大学出版社，1994年，第210页。

② 林语堂：《辉煌的北京》，《林语堂名著全集》（第二十五卷），赵沛林、张钧、陈亚珂、周允成译，东北师范大学出版社，1994年，第24—25页。

彩，也叫人心醉而流连。[1]

银杏也是秋日北京的一大景致。在北京西城区的钓鱼台国宾馆外，有一条非常有名的银杏大道。据说这里的银杏是北京最早种下的一批。每年的秋冬交换之际，银杏叶逐渐变黄，从空中撒落在地上，格外的美丽。现在这里已经成为北京观赏银杏的一个地标，很多的中外游客都会来此赏秋。

除了钓鱼台之外，还可以到西山欣赏银杏王。西山大觉寺内的无量寿佛殿的院里，就有两株古银杏树，一株是雄树，一株是雌树。其中的雄树相传是辽代时所种植的，树龄已超过千年，所以也被称为“银杏王”。此树高达30米，树干粗壮，树叶茂盛遮盖了大半个院子。清代乾隆皇帝到此巡视时曾感慨于此树的悠久历史与雄姿，并作《银杏王》诗一首。诗云：“古柯不计数人围，叶茂枝孙绿荫肥。世外沧

图3　北京钓鱼台银杏大道

① 刘凌云：《北京的秋天》，《中华散文》，2004年第12期。

桑阅如幻，开山大定记依稀。”[①] 如今，大觉寺内的龙王堂假山石上仍藏有这首诗的诗碑。据传说，原本在离大觉寺不远的醇亲王园寝也有一株银杏树，可慈禧太后因相信风水之说，认为醇亲王园寝的银杏树长得过于茂盛可能会威胁到皇帝的龙位，故砍倒此树。从此以后，大觉寺内的银杏树便成为西山银杏之冠了。

郭沫若在什刹海的故居也有一株特殊的银杏树。1954年，郭沫若夫人于立群因患重病需要去南方治疗。在夫人离开后，郭沫若便带着孩子们去往西山大觉寺游玩，并于大觉寺内取得银杏树苗，种在家中的胡同里。郭沫若称此树为“妈妈树”，以期夫人能够早日恢复健康，可以早些回到他和孩子们的身旁。当然，郭沫若以银杏寓健康与银杏本身的药用价值有很大的关系。据《本草纲目》记载：“银杏宋初始著名，而修本草者不收。近时方药亦时用之。其气薄味厚，性涩而收，色白属金。故能入肺经，益肺气，定喘嗽。”[②] 后来，这棵树被郭沫若一家当作特殊的家庭成员，至今仍在院内茁壮成长。

与郭沫若不同，当代京味作家崔岱远每到秋天来临，就非常怀念北京的石榴。他曾说：“石榴给北京人简朴的生活增添了无穷的乐趣，以至于‘家家金秋石榴红’曾经是京城里特有的景色。”[③] 在《天棚、鱼缸、石榴树》一文中，崔岱远绘声绘色地向我们描绘了石榴的晶莹剔透和醇甜甘爽之感：

> 秋凉了，一个个圆润饱满、稍现六棱、拳头大小的石榴悬在弯成弧的树枝上，像颗颗涂了蜡的宝石随着阵阵秋风摇来摆去，让人看着垂涎欲滴，而房顶上那些看不见的石榴就

---

① ［清］乾隆：《银杏王》，李临淮：《北京古典园林史》，中国林业出版社，2016年，第154页。

② ［明］李时珍著、宋敬东注释：《本草纲目》，天津科学技术出版社，2014年，第270页。

③ 崔岱远：《天棚、鱼缸、石榴树》，《京味儿食足》，生活·读书·新知三联书店，2012年，第21页。

更多了。收获的时候，几个叔叔要搬梯子上房去摘，一摘就是两大桶。这石榴别看个头大，皮却很薄，只要轻轻一掰，就可以看见白纱似的薄膜间整齐排列的一颗颗晶莹剔透、淡粉中透白的玛瑙粒了。抠出几颗放进嘴里，轻轻一咬，顷刻间，那带着一丝不可思议的奶味儿的醇甜甘爽的汁液就会顺着牙缝一直渗进心里。怪不得古人把这石榴叫作“天浆”呢！①

现代女作家林海音童年至青年时期曾居住在北京。北京不仅承载了她儿时的回忆，更是她精神上的故乡。对于她来说，北京秋天里最难忘的便是炒栗子的香味。她在《秋的气味》（1961）中写道：

无论从哪个方向来，到了西单牌楼，秋天，黄昏，先闻见的是街上的气味。炒栗子的香味弥漫在繁盛的行人群中，赶快朝向那熟悉的地方看去，和兰号的伙计正在门前炒栗子。和兰号是卖西点的，炒栗子也并不出名，但是因为它在街的转角上，首当其冲，就不由得就近去买。②

秋日的北京不仅有满街的栗子香，还充满了牛羊肉浓郁的肉香味：

门前挂着清真的记号，他们是北平许多著名的回教馆中的一个，秋天开始，北平就是回教馆子的天下了。矮而胖的老五，在案子上切牛羊肉，他的哥哥老大，在门口招呼座儿。他的两个身体健康眼睛明亮、充分表现出回教青年精神的儿子，在一旁帮着和学习着剔肉和切肉的技术。炙子上烟

① 崔岱远：《天棚、鱼缸、石榴树》，《京味儿食足》，生活·读书·新知三联书店，2012年，第19—20页。

② 林海音：《秋的气味》，《两地》，北京出版社，1988年，第1页。

雾弥漫，使原来就不明的灯更暗了些，但是在这间低矮、烟雾的小屋里，却另有一股温暖而亲切的感觉，使人很想进去，站在炙子边举起那两根大筷子。①

在林海音的笔下，秋日里糖炒栗子和炙牛羊肉的香味不单单是北京秋天的气味，更承载了她对北京挥之不去的爱。

自古以来，文人就对秋天情有独钟，也留下了大量关于北京秋日的记载。从这些字里行间中，我们不仅能够感受到北京秋日的美，更能体会到这些文人对北京的眷恋与爱。

4. 隆冬里的情趣

北京冬季的一大特点就是冬日长，气温低。根据气象资料记载，北京每年12月到第二年2月这3个月的平均气温都在0摄氏度以下，北部山区还经常出现零下22摄氏度的气温。②

当代京味作家刘一达就曾在小说《胡同根儿》中绘声绘色地向我们描绘了北京的严寒：

来自西伯利亚的寒流，挟着凛冽的风，吹散了天上的薄云，天空透着蓝，蓝得爽快和耀眼。太阳好像都没有点儿热乎气儿，光秃秃的树干在寒风中发出阵阵裂响，灰色的瓦檐上悬挂着白霜，万物像是冻得没了知觉，沉浸在恬静和凛然的寒气中。院里的自来水管冻得死死的，新洗的衣服晾在铁丝儿上，很快便成了冰衣。铁丝儿冻得如冰条，热手一摸，能粘下一块肉去。人在街上，嘴里呼出的气都好像冒烟儿似的。③

① 林海音：《秋的气味》，《两地》，北京出版社，1988年，第2—3页。

② 赵天耀、高汉民：《北京的气候》，北京出版社，1958年，第30页。

③ 刘一达：《胡同根儿》（上），北京联合出版公司，2014年，第225页。

当代诗人田千武，作为一个南方人，认为北京的冬天比南方寒冷得多，尤其是冬日的干冷让人难以忍受。在《北京的冬天》一文中他提到：

> 北京的风吹到人的脸上十分干冷，周围的景致似乎都很坚硬和寒冷，大街上的人行走匆匆，穿着厚厚的羽绒服，就连头部也戴上了帽子或围上了围巾，有的人还戴上了口罩，只露出两个眼睛。[①]

北京的冬日，对于唐代诗人李白来说，不仅寒冷，更象征着孤苦与悲愤。他曾专门在《北风行》中写道：

> 烛龙栖寒门，光曜犹旦开。
> 日月照之何（日月之赐）不及此？惟有北风号怒天上来。
> 燕山雪花大如席，片片吹落轩辕台。
> 幽州思妇十二月，停歌罢笑双蛾摧。
> 倚门望行人，念君长城苦寒良可哀。
> 别时提剑救边去，遗此虎文金鞞靫。
> 中有一双白羽箭，蜘蛛结网生尘埃。
> 箭空在，人今战死不复回。
> 不忍见此物，焚之已成（以为）灰。
> 黄河捧土尚可塞，北风雨雪恨难裁（哉）。[②]

“燕山雪花大如席，片片吹落轩辕台”，真是好大的雪！这首诗是天宝十一年（752）李白于幽州游玩时所作。当时的范阳节度使安禄山为了邀宠，全然不顾战争所带来的后果，屡次挑起战争，想要侵犯

---

① 田千武：《北京的冬天》，《怀念是一种温暖》，阳光出版社，2015年，第21—22页。

② ［唐］李白、［唐］杜甫：《李白杜甫诗全集》，北京燕山出版社，2009年，第17页。

奚、契丹等北方少数民族。天宝十年（751），安禄山率兵攻打契丹，结果契丹和奚相互联合，导致唐朝军队伤亡惨重。《资治通鉴》曾对此次战争进行过记载："安禄山将三道兵六万以讨契丹，以奚骑二千为向导。过平卢千余里，至土护真水，遇雨。禄山引兵昼夜兼行三百余里，至契丹牙帐，契丹大骇……奚反叛，与契丹合，夹击唐兵，杀伤殆尽。射禄山，中鞍，折冠簪，失履，独与麾下二十骑走；会夜，追骑解，得入师州。"[①] 有感于战争的残酷，李白写下了《北风行》这首诗。通过将燕山的雪花比作席子这样的夸张手法，李白不仅向我们展现了北京冬日大雪纷飞、气候寒冷的景象，使我们感受到了北方边境妇女在知道丈夫战死边疆之后的悲伤、孤苦和愤怒之情，也向我们揭露了战争给普通百姓所带来的巨大伤害。

与大多数人的感受有所不同，当代女作家幽子，一个地地道道的南方人，不但不觉得北京的冬天寒冷，还觉得非常温和、温柔，给人亲近之感。她认为北京的冬天"有一种弥漫在圣乐之中和超脱于尘世之上的温柔，它一点也不像多风沙的春天那么絮絮叨叨、不饶人，它有一种宽宏大度的美"[②]。虽然只在北京待了两年，但她却无比怀念北京的冬天，尤其是那冬日里的雪野。她曾在《拉威尔池塘》中写道：

> 我好爱北京郊外的雪野。
>
> 在霏霏蒙蒙的雪地里，回头看自己踏出的深深浅浅的雪坑；扬起脖子，贪婪地吸吮潮润冰冷的空气；与暮色作伴，看着黑白愈来愈分明的图景，看一间间黑屋子亮起小灯；坐在被雪覆盖的树桩上，听远方火车的呜咽……
>
> 最使人兴奋的，莫过于在纷纷扬扬的雪花降落的时候。那刻，大地弥漫着白色，好像生命的灵气就聚集在那个时辰。

---

① ［北宋］司马光：《资治通鉴》，中国华侨出版社，2013年，第373—374页。

② 幽子：《拉威尔池塘》，新疆青少年出版社，1996年，第83页。

雪以它的阔大而温暖的手，支撑着我那一度疲惫无力的心，我在雪地里恢复了好多自信和宁静。[①]

可见，在幽子的眼中，那北京郊外的雪野不但充满了灵性和生命力，更温暖了她的心，使她找回内心的平和与自信。

在现代女作家冰心的心中，北京更是没有冬天。在她看来，虽然小时候北京的冬天非常冷，“夜中蜷缩在被窝里，总听见呜呜的卷地的北风，窗纸像鬼叫一样，整夜地在呼啸”[②]，但到了1957年左右就仿佛没有了冬天。在《我们这里没有冬天》一文中，她写道：

这几年的冬天，大不相同了。北京照旧刮风下雪，而下过的雪都整齐地堆在光滑的柏油路的两旁，太阳一晒，风一吹，就像没下过雪一般。最痛快的是：大门洞里再看不见那些痛苦的形象，听不到呻吟的声音。从那里出来的，是上学的、上工的、上班的男女老幼，衣履朴素而整洁，嘴边带着宁静的微笑，昂首挺胸地往前走。

尤其是去年——一九五七年，就仿佛没有冬天。虽然在气候上，也刮过风，下过雪，冻过河，但是在人们口中，就没有听见过“冬天”两个字，什么“消寒”，“冬闲”，“冬眠”，都成了过了时的词汇。就在我执笔之顷，人们身上的棉衣还没有脱，北海的冰也没有化，草也没有青，柳也没有绿，而春意早已弥漫在北京的城郊了！

其实，又何止是北京城郊？在我们辽阔广大的国土上，六万万人民的心里，冬天就没有来过！[③]

---

① 幽子：《拉威尔池塘》，新疆青少年出版社，1996年，第82—83页。

② 冰心：《我们这里没有冬天》，《冰心全集》（第四册），海峡文艺出版社，2012年，第5页。

③ 冰心：《我们这里没有冬天》，《冰心全集》（第四册），海峡文艺出版社，2012年，第5—6页。

冰心的这篇散文写于1958年，此时为了快速发展工农业，人们都投入生产中。在冰心的眼里，北京并不是真的没有冬天，而是人们投入生产中的热情早已融化了北京的冬天。

说起冬日的北京，不得不提到北京的雪。在张恨水的《啼笑因缘》中，就有对20世纪二三十年代北京雪景的描绘：

> 走上大街一看，那雪都有一尺来深，南北遥遥，只是一片白。天上的雪片，正下得紧，白色的屋宇街道，更让白色的雪片，垂着白络，隐隐的罩着，因之一切都在朦胧的白雾里。①

当代作家徐则臣也非常喜欢北京的雪。在《冬天、雪和伟大的北京城》一文中，他曾向我们描述出一个北京冬日化雪的早晨：

> 但在这个化雪的早上，北京的大地陡然黑起来，黑夜和石头一般的沉稳凝重；白雪覆盖的一排排高楼竖起来，像仪仗队那样都站直了。白和黑因为单纯而有了气势和力量，北京的浮泛、浅薄和轻佻不见了，我觉得仿佛穿行在彼得堡、耶路撒冷或者伊斯坦布尔。在故宫、长安街和颐和园这些标志性的符号之外，我在一段平淡无奇的大街上头一次感到了这个城市的伟大——不涉及历史和象征，只用目光去感受和判断。②

徐则臣不仅从雪中感受到了北京冬日的乐趣，更体会到了北京城的伟大。

---

① 张恨水：《啼笑因缘》，《张恨水全集》（第七册），北岳文艺出版社，1993年，第55页。

② 徐则臣：《冬天、雪和伟大的北京城》，《到世界去》，长江文艺出版社，2011年，第31页。

当代诗人郁金，来自湖南祁东，在北京漂泊了数年，也曾在《北京，一月的雪》中描绘了北京冬季的雪景：

一月的雪，静静地落下来
让我看到，藏在雪花里的春天
雪花纷飞，撩起我轻松的心情
乘一片雪花回家，一伸手
就摸到了我远在南方的家门
静静地、轻轻地落下来的雪啊
你真诚地抚慰着每一个人的心灵
你不会因为我是一个外乡人
而不落向我的头顶
漂在北京
我幸福地发现
每一片雪花都是我的亲人①

对于北漂者郁金来说，北京冬日的雪就像是亲人，抚慰了每一个外乡人的心。

北京冬日的雪，不仅本身很有看头，还为北京人们的生活平添了不少乐趣。

溜冰可以说是北京冬日的乐趣之一。该运动最早起源于东北满族先民在冰天雪地里狩猎、打鱼，有着较为悠久的历史。

过去北京的溜冰有不同的类型，可以分为宫中的溜冰、平民的溜冰，个人的溜冰、群体的溜冰。清代《金鳌退食笔记》就曾记载宫中掷冰球游戏：

---

① 郁金：《北京，一月的雪》，张清华编：《中国当代民间诗歌地理》（下），东方出版社，2015年，第516页。

禁中人于冰上作掷球之戏，每队数十人，各有统领，分伍而立，以皮作球，掷于其中，俟其将堕，群起而争之，以得者为胜。每有此队之人将得，则彼队之人蹴之令远，喧笑驰逐，以便捷遒敢为能，所着之履，皆有铁齿，行冰上不滑也。[①]

至于民间的溜冰，其工具、场地等方面都与宫中的溜冰有所不同。“没有冰鞋，更没有冰场，只在鞋上绑一木板，板上安两根大铁条，平民的冰鞋，便已完成，甚至穿着老头乐的毛窝，也可以冰上一逞雄姿的。”[②] 虽然较为简单，但也别有一番趣味。

现在溜冰已经成为北京人在冬天的一种群众性娱乐活动。每到冬季，什刹海、未名湖等地都能看到人们滑冰的身影。

上海红学四老之一的邓云乡，青年时期曾在北京求学，非常怀念在北京溜冰的日子。他曾在《未名湖冰》一文中生动地向我们描述了冬日在未名湖中溜冰的场景：

冬天一到，北京溜冰场上，也都热闹起来了。在当年，如果嫌城里北海漪澜堂冰场、公园筒子河冰场冰不平，或者嫌人太多、太乱，那就请到清华园荷塘边上，或者到燕园未名湖。尤其是燕园未名湖的冰场，那是当年北京最高级的、最美丽的冰场。且不说那西山的雪影多么妩媚，万寿山佛香阁的朦胧多么痴情，燕园水塔的重檐多么典丽；也且不说那滑冰的人多么欢欣，多么彬彬有礼，风度翩翩，单指那冰，就是北京任何冰场都比不了的。为什么呢？玻璃板一样光滑的冰场，被许多人滑上半天，被冰刀滑起的冰碴，聚在冰上，晚上要扫干净，（不扫，明天结在冰面上，冰便坎坷不

① ［清］高士奇：《金鳌退食笔记》（卷上），商务印书馆，1936年，第2页。

② 金受申：《溜冰》，《老北京的生活》，北京出版社，1989年，第59页。

平了。）然后，再拿橡皮水管一冲，明天冰又像镜子般平滑了。其他的冰场虽然也这样作，但无此细致考究。[①]

溜冰为寒冷的北京注入了生命力，增添了一丝生趣。

以色列前驻华公使欧慕然，在北京生活多年，也曾想尝试冬日到什刹海溜冰。他曾在《从耶路撒冷到北京：一个杰出犹太家族的中国情缘》一书中写道：

> 但不要以为只有夏天才适合到这里游玩，冬天你能在这里看到人们在结冰的湖面上溜冰。要不是怕摔倒，真想上去和他们凑个热闹。只恨我没有这个福分，在以色列的气候条件下，是找不到机会学习溜冰的。[②]

对于欧慕然来说，溜冰不仅仅是一项娱乐活动，更是北京文化的一种缩影，是他深埋在脑海里的一丝回忆。

坐冰床也是北京冬季的一大乐趣。冰床亦称“冰车”“凌车”“拖床”等，是北京冬季特有的一种交通工具。“用木制一长方形架子，下有二足，裹以铁条，上铺毡褥供人乘坐，又可载物，因其形似床，以人引绳，行于冰上，故名。”[③]

冰床早在明朝时期就开始流行。一些富家子弟和文人墨客还在冰床上饮酒作乐，欣赏北京冬景，别有一番滋味。有的时候因为冰床太小，还会将几个或十几个冰床连在一起，供多人一起饮宴。据《倚晴阁杂抄》所载：“闻明时积水潭尝有好事者联十余床，携都篮酒具，

① 邓云乡：《未名湖冰》，《文化古城旧事》，中华书局，2004年，第398页。

② ［以色列］欧慕然、（中国）唐建文：《从耶路撒冷到北京：一个杰出犹太家族的中国情缘》，世界知识出版社，2012年，第290—291页。

③ 叶大兵、乌丙安：《中国风俗辞典》，上海辞书出版社，1990年，第493页。

图4　冬季在颐和园溜冰

铺氇氇其上，轰饮冰凌中，亦足乐也。”[①] 明代吴惟英也曾在《冬日北湖冰船》提及坐在冰床上饮酒：

> 寒凝湖面镜平开，小艇犹拖古树隈。
> 不是路从银汉转，也疑人自玉壶来。
> 铿铿一叶能多载，滑滑双桡亦屡催。
> 无事战竞愁履薄，酒深月上放船回。[②]

一到冬季，北京的大街小巷里必然少不了糖葫芦的身影。在当代

① ［清］魏坤：《倚晴阁杂抄》，叶大兵、乌丙安编：《中国风俗辞典》，上海辞书出版社，1990年，第493页。

② ［明］吴惟英：《冬日北湖冰船》，北京什刹海研究会、什刹海风景区管理处编：《诗文荟萃什刹海》，北京出版社，1998年，第111页。

作家肖复兴看来，红红的冰糖葫芦已经成为北京冬日的一景，为冬天的北京增添无数的乐趣与色彩。他在《过年的糖葫芦》一文中写道：

> 北京的冬天，卖糖葫芦的，永远是一景。糖葫芦内容和形式都很丰富，品种很多，老北京最传统的糖葫芦，是用山里红穿起来的那种。大雪纷飞的时候，糖葫芦和雪红白相衬，让枯燥的冬天有了色彩。如今，北京也有卖糖葫芦的，但如今的北京少雪，有时候一冬天都难得见到雪花，便也就消失了这样红白相对的明艳色彩。①

除了肖复兴以外，当代京味女作家叶广芩在其小说《逍遥津》中对北京糖葫芦也有细腻的刻画：

> 七舅爷拿着钱，连赊带买，一通采购，让地安门点心铺"桂英斋"的小伙计帮着提回一堆东西，有山药、山楂、红小豆、冰糖、瓜子、荸荠、竹扦子等等。七舅爷说他四处淘换糖葫芦，走了半个北京，没有卖他吃的那种，越没有他越馋，非要今天把糖葫芦吃到嘴不可！买了材料，他自己做。
>
> 七舅爷不干是不干，要干还真像回事儿，做糖葫芦的认真程度，不亚于画一幅工笔画。七舅爷把糖葫芦作为一件艺术品来处理的，从果料的选择，到造型的设计都讲究到极点。他将山楂破开去核，使每个山楂都半开半合，有的填上豆沙，有的填上枣泥，有的填上豌豆黄，再将瓜子仁按在吐露的馅上，成为一朵朵精致的小花。山药蒸熟去皮，挖出不同形状的窟窿，填上各种馅，按上红山楂糕和绿青梅丁，成为色彩斑斓的圆柱……冰糖熬得恰到火候，一根一根蘸了……②

① 肖复兴：《过年的糖葫芦》，《人民日报·海外版》，2017年1月18日。

② 叶广芩：《逍遥津》，百花文艺出版社，2019年，第29—30页。

对于叶广芩来说，糖葫芦不仅仅是冬日的吃食，童年的回忆，更是一件不可多得的艺术品。

诗人洪烛，一个南方人，20世纪80年代末第一次来到北京，竟也被冬日北京的冰糖葫芦所吸引。在《糖葫芦》中，他向我们描述了第一次在北京吃冰糖葫芦的感受：

> 这毕竟是苍白枯燥的冬季硕果仅存的一份诗意，即使从视觉上的效果来说，颇印证了鲁迅一首散文诗的标题：火的冰。一支独放的火焰，正炫耀地炽烈着，忽然，仿佛服从冥冥之中的符咒，它被冰封存了、冻僵了，进入一个无声且没有意念的世界。即使在冬眠之中，它仍然保持着火的原型、火的颜色以及性格。你咀嚼着冰的同时实际上在吞食着火。它的双重性格很快把你给感染了……[①]

在洪烛的笔下，像火一样的冰糖葫芦充满了个性和诗意。

如果说冬日的滑冰、糖葫芦为北京的冬天带来了无限乐趣，那么乌鸦、麻雀、鸽子等鸟类的声音则为北京的冬天增添了一丝生机。作家梁实秋就曾在《北平的冬天》中绘声绘色地描述了北京冬日看鸟的场景：

> 大清早，榆树顶的干枝上经常落着几只乌鸦，呱呱地叫个不停，好一幅古木寒鸦图！但是远不及西安城里的乌鸦多。北平喜鹊好像不少，在屋檐房脊上吱吱喳喳地叫，翘着的尾巴倒是很好看的，有人说它是来报喜，我不知喜自何来。麻雀很多，可是竖起羽毛像披蓑衣一般，在地面上蹦蹦跳跳地觅食，一副可怜相。不知什么人放鸽子，一队鸽子划空而过，盘旋又盘旋，白羽衬青天，哨子忽忽响。又不知是

① 洪烛：《糖葫芦》，《北京：城南旧事》，中国地图出版社，2014年，第206页。

哪一家放风筝，沙雁蝴蝶龙睛鱼，弦弓上还带着锣鼓。隆冬之中也还点缀着一些情趣。①

乌鸦、麻雀、鸽子的叫声就像是一部音乐交响曲，为原本寒冷的冬日增添了一些情趣。

当然，北京的冬日即便不出门，大家围着火炉烤火，一边吃着东西一边聊着天，也颇有一番情趣。当代作家冯唐，冬日的北京对于他来说便是烧蜂窝煤火炉。一到冬日，他常常因为温暖的火炉而想念北京的冬天。他曾在散文《火炉》中回忆道：

我对于侍候火炉的兴趣不大，但是对于炉火的兴趣很大。炉火当然能烤火，而且炉火比空调好很多，不硬吹热风，而是慢慢做热交换和热辐射，暖得非常柔和。从脆冷的屋外进来，把千斤厚的棉衣一脱，一屁股坐在炉火旁边的马扎上，面对炉火，像拥抱一个终于有机会可以拥抱的女神一样，伸出双臂、敞开胸怀，但是又不能又不敢抱紧，哪怕不抱紧，很快身心也感到非常温暖。然后，倒转身，挺直腰板，让炉火女神再温暖自己的后背、后腿和屁股。炉火还能烤食物，白薯、汤、粥、馒头片。晚上看书累了、饿了，贴炉壁一面的烤白薯和烤好的抹上酱豆腐的馒头片都是人间美味，胜过天上无数。遇到周末，改善生活，放上一口薄铝锅，炉火还能当火锅。火锅神奇的地方是，已经吃得不能再烦的白菜、酸菜、豆腐、土豆放到里面，几个沉浮，忽然变得好吃得认不出来了，围坐在周围的家人也开始和平时不一样了，老妈转身去橱柜拿酒，老姐望着炉火，眼神飘忽，老哥热得撩起裤子、撩起秋裤，腿毛飘忽，老爸开始小声哼唱

① 梁实秋：《北平的冬天》，《梁实秋文集》（第五卷），鹭江出版社，2002年，第337页。

十八岁前学会的歌曲，窗外天全黑了，借着路灯光看到小雪，在窗子的范围里，一会儿左飘，一会儿右飘。[1]

围着炉火，烤着馒头片，吃着火锅，唱着小曲，看看窗外的雪花，多么的和谐，多么的温馨，多么的安逸。可惜的是，现在的楼房里很难看到这样的场景。

北京的冬天虽然寒冷，但却别有一番滋味。冬季的雪、糖葫芦、冰床、溜冰、鸽子的叫声等，这些共同塑造了一个充满趣味的冬天。

---

① 冯唐：《火炉》，《在宇宙间不易被风吹散》，北京联合出版公司，2016年，第95页。

二、北京的“海”

北京是一个内陆城市，其实并没有海。那为什么北京的中南海、前海、后海、北海会叫作“海”呢？原来这里的“海”，来源于蒙古人的“海子”。蒙古人管草原上的湖叫海子，元朝定都北京之后，也把城里的几处湖泊叫海子，后来大家叫习惯了，北京城里的这些湖就变成了北海、什刹海、中南海、西海了。

1. 什刹海的“趣”

什刹海，又名“十刹海”（十刹海周边原有十座佛寺，故有此称），坐落于北京西城区，毗邻北京城中轴线。该水域主要由前海、后海和西海（积水潭）三个相连的湖泊组成，所以也被称为“后三海”。

据说，什刹海名称的由来还与富豪沈万三有关。明朝时期，明成祖朱棣要筹集建北京城的资金，于是便让官员四处寻找“财神爷”沈万三要钱。好不容易找到了沈万三，但他却不肯给钱修城。有一次，为了让沈万三出钱，明成祖下令将其游街示众。当游街到地安门时，沈万三就晕倒了。有一个白发老人看到这一情形，于心不忍，掏出自己的烟让沈万三抽。沈万三根本没有力气抽烟，说了一句“我就死在这儿了”。旁边的士兵听到“这儿”一词就以为沈万三的钱就藏在这里，于是便用镐头开挖。没想到的是，这儿真的挖出了48万两银子。在此之后，沈万三每晕倒一次，士兵都能在其晕倒的地方挖到钱。在游行中，沈万三一共晕倒了十次，士兵们也挖出了十窖银子。从此，在沈万三游街过的地上便留下了十个坑，这十个坑积水后，就成了“十窖海”。久而久之，就叫成“什刹海”了。

什刹海景色优美，风光秀丽，素有“北方的水乡”之称。明朝内阁首辅大臣李东阳，先后写了几十篇有关什刹海的诗文，他在《慈恩寺偶成》一诗中赞什刹海为城中第一佳山水：

城中第一佳山水，世上几多闲岁华。何日梦魂忘此地，旧时风景属谁家。林亭路僻多生草，浦树秋深尚带花。犹有可人招不得，诗成须更向渠夸。[①]

现代作家老舍，与什刹海感情甚深。其出生和童年居住的小羊圈胡同就离什刹海很近，所以他幼时常在那儿玩耍，欣赏盛开的荷花，看看水中的鱼儿。对于老舍来说，什刹海就像是他儿时的摇篮，他曾在1936年所写《想北平》一文中表达对什刹海的怀念之情：

面向着积水潭，背后是城墙，坐在石上看水中的小蝌蚪或苇叶上的嫩蜻蜓，我可以快乐的坐一天，心中完全安适，无所求也无可怕，像小儿安睡在摇篮里。[②]

当时的老舍人在青岛，却无比怀念在北平的生活，尤其怀念那充满趣味的什刹海（积水潭）。

老舍爱了一辈子的什刹海，也写了一辈子的什刹海。在《老张的哲学》中，老舍曾这样描述什刹海：

到了德胜桥。西边一湾绿水，缓缓的从净业湖向东流来，两岸青石上几个赤足的小孩子，低着头，持着长细的竹竿钓那水里的小麦穗鱼。桥东一片荷塘，岸际围着青青的芦苇。几只白鹭，静静的立在绿荷丛中，幽美而残忍的，等待着劫夺来往的小鱼。一阵阵的南风，吹着岸上的垂杨，池中的绿盖，摇成一片无可分析的绿浪，香柔柔的震荡着诗意。[③]

---

① ［明］李东阳撰，周寅宾、钱振民校点：《李东阳集》（一），岳麓书社，2008年，第284页。

② 老舍：《想北平》，《老舍全集》（第十四卷），人民文学出版社，2008年，第56页。

③ 老舍：《老张的哲学》，《老舍全集》（第一卷），人民文学出版社，2008年，第43页。

荷塘、白鹭、芦苇、小鱼、绿荷、垂杨、绿浪，一幅好美的什刹海风景图。什刹海在老舍的笔下充满了活力，充满了生机。可惜的是，现在的什刹海很难看到这样的景象。

不仅是鱼儿与荷塘，夏日什刹海边的蜻蜓通过老舍的描写也变得格外迷人。在《赵子曰》中，对夏日的蜻蜓有这样一段描写：

> 那娇嫩刚变好的小蜻蜓，也有黄的，也有绿的，从净业湖而后海而什刹海而北海而南海，一路弯着小尾巴在水皮儿上一点一点；好像北京是一首诗，它们在绿波上点着诗的句读。净业湖畔的深绿肥大的蒲子，拔着金黄色的蒲棒儿，迎着风一摇一摆的替浪声击着拍节。什刹海的嫩荷叶，卷着的像卷着一些幽情，放开的像给诗人托出的一小碟诗料。①

那夏日的小蜻蜓不仅充满了诗意，更寄托了老舍对什刹海的浓厚感情。

当代作家、红学研究家刘心武，家住什刹海，对什刹海的冰吼记忆犹新，可以说什刹海冬日的冰吼撩动了他的心弦，激发了他的情感。他在《抚摸北京》中写道：

> 我深深地爱着什刹海。我还记得，那时的隆冬，在我宿舍里，夜半会听到一种突发的闷雷般的声音。那是冰吼。就是湖里的水上半部分全结成冰了，天气再骤冷，冰层猛地膨胀，而被坚硬的岸帮阻挡，于是发出那样的苦闷之吼。但是到了春天，冰层破裂融化，春水里浮动着婴孩嫩舌般的春冰，溶溶漾漾，什刹海又变得那样地温柔，甚至羞涩……
>
> 什刹海的水波，流进了我的血管。②

---

① 老舍：《赵子曰》，《老舍全集》（第一卷），人民文学出版社，2008年，第316页。

② 刘心武：《抚摸北京》，《小说界》，1999年第5期。

图5 冬天的什刹海

对于南方人铢庵来说，什刹海的湖就像是江南野水一般，充满了无限乐趣。他曾在《北平漫话》一文中称赞什刹海道：

> 城的西北角以至于北海的北端，有板桥流水，有上下天光的湖沼，有凫雁鹭鸶，有桔槔水田，有长堤垂柳。……尤其像我们久别江乡的人，到此暂忘朔土风沙，而复睹江南野水，自然有无限的愉快。①

什刹海四季交替的景致也是许多文人笔下值得大书一笔的话题。现代女作家张秀亚曾对什刹海景色的季节变换有着生动的描述：

> 当冬天撤去了那皎白的冰雪之幕，在水面薄冰上试步的乐趣享不到了，但一片温柔的春意，却把整个什刹海的灵魂浸透了。不知何处传来一声声鹧鸪的啼唤，像是那么遥远，又像是那么逼近，听来似是不分明，然而却又是那

① 铢庵：《北平漫话》，《宇宙风》，1936年第19期。

般动听，直扣人的心门。再过几天，水边的杨柳现出了浅浅的绿痕。水堤上的泥土渐软了，而几场雨后，水已平了堤，时时刻刻似乎要涨溢出来，却又似被一道神秘的边界拘拦住了。一直在那儿溶溶漾漾，如同一个殷勤的主人的手，将酒杯斟得太满了，使每一个来游者，都想一尝这葡萄色的琼浆，而低吟："呵，你新鲜的湖水，陶醉了我的心灵。"

……

最可爱的还有那水边新秋，北方的秋天本来是悄悄的来，比春天来得更幽悄。有一天，你一凝眸，不免惊讶水的颜色浅了，堤边水位低了，水蓼花的颜色更深了一些，而荷叶已有一丝憔悴之态，那么，秋意便是满了什刹海了，渐渐的，水边桥头，有个老人在卖荷叶粥了，水面上，更有一些年轻的女孩子赤足在采鲜藕，什刹海在荷叶的摇曳，芦苇的太息中已另有一种感伤的情调，但当星光落在水面时，你已可依稀听到诗神环珮。①

在张秀亚的眼中，北海的趣不仅在于它的"常"，更在于它的"变"，四季的变换为什刹海增添了无数的乐趣。

银锭观山也是什刹海的一大景色。在前海和后海的交接处，有一座南北走向的汉白玉单孔石桥，长约10米，宽约6米，这便是银锭桥。据史料记载，该桥建于明正统年间。早在元朝时期这里的水面较为宽阔，到了明代湖水变浅，原本宽阔的水面逐渐变为细流，为了方便出行，人们就在此处建了这座桥。后来，该桥因形似一个倒扣着的银锭，故被称为"银锭桥"。

站在银锭桥上向西眺望，近处可以看到碧波荡漾的后海，远处能够看到重峦叠嶂、郁郁葱葱的西山，山水相融，令人心旷神怡。这就

① 张秀亚：《我爱水》，《张秀亚作品选》，陕西人民出版社，1987年，第80—81页。

是著名的银锭观山，燕京十六景之一。明代的《日下旧闻考》称赞银锭桥为看西山第一绝胜之处：

银锭桥在北安门海子桥之北，此城中水际看西山第一绝胜处也。桥东西皆水，荷芰菰蒲，不掩沦漪之色。南望宫阙，北望琳宫碧落，西望城外千万峰，远体毕露，不似净业湖之逼且障目也。[①]

刘心武也被银锭观山独特的景致所吸引，常常站在银锭桥上观赏西山的美景。他曾专门在《银锭观山》一文中写道：

只要天晴，站在桥上朝西望去，那西山的景色是使人迷醉的。如果现在趁着日落之前来到桥上，将会看到湖上结着一层晶亮的薄冰，反射着珍珠色的天光；两岸簇簇垂柳尽作鹅黄色，或深或浅，参差交错，如眉的柳叶袅袅飘落，在冰上跳起芭蕾舞。抬眼向前望去，远远的湖岸边是一线蓊翳的黄绿色树丛，其后是鳞次栉比的屋顶与楼房，再往后，就是如鱼脊似的西山了。那黛色的山影，那山头上的杏色霞云，那从霞云后射出的银色日光，的确令人神往、引人遐想。[②]

通过刘心武的描绘，一幅如诗如画的“银锭观山”景象清晰地呈现在我们的眼前，既妩媚动人，又神秘莫测，甚是迷人。

说到银锭观山，它还有一个传说。有一天晚上，雨过天晴。清乾隆皇帝外出游玩，诗人吴岩等一行人随行。当乾隆来到银锭桥时，举目四望，发现近处的湖水清澈，红莲绽放，远处的西山色泽悦目，蜿

① ［清］于敏中等编纂：《日下旧闻考》，北京古籍出版社，1985年，第879页。

② 刘心武：《银锭观山》，《刘心武文集》（第七卷），华艺出版社，1993年，第12页。

图6　如今的“银锭观山”碑字迹依稀可辨

蜒多姿。看到这样迷人的景色，乾隆非常激动，认为这样的绝胜之景只有杭州那样的地方才有，没想到京城内也有这样的景致。之后，乾隆人准备笔墨纸砚，挥笔写下“银锭观山”四个大字，并令人在银锭桥头刻石立碑。因为乾隆皇帝的“银锭观山”四个大字，“银锭观山”的名头越来越大。[①] 可惜的是，因为朝代的更替，乾隆的字碑下落不明，如今在银锭桥头东南处“银锭观山”四字的巨石是由当代书法家杨萱庭所写的。

银锭桥边还有一个奇特的景象，那就是它的水是从东往西倒流的。北京的地势属于西北高、东南低，所以河流都是自西向东、自南向北流动的。积水潭的水按照常理也应该自西向东流入后海。但当年积水潭的水并非直接流入后海，而是从东转向西南，通过李广桥到现在的柳荫街，再绕到恭王府南墙注入前海，然后从前海流入后海。因为前海的水相对来说比后海高，所以才形成了银锭桥边的水由东向西倒流的奇观。老北京有一句俗语“银锭观山水倒流”，说的就是这个景象。

之后由于政府的整治，河水已恢复到自西向东的自然状态，所以现在我们已无法再见这样的奇观。

当然，什刹海的可爱不仅在于其优美的景色，更在于它河沿的野趣。早在民国时期，什刹海旁就搭满了茶棚。这些茶棚大都是由杉

① 于永昌：《乾隆赏游银锭桥》，《什刹海的传说和故事》，当代中国出版社，2008年，第51—52页。

篙、竹子、芦席搭成的，“下面用杉篙、木板扎架子，高出平地二三尺，一半伸进水中，成一水榭形的平台，这样，自然就把大堤加宽了，堤的两侧都可设座，中间还可以供行人走过”①。茶棚虽然简陋，但却充满了趣味，尤其夏日可以一边喝茶一边欣赏江南才有的荷塘景色，别有一番风味。近人曹张叟就曾在《莲塘即事》一诗中描述了夏日什刹海茶棚赏荷的场景：“岁岁荷花娇不语，无端斗茗乱支棚，斜阳到处人如蚁，谁解芳心似水清。”②

什刹海畔还有不少特色餐馆。像银锭桥旁的烤肉季，从清道光二十八年（1848）开始经营，至今已有170多年的历史。该饭庄是一

图7　什刹海烤肉季

① 周简段：《什刹海茶棚的野趣》，《京华感旧录》，吉林出版集团有限责任公司，2011年，第29页。

② 转引自邓云乡：《河沿野趣多》，《燕京乡土记》，上海文化出版社，1986年，第152页。

家驰名中外的清真特色餐厅，以其风味独特的烤羊肉而著称，与南边的烤肉宛并称为“南宛北季”，吸引了无数慕名而来的中外食客。相传，宣统时期的摄政王载沣就非常喜欢烤肉季，常常点名要吃烤肉季的羊肉。每当载沣想要吃羊肉的时候，烤肉季的店主“季傻子”便会用推车拉着烤肉的炙子、肉片、调料等材料，入府做给摄政王吃。载沣的次子溥杰还曾为烤肉季题诗一首，诗云：

小楼一角波光漾，每爱临风倚画栏；
酒肴牡羔无限味，炉红榾柮不知寒。
树移影疏堪幽赏，月满清宵带醉看；
车水马龙还大嚼，冯骓长铗莫庸弹。[①]

现在烤肉季里悬挂的牌匾就是溥杰在1988年所书的。现代社会学家费孝通也曾为其题词：“银锭桥观山一景，烤肉季烤肉一绝。”

再如一溜河沿边的福兴居，清光绪年间开始营业，是北京八大居之一。作为第一家专门经营灌肠的店铺，福兴居的灌肠选料精细，煎后皮亮酥脆，味道浓厚，配上蒜汁，别有一番风味。据说，有一次慈禧太后到万宁桥北边的火神庙降香，路过福兴居旁便闻到了一股香味，于是慈禧便下口谕，降香后品尝。福兴居掌柜听到这个旨意之后，急忙用水泼街，用黄土垫道，甚至从隆泰绸缎店撕了九尺黄缎子，准备铺在座位上。后来得知要送到庙里，掌柜又急忙将二十多盘灌肠装进盒中，让太监送过去。慈禧品尝完灌肠之后非常满意，还给了福兴居掌柜赏银。在此之后，慈禧太后还让福兴居定期向朝廷进贡灌肠，可见她对福兴居和其小吃的喜爱。

此外，还有会贤堂饭庄、庆云楼、柳泉居、和顺居等餐馆都分

---

① 爱新觉罗·溥杰：《溥杰给烤肉季饭庄题诗》，潘惠楼编著：《京华通览·北京的饮食》，北京出版社，2018年，第230页。

图8　庆云楼饭庄

布在什刹海的周边，可以满足不同层次、不同口味的人群。

随着时代的发展，不少具有异国情调的酒吧也开始在什刹海旁扎堆，形成了独具特色的酒吧一条街。酒吧的名字也是千奇百怪，既有像“兄弟烟斗”“水云阁”“柳塘庭”这样极具古典韵味的吧名，也有像“zone酒吧”“八英里”这样具有外国风情的吧名。刘一达就曾在《从吧名看北京的多元文化》一文中详细地向我们描述了这些风格迥异的酒吧名：

> 出了荷花市场往前海北沿走，风格各异的酒吧鳞次栉比，自西向东您会看到许多有意思的吧名：“坚果”“吉他”“滴水藏海”“接触”“龙阁”“天与地”“舢板”“蝶豆”“飞鱼桥”“不大厨吧”等等。
>
> 更有趣的吧名是在后海南沿。由东往西走，您会看到：“潮泷阁”“水岸”“银锭轩”“水秀阁”“集贤堂”“听海汀”“春荣”这样的带有传统文化色调的吧名，也能欣赏

到："观海听水""望海怡然""胡同写意""后海红""柳塘庭""听月"等这样的充满诗意的吧名。

什刹海酒吧的字号，越是后开的，吧名越"酷"，从后海西沿，自南向北起，您会看到："5050酒吧""八英里""zone酒吧""水色盛开""鸟巢""潮风金树""传说""福库酒吧""一直以来"等让您觉得新奇的吧名。后海北沿的吧名就更让人忘不了啦："邂逅""望海楼""云起""如果""七月七日晴""银锭垂虹""玺岭观海"。这些吧名凑到一块儿，像是一首诗。①

这些千奇百怪的酒吧名，不但充满了诗意，更体现了传统与现代的融合，北京与世界的碰撞。

图9　什刹海酒吧一条街

如今的什刹海酒吧一条街可以说是北京夜生活的腹地。每当夜晚

① 刘一达：《从吧名看北京的多元文化》，《开眼：刘一达笔下的京城风物》，中国社会出版社，2007年，第44—45页。

来临，忙碌一天的人们就会来到什刹海的酒吧，看看什刹海的风景，听听酒吧里乐队的表演，与外国友人聊聊天，倒也十分惬意。

2. “海上三山拥翠鬟，天宫遥在碧云端”

“让我们荡起双桨，小船儿推开波浪。海面倒映着美丽的白塔，四周环绕着绿树红墙。”《让我们荡起双桨》这首儿歌可以说是无人不知，无人不晓。该歌曲就取材于北海，主要描绘了北海美丽的景色以及少年儿童在北海泛舟的愉悦心情。

北海位于什刹海的南面，南临中南海，东与景山相邻，是我国现存最悠久、保存最完整的皇家园林之一。其占地面积68.2公顷，其中水面有38.9公顷。北海主要是根据神话传说《西王母传》中描写的“一池三仙山”的仙境建造的。传说，渤海东面有蓬莱、瀛洲、方丈三座仙山，山上住有神仙，藏有长生不老药。到了秦朝时期，就开始有求仙的活动。“徐福出海”的传说讲的就是秦始皇派方士徐福等带领数千童男童女寻找仙山求长生不老药的故事。到了汉朝，汉武帝在建章宫后挖一个大水池，取名“太液池”。池中堆起三座山，象征蓬莱、瀛洲、方丈三座仙山，以表达其对于追求长生不老、福禄永享的渴望。北海内的琼华岛便是“蓬莱”，团城就是“瀛洲”，犀山台为“方丈”。

游览于北海中，定会被北海的仙山楼阁所吸引。现代作家、建筑学家林徽因在《北海公园》中就高度称赞北海的艺术手法：

> 北海布局的艺术手法是继承宫苑创造幻想仙境的传统，所以它以琼华岛仙山楼阁的姿态为主：上面是台殿亭馆；中间有岩洞石室；北面游廊环抱，廊外有白石栏楯，长达三百公尺；中间漪澜堂，上起轩楼为远帆楼，和北岸的五龙亭隔水遥望，互见缥缈，是本着想象的仙山景物而安排的。湖心本植莲花，其间有画舫来去。北岸佛寺之外，还作小西天，又受有佛教画的影响。其他如桥亭堤岸，多少是模拟山水画意。北海的布局是有着丰富的艺术传统的。它的曲折有趣、

多变化的景物，也就是它最得游人喜爱的因素。同时更因为它的水面宏阔，林岸较深，尺度大，气魄大，最适合于现代青年假期中的一切活动：划船、滑水、登高远眺，北海都有最好的条件。[①]

曲折有趣，变化多端，北海的每一处景都能使人们体会到神海仙山、海市蜃楼的意境。

在北海的东南隅，有一座名叫“瑶屿”的湖心岛，后在金代改名为“琼华岛”。因岛上建有白塔，所以该岛也被称为“白塔山”。该岛以“琼华”一词命名，一是琼华代表的是华丽的美玉，说明该岛是用美玉建成的仙境宝岛；二是据传说，在蓬莱仙岛上有使人吃了能够长生不老的花，这个花就是琼树之花。所以该岛以琼华命名，以此来表示该岛是仿造传说中的蓬莱仙境建筑的。

琼华岛早在金代便已有之。金大定十九年（1179）就在此开挖池塘，积土成岛。这里不仅遍布绿植，还有从艮岳运来的太湖石点缀其中，景色十分优美。岛的东面有古遗堂、交翠庭、看画廊等；岛的西面有悦心殿、阅古楼、隆福宫；岛的北面是紫翠房、嵌岩室、漪澜堂、延南熏等。这些亭台楼阁依山而建，并有掇石相衬，加上建筑之下变幻莫测的岩洞，穿行游览，若明若暗，忽广忽狭，令人如置身洞天仙境。

明代文徵明曾在《琼华岛》一诗中将北海的琼华岛比作被山水簇拥的妇女环形发髻，琼华岛内的建筑好似云端中的天宫，仿佛仙境一般：

海上三山拥翠鬟，天宫遥在碧云端。
古来漫说琼台迥，人事宁知玉宇寒？
落日芙蓉烟袅袅，秋风桂树露团团。
胜游寂寞前朝事，谁见吹箫驾彩鸾？[②]

① 林徽因：《北海公园》，《林徽因散文》，百花洲文艺出版社，2014年，第102页。

② ［明］文徵明著、周道振辑校：《琼华岛》，《文徵明集》，上海古籍出版社，2014年，第300页。

在当代作家罗杰的眼中，琼华岛的清晨是一日中最美的时候。他在《京城八月荷花艳》一文中写道：

> 从北门进园，映入眼帘的是隔水相望的琼岛。清晨的雾像一层薄薄的纱，把白塔、长廊和岛上的亭台楼阁笼罩在淡淡的朦胧之中。隐隐约约，若隐若现，真恍若仙岛楼阁。再看一湖绿水波平如镜，白塔楼台在湖中的倒影让人自觉仿佛是身在画中。沿岸漫步，微风偶过，吹起条条柳丝轻荡，湖中涟漪片片涌来，乱了岸边排排小舟在水中的影子。林荫之中，扶桑紫薇开得正好，边走边看，不觉已近东门。这时旭日初升，晨雾飘散，扶栏远望，湖心里已没有了楼台倒影重重，换来的是一池碧水的粼光片片。①

通过罗杰的描绘，一座如诗如画的琼华岛清晰地展现在我们眼前。清晨的琼华岛不仅有若隐若现的百态，还有波光粼粼的湖水，充满了无限魅力。

图 10　北海公园琼华岛

① 罗杰：《京城八月荷花艳》，《月夜黄菊》，中国文联出版社，2000年，第132页。

值得一提的是，燕京八景之一的“琼岛春阴”就在北海琼华岛的东侧。这里春景秀丽，古木参天，山石俏丽，峰峦隐映，别有一番风味。该景原名为“琼岛春荫”，是金章宗御定的燕京八景之一，后在清朝被乾隆皇帝改名为“琼岛春阴”。

清朝的《日下旧闻考》中就曾对这一景观进行了详细的记载：

> 琼岛在皇城西北苑中。下瞰池水，环以雉堞，地势坡陀，叠石为山，堑岩磊砢，层叠而上，石磴阴洞，萦纡蔽亏，乔松古桧，深翳森蔚，隐然神仙洞府也。谓之大山子。山顶有广寒殿，殿之西隅各有亭。左二亭曰玉虹、方壶，右二亭曰金露、瀛洲。山半有三殿，中曰仁智，东曰介福，西曰延和。其下太液池，前有飞桥，以通仪天殿，东有石桥以通琼林苑。山之上常有云气浮空，氤氲五采，郁郁纷纷，变化翕忽，莫测其妙，故曰琼岛春阴。[①]

琼岛春阴正是以其变化多端、烟云弥漫的景色以及周围草木苍翠茂盛的样子吸引了无数的文人墨客。元代学者陈孚就曾以“琼岛春阴”为题作诗一首：

> 一峰亭亭涌寒玉，露华不堕瑶草绿。
> 朱楼千里星汉间，天风吹下笙韶曲。
> 万年枝上槲叶满，小凤依依绕龙管。
> 金根晓御翠华来，三十六宫碧云暖。[②]

“万年枝上槲叶满，小凤依依绕龙管”，好一幅迷人的琼岛春阴图。在陈孚的笔下，春日的琼岛就像是人间仙境一般，令人流连

① ［清］于敏中等编纂：《日下旧闻考》，北京古籍出版社，2018年，第120—121页。

② ［元］陈孚：《琼岛春阴》，［清］于敏中等编：《日下旧闻考》，北京古籍出版社，2018年，第121页。

忘返。

清乾隆皇帝也被此美景所吸引，曾为其题诗。诗云：

艮岳移来石岌峨，千秋遗迹感怀多。
倚岩松翠龙鳞蔚，入牖篁新凤尾娑。
乐志讵因逢胜赏，悦心端为得嘉禾。
当春最是耕犁急，每较阴晴发浩歌。①

乾隆皇帝不仅在诗中歌咏了北海琼岛春意盎然的景色，也表达了对春日农事的关注。此外，乾隆皇帝还亲笔写下“琼岛春阴”四字，并立碑于悦心殿前。后来这块碑被移到琼华岛东侧的倚晴楼附近，并且一直保存至今。

图 11 “琼岛春阴”碑

当代作家姜耀中则从琼岛春阴中感受到了北海的优雅。他曾在1957年所作的《游北海》一诗中提到：

琼岛春阴吐雅幽，波光塔影泛轻舟。
金山碧海蓝天净，帝苑今朝尽兴游。②

诗虽不长，但寥寥数语便将春日琼岛的景象生动形象地刻画了

① ［清］乾隆：《琼岛春阴》，［清］鄂尔泰、张廷玉等编：《国朝宫史》，北京古籍出版社，1994年，第355页。

② 姜耀中：《游北海》，《姜耀中诗词韵文集》（上），1999年，第13页。

出来。

北海的荷花也是一景。每到夏季，荷花盛开，与远处的白塔相映，别有一番滋味。在现代漫画家、书法家黄苗子看来，到北海赏荷以清晨为佳，那清晨带露含烟的荷花不但清逸，还使人感受到别样的诗意美。他在《北海赏荷》中写道：

> 北海荷花多白色，琼芭玉蕊，和耸立山上的白塔相映成趣。红荷较少，但在白荷中更显出鲜艳。小艇不需接近荷丛，远远的就闻到扑鼻清香，如果艇子移近荷花，你就发现长梗的花叶比艇子上的人还高得多，虽然已把荷区用竹竿作界划开，以免荷花受到损坏，但是凉风一阵，那摇曳多姿的花叶，依然是近看比远看有味。……
>
> 北海看荷宜清晨，公园六点钟开门，那时人最少，空气最清新，荷花还有点带露含烟的韵味，香气更清逸，那就不用说了。有人说：颐和园谐趣园赏荷以月夜胜，因为这里有园林亭榭作衬景，令人想起林黛玉“寒塘渡鹤影，冷月葬诗魂”的境界。北海以雨后清晨胜，则因为它比较空阔，晨光曦微，朦胧一片，使人联想到中国艺术团在纽约演出的“荷花舞”这样一种诗的境界。①

的确，清晨漫步于北海荷塘边，闻闻荷花的清香，感受“荷花舞”般的诗意境界，别有一番风味。可惜的是，现在人们很难有这样的闲情逸致在早晨前往北海赏荷，去感受黄苗子笔下的美。

北海不但是赏荷佳处，也是赏月胜地。据《元式掖庭记》记载，元朝的第三位皇帝元武宗就曾在至大二年（1309）的中秋之夜到北海的太液池赏月：

---

① 黄苗子：《北海赏荷》，《雪泥爪印》，生活·读书·新知三联书店，2006年，第7页。

图12　北海的荷花

元武宗，仲秋之夜尝与诸嫔妃泛月于禁苑太液池中。月色射波，池光映天，绿荷含香，芳藻吐秀，游鱼浮凫，竞戏群集。于是画鹢中流，莲舟夹持。舟主各设女军，居左者，冠赤羽冠，服斑文甲，建凤尾旗，执泥金画戟，号曰“凤队”。居右者，冠漆朱帽，衣雪氅裘，建鹤翼旗，执沥粉雕戈，号曰“鹤团”。又彩帛结成采菱采莲之舟，轻快便捷，往来如飞。当其月丽中天，彩云四合，帝乃开宴张乐，荐蜻翅之脯，进秋风之鲙，酌玄霜之酒，啖华月之糕。令宫女披罗曳縠，前为《八展》舞，歌《贺新凉》一曲……酒半酣，菱舟进鲜，莲艇奉实。由是下令两军水击为戏。风旋云转，戟刺戈横。战既毕，军中乐作，唱《龙归洞》之歌而还。①

① 转引自［明］冯梦龙：《情史》（上），中国社会出版社，1999年，第42页。

不仅在太液池中泛舟赏月，采菱采莲，还有宫女的歌舞表演以及女军的水戏助兴，可见当时元朝中秋赏月的隆重与豪华。

冬季在北海赏月也别有一番滋味。现代作家西岩，就曾于1925年的冬季到北海赏月，在《北海的雪月》一文中绘声绘色地向我们描绘了北海雪月互映的景象：

> 往东上了角亭，有了坐的处所了。圆轮似的月，正挂在檐角上，照得倒垂下来的一茎茎的冰柱闪闪的发光。松树枝头，满是一团团的白雪，好像墨绿丛中，开遍了绣球花。偶然老树像对了皓月微微的叹息，枝干一动，坠落了一圈雪花在雪地上。飕的一声，惊破了空山的岑寂，也愈显出空山的岑寂来。[①]

西岩不仅从雪月互映的景象中感受到了北海的魅力，更体会到了空山的岑寂。

除了赏荷观月之外，北海的日出又是一番美景。当代散文家、小说家斯妤的《北海的早晨》，淋漓尽致地将北海日出时的景色展现在人们面前，尽显北海的壮丽之姿：

> 雾霭渐渐消散了，晓月白皙的脸庞渐渐露了出来——说它是月，还不如说是云，——它白得像一片云，薄得也像一片云，一片半圆形的云，轻轻地、静静地贴在空中。湖面水平如镜，碧澄澄的水波光滑柔软得如同绿色的软缎。小舟划过，裁出一道逶迤的波痕，盈盈地拖着，只一忽儿，便又无声地聚拢过来，重新合成了一匹完整宽广的缎子。偶尔一阵微风掠过，一圈圈泛起涟漪少女般的甜蜜的微笑霎时充满了整个湖面。有时，风大一些了，光滑的湖面迅疾地皱起

① 西岩：《北海的雪月》，《现代评论》，1927年第111期。

波痕，起伏着、奔涌着——整个湖面便如同一川闪闪的碎玉了。

半小时之前，这湖面还是迷蒙蒙的，湖水还是绿森森的。可此刻，湖上湖下，全都金辉四泄，溢彩流光！太阳神采飞扬地高踞在一片松柏、楼阁、山峦之上，金色的光焰如圣水一般，浓浓地泼洒在宽阔的湖面。湖水如同镀上一层金，湖面，则像一轮千百倍地放大了的金灿灿的明月了！……靠岸一角粼粼奔涌着的水面上，涌起了一摊异样的银光，此刻朝阳正斜对着这水面，一束强烈的金光集中地俯射下来，便如同倒下了一摊亮闪闪的白金！——就连湖畔的垂柳，也染成银白色的了，更妙的是，邻近的水面上，也奔涌着莹莹的银光了，而且是颗颗点点地、疏疏地匀匀地分布着的，望去如同硕大的青玉盘上滚动着的粒粒珠玑，有着说不尽的湿润与晶莹！①

现代女作家、教育家陈学昭也曾写过北海的日出。为了第二天能够欣赏到北海的日出，她在头天晚上就做了精心准备。在《北海浴日》一文中，她饱含激情地向我们描述了北海观日的独特体验：

我为了要看日出而不顾虑及疲倦了！是的，我相信，凡人都有向上的雄心，如我看日出一样的决意而勇为！以这种向上的雄心的开扩而成为大事业家，而成为大学问家，这些都是不难待我们去发现的！不能使这向上的雄心开扩，无形的消逝于铜臭，无形的消逝于肉欲，成为残废，成为颓丧，虽然是社会的恶力，但是社会没有知觉的，社会决不能对你说“不要上进！”或者是绝对的阻止你，只有自己不爱上进的人们，甘于自弃的或满足暂时的！

① 斯妤：《北海的早晨》，《给我一把梯子》，中原农民出版社，1994年，第116页。

在塔上尽情的俯仰：只有在北方被高伟的白塔碍我的视线，我周围的审视，全城的房屋都隐遮在树丛中，四围的城楼都浮在晨气中，多少的高爽清明的天空呀。雨后，看着近塔的松柏如针般细小的无数的松针，更如孔雀毛的花纹的一丛丛，在初晴时更加纯绿了！地下的小草，在它残余的生命，也微微的笑了。我顾视东北角，只见鱼白色的一片高出于淡绿的平野，完全不与西方的蔚蓝相似，也不能辨别是群鸦或是别种的鸟，它们就在这鱼白色的一片里转辗翻飞，这情景几乎使我疑心是在海边看日出，潮过后，白浪未退，是海鸟们欢乐的翱翔！①

这篇散文写于1925年，当时作者仅有19岁，刚从浙江海宁来到北京。北海的日出不仅让她感受到了北海的“奇”，更让她体会到人顽强的生命力。也正是这样不屈不挠的意志激励了陈学昭参加抗战，投入人民的解放事业中。值得一提的是，正是在这篇散文写作的前一个月，陈学昭在北京结识了鲁迅，并受到鲁迅的接待。在《回忆鲁迅先生》一文中，陈学昭曾提及当时的情形：“刚到北京不久，有一天，同在开会的《京报》副刊主编孙伏园先生领我去探望鲁迅先生，大先生已早知道我熟识周建人先生，所以我一进门，他就说：‘三先生的好朋友来了。’后来我自己单独去过好几次。”② 在此之后，陈学昭就一直受到鲁迅的鼓励和影响，学习他的创作，继承他的拼搏精神。由此可见，《北海浴日》一文中所传达出的激情和不屈不挠的意志极有可能与鲁迅的激励有关。

无论是如诗如画的亭台楼阁，还是美不胜收的日与月，这些美景无不向我们展现了一个人间仙境北海，一个独具特色充满诗情画意的北海。

---

① 陈学昭：《北海浴日》，《京报副刊》，1925年第308期。

② 陈学昭：《回忆鲁迅先生》，《心声散曲》，花城出版社，1989年，第69页。

三、无北京，不西山

北京人最喜爱的观光踏青之处，其中必定有西山。西山是北京西部群山的总称，是太行山北端的一条支脉，被称为“府西三十里太行山首”①。西山一带山清水秀、风景优美，水资源丰富，遍布着不计其数的山泉与溪流，植被也是多种多样，草木覆盖率很高。如此得天独厚的自然地理环境造就了众多的风景名胜，有香山、玉泉山、翠微山等景点，正是因此才有“西山名胜为京华冠”② 这样极高的赞誉。

西山孕育了北京，北京同样成就了西山。对于北京而言，西山有着非同寻常的意义。西山之于北京，不仅是一座自然之山、资源之山，更是蕴含着人文精华之山，它以自身丰富的内涵孕育着北京，熏陶着北京，并见证着北京的发展。也正因如此，北京同样成就西山。平心而论，西山的知名度在名山林立的中华大地并不突出，但在千年古都北京巨大影响力与辐射力的带动下，西山被越来越多的人所熟知，名气与日俱增。在中国，被称为“西山”的山脉有不少，但提起西山，人们往往将其与北京相联，首先映入脑海中的便是“北京西山”。“无北京，不西山”，所言非虚。

1. 神京右臂

对于北京来说，西山从来都不只是一条蜿蜒起伏的山脉而已。在古代西山便有着“神京右臂”之名，历来是兵家战略要地，军事地位十分突出。数千年来，西山那错落有致的山峰，那巍峨绵延的山势，那复杂变化的地形，俨然汇聚成一道天然的屏障，从西方遥遥拱卫着北京，给予它最好的庇护。金朝时文人李晏在《香山纪略》中描述它

① ［明］张爵、［清］朱一新：《京师五城坊巷胡同集》，北京古籍出版社，1982年，第14页。

② 杨荫溥：《西山游记》，《清华周刊》，1919年第171期。

是："西山苍苍，上干云霄，重冈叠翠，来朝皇阙。"[①] 清朝陈元龙在诗中惟妙惟肖地刻画了西山的样貌，足以说明西山在守护北京中的巨大作用：

春城景融融，风日喜朗畅。凌晨试凭眺，使我心目旷。凤阙高嵯峨，历历皇居壮。西山峙其右，势若列屏障。天青沆瀣合，气暖露华酿。草树郁葱蒨，岩岚分背向。朝霞淡犹明，初旭霱未上。或时紫嶙峋，或时青滉漾。或时见山腰，莹静却尘坱。或时露峰顶，微茫翳云浪。名胜杳难穷，变幻不可状。神工蓄雷雨，岩穴含宝藏。千秋卫帝京，环拱屹相向。[②]

图13 北京西山

① ［金］李晏：《香山纪略》，郭预衡主编：《中国古代文学作品选　元明部分》，湖南出版社，1996年，第493页。

② ［清］吴长元：《宸垣识略》，北京古籍出版社，1981年，第300页。

更值得注意的是，西山对于北京的孕育不单是军事上的防卫，在经济与文化上的贡献同样令人瞩目。西山绝对可以算作资源富饶的大宝库，蕴含着数不胜数的森林、用之不竭的石料、车载斗量的煤炭等重要物资，为北京的城市建设提供了极其重要的物质基础。元大都规模浩大、气势恢宏，兴建如此雄伟壮观的建筑群必然少不了巨量的土石与木料，而西山则正是提供这些物资的重要来源，之后甚至出现了“大都出，西山秃”的说法。西山还是北京附近重要的煤炭产地，从辽代开始便已经有了开采，并在元明清时期逐渐发展。清末民初文人林传甲在其《大中华京兆地理志》西山这一章中写道：“西山横当京兆区域之西，自京师望之，苍莽郁葱，虎卧龙蹲，烟开雾合，水泉流衍，物产滋丰，有庙宇五百处之多。宛平县西诸山，近者卑者，便于登眺，一泉一石，皆为名胜；远者深者，亦易瞻仰。西山大利，全在煤田，以供京师烟火百万之炊爨。森林果树之饶，犹未尽兴也。”① 这充分体现了西山物产的富饶以及对北京地区大量煤炭的供给。

2. 性灵之山

相比西山的军事功能与能源储备，西山其自身独有的文化品格与文化魅力更加值得大书特书。西山不仅是龙脉，更是北京的文化脉络，自古文脉繁盛不息。许多文人都和西山结下了不解之缘，对于他们而言西山的意义早已远远超越了素材之山、灵感之山的范畴，他们心中的西山已然升华为一座性灵之山，给予他们情感的宣泄、美好的向往与心灵的慰藉。

曹雪芹和他的传世巨著《红楼梦》与西山渊源颇深、交情匪浅。曹雪芹曾长期居住并活动于西山地区，西山的环境无疑对他以及他的创作有着潜移默化的作用，他也将自己的情怀寄于西山的山水草木之中，可以说正是西山丰厚的文化积淀孕育出了这样一位杰出的作家。纳兰性德同样与西山结缘，他的诗词有不少是在西山及周边扈驾游历

① 林传甲：《大中华京兆地理志》，中国青年出版社，2012年，第22页。

时所创作。郁达夫在散文《故都的秋》中曾提到每当秋季来临都令他想起西山的虫唱和玉泉的夜月。至于西山的景致，历来是文人墨客竞相书写、抒发情感、寻求慰藉的对象。一些文人从整体上对西山的风景进行了刻画，突出了西山独有的特质，如《都门西山游记》开篇就提到：

> 西山在顺天府西三十里，为太行之首部。流泉满道，白塔耸云，晴峦碧树，疏木浓阴，乱叶飘丹，积雪凝素，都门之彩屏，群峦之集翠也。山之菁萃处曰香山，曰翠微。峰崖屏列，兰若棋斅，不雄而壮，不媚而秀。许衡诗云：大山如蹲龙，小山如踞虎。烟峦郁苍翠，远近互吞吐。足以形容其大概矣。[①]

吁公对西山的介绍较为全面，生动展现了西山水资源丰富、植被茂密的景象。尤其是对西山“不雄而壮，不媚而秀”的概括，形象地折射出西山如北方人一样气度豪迈、举止大方的文化内蕴。然而，在一些文人眼中，西山在气势恢宏、壮观大气的背后也有着自身秀美的一面，这些文人都不约而同将西山比作一位姿态万千颇有风韵的美女，而自身的情感则正是通过这位美女而诉说。例如戏剧理论家焦菊隐的《西望翠微》中有着如此的叙述：

> 西山像个美女，美女都不配拟它，像个美貌的女伶，雪朝，雪夜，红日的早晨，清风的白天，微沙的下午，朦胧的黄昏，大风狂吼的深夜，浓雾迷蒙的终日，还有，春云变幻中，秋雨连绵里，或者远处军笳豪壮，幻忆中寺钟沉默，小桥下流水哀婉时分……及梦中醒来睡不着的子夜，你随时去看她，她随时给你微笑，憨笑，苦笑，愁容，怒容，壮容，

---

① 吁公：《都门西山游记》，《小说新报》，1916年第3期。

或者她竟全然埋向穹苍里，不给你看见。[1]

现代作家佘树森的《西山随笔》中也这样形容道：

> 在雨后新晴、岚光澄澈时，微微起伏的西山，好像是一位侧身静卧的美人，那衣裙上的一花、一纹，一褶、一皱，紫绿万状，历历可辨；而当青霭滉漾、云雾缭绕时，则又仅余一弯秀眉，淡淡地描画在天际。[2]

还有的文人有着不同的视角，并不将西山比喻成美人，而认为西山的红叶才是真正娇羞的女子。当代诗人雷熹平的小诗《北京西山叶初红》有着形象的刻画：

> 像少女
> 躲闪着
> 不想让人见笑容
> 待秋霜
> 轻抚摩
> 满脸红晕非害羞[3]

历代帝王之中对于香山的热爱程度可能没有能够超越乾隆皇帝的，西山绝对可算得上是他心中的性灵之山。纵观乾隆皇帝一生，其游历香山的次数高达七十多次，平均每次在山上小住三日左右，并且在香山留下了一千多首诗作，诗作内容包罗万象，有写景抒情，有政务处理，有追念古代等，不一而足。乾隆皇帝一生能在香山留下如此众多的作品，不得不说是香山的奇迹，更反映出香山在他心中有何等

---

① 焦菊隐：《西望翠微》，《他乡》，北新书局，1934年，第15—16页。
② 佘树森：《西山随笔》，《京华漫步》，安徽人民出版社，1984年，第28页。
③ 雷熹平：《北京西山叶初红》，《名胜之歌》，新华出版社，2006年，第89页。

重要的地位。乾隆《香山春望》诗云：

轻云淡霭天，林静泉幽地。
竭来畅闲怀，兼以寻春事。
春事日已佳，山中更佳致。
苍松无改色，亦复增浓翠。
绯桃与绛杏，依岩秀不媚。
乳窦淙玉壮，野鸟呼名异。
绿塍有耕人，香陌纷游骑。
所防逸近怠，因知劳向义。
踟躇一自问，揽结从何类。[①]

当代音乐人卢中强的《北京香山秋景》刻画西山景致的诗句同样柔美：

秋日金台夕照迟，香山红叶展新姿。
彩林片片云间立，白鹤群群雾里栖。
溪水轻流花影丽，丹枫远望树冠奇。
幽兰涧底芳香溢，青鸟枝头绿韵滴。[②]

还有当代作家陆幸生的《北京西山秋咏》：

香山枫叶照溪明，柳枝依依尚垂青。
碧波千顷浮红绿，金菊万朵缀芳町。[③]

---

① ［清］乾隆：《香山春望》，香山公园管理处编：《清·乾隆皇帝咏香山静宜园御制诗》，中国工人出版社，2008年，第284—285页。

② 卢中强：《北京香山秋景》，《心境诗垠》，花城出版社，2013年，第20页。

③ 陆幸生：《北京西山秋咏》，《松风梅影——陆幸生诗集》，南京大学出版社，2010年，第384页。

这些诗作的字里行间之中，透露出来的都是西山的绝美与诗人浓浓的情感。

老舍在《想北平》中这样写道：“每一个城楼，每一个牌楼，都可以从老远就看见。况且在街上还可以看见北山与西山呢！”① 现代作家端木蕻良也在《香山碧云寺漫记》中这样说道：“城市里的居民是不能常常看见山的，但是，住在首都的人便会有这种幸福，倘你路过西郊，猛然向西一望，你便会经历一种奇异的喜悦，好像地平线上突地涌现了一带蓝烟，浮在上面的绿树，也几乎是历历可数。”② 可以看出，西山早已是北京人心灵的慰藉。

3. 西山晴雪

雪景也是西山的一绝，在金代时就已经有着燕京八景的说法，而其中的一景便是西山积雪。在元明时期西山的雪景曾被称为“西山晴雪”“西山霁雪”，到了清朝时乾隆皇帝定名为“西山晴雪”，并立碑亲自题写景名。

在雪后初霁之时，登高远望，呈现在游人面前的便是西山与往日非同寻常的另一番盛景：山地间一片苍茫，到处都是堆银砌玉，异常壮观。明朝李东阳的诗《西山霁雪》有对雪后西山景致的生动展示：

雪后西山爽气增，冻云消尽出崚嶒。
眼看万壑遍一白，谁遣六月生层冰。
岩窦有泉浑欲滴，石根无路转愁登。
下楼缥渺空寒外，几度凭高兴不胜。③

明朝翰林学士胡广《西山霁雪》一诗有云：

---

① 老舍：《想北平》，《老舍全集》（第十四卷），人民文学出版社，2008年，第56页。

② 端木蕻良：《香山碧云寺漫记》，《北京文艺》，1957年第1期。

③ ［明］李东阳著、周寅宾校点：《李东阳集》（一），岳麓书社，2008年，第297—298页。

银屏素壁何岧峣，西山新霁雪未消。
千林皓影散琼树，万壑晴光凌碧霄。
高峰更寒初上日，小径迥隔归来樵。
玉城楼阁在咫尺，从知三岛非路遥。①

诗中将风雪停歇后太阳初升、冰雪还未消融时西山的场景生动地呈现在读者面前，西山如同一道银白色的屏障，其高耸入云般的壮美形象令人久久难以忘怀。而山间林木在银装素裹的修饰下就好似一棵亮丽耀眼的玉树琼枝，其散发的光辉直射苍穹。民国时期的名士周学熙也曾咏叹过西山的雪景，他在诗中这样写道：

白雪春风亦快哉，光摇银海净无埃。
漫山松翠惊如失，万树梨花一霎开。②

诗虽不长，但短短数句便将西山白雪皑皑的景象生动形象地刻画了出来。

在当代文人对于西山至美雪景的描写同样不少。例如以下这首《西山晴雪》：

晴日赏雪，遍山铺展了千匹银绸，
雪天赏雪，漫天轻舞着万只玉蝶。
冬雪是这样的美，倘若深秋也能降雪，
那红叶托着白雪，岂不是珊瑚世界？
香炉峰的青烟为何感动不了老天爷？
任凭英法联军的炮火在这里洗劫！
后代子孙，盼着天空永远湛蓝无云，

① ［明］胡广：《西山霁雪》，［清］于敏中等编纂：《日下旧闻考》，北京古籍出版社，1985年，第117页。

② 阚红柳：《民国香山诗文精选》，北京联合出版公司，2015年，第262页。

好去年年欣赏祖国的晴空白雪。[①]

诗人以质朴简练的语言道出了西山雪景的壮观，甚至借助对西山雪景的赞美而祈求天下太平，这样诸如西山这般至美的雪景才不会被战争所湮灭。

诗人毛福民的《西山晴雪看晴雪》较为生动。相较于许多文人醉心于华丽的辞藻生动展示西山雪景的恢宏与至美，毛福民则突出雪后西山景色的历历可辨，从侧面映衬出了西山雪景迷人的风情。诗曰：

西山晴雪望香山，峰背堆白罩烟岚。
香炉松柏枝叶辨，心平天静胜海蓝。[②]

图14 西山雪景

① 倩晴、阵容：《西山晴雪》，《北京抒情》，北京出版社，1981年，第126页。
② 毛福民：《西山晴雪看晴雪》，《且听心语》，花山文艺出版社，2007年，第35页。

诗人笔下雪后的西山中一切都是如此的清晰，连松柏的枝叶都能清晰可辨，让诗人喜不自胜，感叹于天地之间有大美，而正是在这样的心境之下，诗人的内心怎能不为之平静。

4. 红叶怡情

西山红叶好，霜重色愈浓。西山是北京人观赏红叶的宝地，它秋季的红叶享誉盛名、驰名中外。而在观赏的地点之中，香山可能最为有名。古往今来，西山红叶的灿烂景致受到许多文人的青睐，成为文人描绘西山重要的素材之一。

在《北平西山的红叶》中，现代剧作家熊佛西满怀激情地抒发了对红叶的赞美：

> 尤其是北平郊外西山的红叶，在重阳的时候正红透了心，真使人迷醉！从香山（静宜园）沿着石板小道，穿过松林登山，几乎满山满谷都是红透了的红叶！假使全是红叶还没有什么特色，而最特色的是红叶里陪衬着一株株的葱翠的松树！人家说花是世界上最美丽的东西，我却说红叶比花更热情，且比任何更美丽！人家说它没有香味，而我正因为它没有香味才热恋它，才觉得它有无限的诗意！它的“红”不是汪红，不是桃红，不是深红，不是黑红，而是一种红透了心的热红！它没有丝毫的“杀气”，也从不引人发生香艳的肉感，而仅仅象征着诗人的心！象征人类一片赤诚的热情！
>
> 一片红叶可以引起相思，一片红叶可以引起画意，一片红叶可以引起人类的爱，同情。[①]

① 熊佛西：《北平西山的红叶》，《山水人物印象记》，海豚出版社，2011年，第47—48页。

图 15　西山红叶

在《香山的红叶》中，现代翻译家叶君健所感知的红叶更是散发着无穷的魅力，不仅有着能够衬托“绿叶”的作用，更是能营造出“秋天里的春”这样的奇迹。文中他这样写道：

> 经过“西山晴雪”碑，你就来到“梯云山馆”。这里你所盼望的那种景象，就会止住你的脚步。那就是下边西南山坡上所铺开的一片红叶。上面所说的艳阳天，指的就是这儿的那一片红叶。它究竟占了多大面积，无人估计，因为它无边无际，一眼看不尽。它比樱花更红，比桃花更密，在一定的距离外看它，它大红锦簇，哪里的春天也比不上它热闹。背后山上的青松，在它衬托之下，也更显得特别青葱郁茂。在一个秋高气爽的晴天里，从朝霞初起到夕阳西下这整段时间，它们交相辉映，会向空中反射出种种奇丽多姿的色彩。“红花需要绿叶扶”，这是我们一般对于一件美好的东西所持有的概念。但这里的情况却为之一变，那些由于气候已经进

入凋零时节，因而显得特别可爱的深绿松叶倒要红花来扶，才能突出它的郁茂和清新的美。红叶和青松，在这种特殊场合相互衬托出来的一种浓淡相宜的美，就无形地创造出了一个奇特的“秋天里的春天”。这景象，在这种季节，是在世界上任何地方都看不到的。①

对于香山红叶的描写不仅限于红叶染红之时，有的诗人还特别留意于红叶将红却未红时的画面，例如当代作家柴祥群的《北京香山叶未红时作二首》：

之一

青黄蓝黛扮靓秋，抒展胸臆即自由。
只待劲霜一声令，血染群山鬼见愁。

之二

霜染香山醉如斯，一叶红透天下知。
踞占仙境得灵韵，莫嗔他乡无秋姿。②

作者另辟蹊径，虽然写的是香山红叶未转红时的景象，但却能从侧面衬托出红叶转红时那极美的景致，只待红叶变红，便能“血染群山”，营造出强烈的画面感、氛围感，给人以强烈的视觉刺激与心灵冲击，这即是香山的灵韵之所在，红叶一红其他地方便“无秋姿”了。

有意思的是，在一些文人笔下香山的红叶不仅意味着西山秀美的景致，在他们天马行空的想象或灵感在特定时代背景的激发中，还被赋予了一些其他内涵，使得读者对香山红叶的印象颇具新意。晓筠女

① 叶君健：《香山的红叶》，《叶君健全集》（第十八卷），清华大学出版社，2010年，第16页。

② 柴祥群：《北京香山叶未红时作二首》，《不惑草》，长江文艺出版社，2013年，第17页。

士所描绘的香山红叶便显得十分有趣：

我到香山的时候，正是十月间，秋色已经布满了人间，而香山的秋景却另有一种特色。听不见萧萧的木叶，看不见离离的衰草，却见一望无际的红叶，在日光中潋滟，在晚风中波动；和白云翠柏相映，真是比天上的丹霞还要鲜艳，比美女的羞红还要娇媚。这满山满谷的红叶真是太美丽了！它的红色有深有浅，它的光泽有明有暗，它把香山织成一片美丽的红锦，这种红叶，不是枫，不是槭，也不是爬山虎，它是一种很细弱的灌木，叶子有点像人类的心脏。南国的红豆，因为它红色的面状似人类的心脏，所以做了相思的象征。香山的红叶，也有同样的条件啊！"莫道男儿心似铁，君不见满川红叶都是离人眼中血！"红叶象征的相思，恐怕比红豆所象征的还要沉痛！红叶激动的情感，恐怕比红豆所激动的还要热烈！啊，香山的红叶，真是使人相思，真是使人沉醉！我怎能不忆香山呢？①

显而易见，在晓筠女士眼中香山的红叶已经不只是美的事物，红叶的红色是"离人眼中的血"，因而红叶便代表着相思。这份相思的重量甚至超越了红豆所代表的相思，正是如此，香山的红叶美得令人陶醉，但也勾起了观赏者的相思之情，真是让人欲罢不能！然而，在另一些文人眼中，香山的红叶却让他们有着其他的联想，例如杨晶华的《西山之秋》：

故都的红叶，自然要算是西山了，久客燕台的我，每岁暮秋必作郊游几次；今岁呢！适逢辽吉被占，国难当头，一想到红叶，便会联想到关外无数落（业）叶，染着被难同胞

① 晓筠女士：《香山》，《华安》，1933年第3期。

的斑斑的血迹，更不忍去赏鉴这饶有象征意味的赤色主义的红叶，而引起无限的悲愤了；然而在我的记忆之渊里，总会翻出一层层的昔年曾经看过西山红叶的波浪。[①]

作者创作时的背景正值国内矛盾激化、帝国主义入侵加剧之时。在国难当头的这一重要因素作用下，作者欣赏红叶时的心情自然跟之前不可同日而语。在心情沉重、苦闷的状态下，作者眼中红叶的红正是苦难同胞受欺辱所留下的殷红血液。作者以红叶为依托，抒发自己的悲愤之情，并从侧面表达出希望祖国早日富强的美好愿景。

文人对于西山的描写，或许可以完结，但不能终止的是文人对西山的痴迷狂热和难忘情怀，不能穷尽的是西山从古至今所沉积的丰厚的文化底蕴及其散发的文化魅力。曾有文人云"我爱北平；我更爱西山"[②]，虽然语句平实，但对西山来说，足以自傲吧。

值得注意的是，在2019年出台的《北京市推进全国文化中心建设中长期规划（2019年—2035年）》中，西山被定为"一核一城三带两区"总体框架中的重要内容，该规划强调要以西山永定河文化带为抓手，推动公共文化服务体系示范区和文化产业发展引领区建设，构建历史文脉和生态环境交融的整体空间结构，凸显北京历史文化整体价值，奋力开创首都文化建设新局面。在经济高速发展的今天，北京市政府也在不断推进北京地区的生态文明建设，例如提倡融会一山一水，恢复永定河的生态功能，加强"三山五园"地区整体保护，积极构建"四岭三川一区两脉多组团"的山水格局，同时注重依托北京丰富的自然环境、人文景观资源，加强生态旅游资源的开发。文人笔下的北京，今天已经以更新的面貌展现在世人面前，回溯历史，也是观照未来，这也是我们仍在读文人笔下北京的重要原因。

---

① 杨晶华：《西山之秋》，《河北月刊》，1933年第3期。

② 姜馥森：《西山疗养院卧游——幽谷中的天籁人声》，《逸经》，1936年第13期。

第二章

北京的人文景观

北京的名胜景观不仅数量众多，且历史悠久，最能体现北京城的城市文化。

从故宫、恭王府等气势宏大的皇城王府，到颐和园、圆明园等鬼斧神工的山水园林，再到长城、卢沟桥这样的民族文化符号，无一不诠释着北京这座城市的精魂。当这些景观一走进文人的审美视野，就和文学结下了不解之缘。文人以其独有的敏锐和细腻，捕捉名胜景观那独特的风韵，在一代又一代文人的笔下，故宫、天坛、长城、颐和园等不再是孤立的建筑，而是浸染着北京几千年的文化，触发着文人对于历史与当下、民族与国家、人生与生命的深层思考。根据《北京市推进全国文化中心建设中长期规划（2019年—2035年）》，保护古都文化是坚持“四个文化”基本格局中的重要一环，北京长期以来作为国家首都和历史文化名城凝聚融汇、传承积淀的文化宝藏，是中华文明源远流长的伟大见证，传承保护好这份宝贵的历史文化遗产是首都的重要职责，也是时代赋予我们的艰巨使命。传承发展古都文化，不光要坚持城市内涵挖掘和活化利用相统一、传统保护和时代衔接相协调，同时也要注重对于人文景观的保护与再挖掘，特别是对于文化名人笔下北京的再挖掘，不断强化北京的首都风范、古都风韵、新时代风貌，擦亮北京历史文化的金名片。

一、穿越时空的皇家遗韵

文人笔下的北京，从不曾错过的便是北京城里赫然的皇城与王府。它们是古代建筑艺术的高峰，也是权力与威严的象征，更是一个城市在历史变迁中积累下深厚底蕴的见证。在历史的风云诡谲中，皇城王府保持着它们不变的底色。

1. 紫禁城里的宫苑楼阁

回望紫禁城，红墙黄瓦之下，是百年来封建王朝巍峨沧桑的背影。历史的波澜沉淀着所有的辉煌与黯然，在无数关于宫闱之内风起云涌的想象背后，紫禁城以神秘的姿态展示着中华民族乃至世界的文化奇迹。

杜牧笔下“五步一楼，十步一阁；廊腰缦回，檐牙高啄”的阿房宫早已被“付之一炬”，昔日精巧恢宏的未央宫和大明宫也已不复存在，所幸，我们今天还留有一座紫禁城。关于这座宫殿建设的正式记载，在《明实录》中有这样几句话：“癸亥，初营建北京，凡庙社、宫殿、门阙，规制悉如南京，而高敞壮丽过之，至是成。”寥寥几笔，背后却是一个浩大的工程。纪录片《故宫》的第一集《肇建紫禁城》，以今昔对比的方式为我们展现了建造修葺紫禁城的艰巨。影片在讲述太和殿内巨大的楠木柱时，镜头切换至2004年6月故宫大修时运载楠木的这一场景，即便凭借现代化的运输工具把巨木运送至故宫尚且如此庞杂艰巨，可以想见600年前，来自河南、山东、山西、安徽等地的十万名工匠面对这项浩大的工程时，要克服怎样的艰难险阻。宫殿内所需的楠木，多生长在亚热带原始森林的险峻之处，那里常有虎豹蛇蟒出没，很多人为了采木而丢失性命，因而，后世有人用“入山一千，出山五百”来形容采木的代价。

直到如今，当我们想到故宫时，第一个直观的感觉是“故宫真大啊！”甚至和人民大会堂比起来，我们也会毫不犹豫地认为故宫更大一些。人民大会堂的壮观巍峨自不必说，它是全国人民代表大会的开会地，是党、国家和各人民团体举行政治、外交、文化活动的重要场所，是我们心中关于威严、神圣的代名词。然而，为什么我们还会毫不犹豫地认为故宫更大一些呢？或许正是因为故宫所凝结的那份深厚的历史感，皇家遗韵穿越时空，依然震撼着今人。它的恢宏、壮观，不仅仅是空间感上的“大”，更是时间感上的“厚重”。尽管和世界上许多皇家宫殿比起来，故宫的历史并不是最悠久的，但是它的独特价值却又正体现在它的历史没有那么长，因为它见证了两个王朝的兴衰，见证了一个世纪的转型，它是我们当下和历史连接最为紧密的一个纽带。在历经百年的风雨飘摇与数次的修缮重建后，故宫为我们留下了关于封建王朝的历史想象，并在不同时代的名家笔下焕发着永恒的魅力与光彩。

图 16　俯瞰紫禁城全貌

唐代诗人赵嘏在《长安晚秋》中以“云物凄凉拂曙流，汉家宫阙动高秋”两句，形容长安城内迷蒙壮阔而又凄清悲凉的宫苑楼阁。六百年来，紫禁城见证着历史的浮沉，涌动着深沉与萧索，让文人墨客留下了许多感喟与叹念。

午门是紫禁城的正门，位于紫禁城南北轴线，通高37.95米，始建于明永乐十八年（1420），清顺治四年（1647）重修，清嘉庆六年（1801）再修。门居中向阳，位当子午，故名“午门”。午门的平面呈“凹”字形，沿袭了北魏洛阳阊阖门和唐代洛阳应天门的形制基础，是从汉代洛阳皇宫的门阙演变而成。其前有端门、天安门、大清门，其后有太和门。各门之内，两侧有排列整齐的廊庑。这种以门庑围成广场、层层递进的布局形式是受中国古代“五门三朝”制度的影响，有利于突出皇宫建筑威严肃穆的特点。东西北三面城台相连，环抱一个方形广场。北面门楼，面阔九间，重檐黄瓦庑殿顶。东西城台上各有庑房十三间，从门楼两侧向南排开，形如雁翅，也称“雁翅楼”。在东西雁翅楼南北两端各有重檐攒尖顶阙亭一座。威严的午门，宛如三峦环抱，五峰突起，气势雄伟，故俗称“五凤楼”。

图17　午门

作为皇家威严的象征，午门不但是颁发皇帝诏书的地方，同时也曾作为刑罚之地。明代心学大家王阳明因弹劾当朝大太监刘瑾被施以廷杖也在此地。明嘉靖皇帝朱厚熜继承皇位后，欲追封他的生父兴献王为帝，遭到大臣们的抵制，群臣100多人哭谏于左顺门。皇帝下令施行廷杖惩罚，当场毙命17人。所以民间有“推出午门斩首”之言流传。其实明清皇宫门前极为森严，犯人斩首绝非此地，而是必须押往西市（今西四）或菜市口等地刑场处决的。

在《午门忆旧》中，现代京派作家代表人物汪曾祺以丰厚的学养为人们趣味性地介绍了紫禁城总建筑的重要组成部分——午门：

北京解放前夕，一九四八年夏天到一九四九年春天，我曾在午门的历史博物馆工作过一段时间。

午门是紫禁城总体建筑的一个重要的组成部分。这是故宫的正门，是真正的“宫门”。进了天安门、端门，这只是宫廷的“前奏”，进了午门，才算是进了宫。有午门，没有午门，是不大一样的。没有午门，进天安门、端门，直接看到三大殿，就太敞了，好像一件衣裳没有领子。有午门当中一隔，后面是什么，都瞧不见，这才显得宫里神秘庄严，深不可测。

午门的建筑是很特别的。下面是一个凹形的城台。城台上正面是一座九间重檐庑殿顶的城楼；左右有重檐的方亭四座。城楼和这四座正方的亭子之间，有廊庑相连属，稳重而不笨拙，玲珑而不纤巧，极有气派，俗称为“五凤楼”。在旧戏里，五凤楼成了皇宫的代称。《草桥关》里姚期唱道：“到明天陪王伴驾在那五凤楼”，《珠帘寨》里程敬思唱道：“为千岁懒登五凤楼”，指的就是这里。实际上姚期和程敬思都是不会登上五凤楼的。楼不但大臣上不去，就是皇帝也很少上去。

午门有什么用呢？旧戏和评书里常有一句话：“推出午门斩首！”哪能呢！这是编戏编书的人想象出来的。午门的用处大概有这么三项：一是逢什么大典时，皇上登上城楼接见外国使节。曾见过一幅紫铜的版刻，刻的就是这一盛典。外国使节、满汉官员，分班肃立，极为隆重。是哪一位皇上，庆的是何节日，已经记不清了。其次是献俘。打了胜仗（一般都是镇压了少数民族），要把俘虏（当然不是俘虏的全部，只是代表性的人物）押解到京城来。献俘本来应该在太庙。《清会典·礼部》："解送俘囚至京师，钦天监择日献俘于太庙社稷。"但据熟悉掌故的同志说，在午门。到时候皇上还要坐到城楼亲自过过目。究竟在哪里，余生也晚，未能亲历，只好存疑。第三，大概是午门最有历史意义，也最有戏剧性的故实，是在这里举行廷杖。廷杖，顾名思义，是在朝廷上受杖。不过把一位大臣按在太和殿上打屁股，也实在不大像样子，所以都在午门外举行。廷杖是对廷臣的酷刑。据朱国桢《涌幢小品》，廷杖始于唐玄宗时。但是盛行似在明代。原来不过是"意思意思"。《涌幢小品》说："成化以前，凡廷杖者不去衣，用厚棉底衣，毛毡迭帊，示辱而已。"穿了厚棉裤，又垫着几层毡子，打起来想必不会太疼。但就这样也够呛，挨打以后，要"卧床数日，而后得愈"。"正德初年，逆瑾（刘瑾）用事，恶廷臣，始去衣。"——那就说脱了裤子，露出屁股挨打了。"遂有杖死者。"掌刑的是"厂卫"。明朝宦官掌握的特务机关有东厂、西厂，后来又有中行厂。廷杖在午门外进行，抡杖的该是中行厂的锦衣卫。五凤楼下，血肉横飞，是何景象？①

汪曾祺博览群书，醉心于阐幽发微的研究，故而能于不经心间，将历史掌故、趣味见闻及个人思考，娓娓道来，不着痕迹。使人读后

① 汪曾祺：《桥边散文——午门忆旧》，《汪曾祺全集》（第四卷），人民文学出版社，2019年，第303—304页。

不但了解紫禁城午门的作用与价值，亦能掩卷沉思其中的历史风云。

除却对故宫整体的观照，宫殿内的局部景观与特色细节也倾注了文人们的情感与思考。现代作家苏叔阳在《走过故宫红墙》中便将目光聚焦到故宫的红墙：

> 西华门至东华门（往返），故宫墙外的路，总让我有极神秘的感觉。那故宫的红墙并不高，却给我以巨大的威严感和压抑感，让我不敢靠近。有时我故意贴着墙根走，便觉那墙好像从头上压过来，而且带着一股气流压得我气闷，仿佛要窒息，吓得我赶紧跳到路中央甚或到对面，看见那筒子河文静的水面才舒出一口气。我不知为什么，或许是我敏感，而别人是没这感觉的。我那时常瞎想，宫墙外的树很高，有时高过墙头。会些拳脚的盗贼很容易便可以攀树越过墙去，这便进了宫。贼一进宫，结局总不是很妙，“贼不走空”，每次至少也得偷它个块儿八角的，故宫里的一块砖也值不少银子。①

苏叔阳亲身体会了行走于故宫城墙根儿的感受，高耸坚固的红墙给人以“巨大的威严感和压抑感”，这种威压与压抑正是来源于前文所述的天家气象，可以说故宫的庄严与神圣正是蕴藏于这一砖一瓦之中。

1925年10月10日，北京故宫紫禁城内建立了故宫博物院。故宫博物院是在明朝、清朝两代皇宫及其收藏的基础上建立起来的中国综合性博物馆，也是中国最大的古代文化艺术博物馆，其文物收藏主要来源于两代宫中旧藏，是第一批全国爱国主义教育示范基地。

作为中华民族古老而灿烂的文明代表，故宫恢宏壮阔的气势令所有中华儿女为之骄傲自豪。天家气象威严，威严在等级森严、不可僭

① 苏叔阳：《走过故宫红墙》，《生命的延续》，中国盲文出版社，2014年，第64页。

图 18　故宫高耸坚固的城墙

越的宗法制度，威严在千百年来政治制度上的中央集权，更威严在中华民族卓越的历史与文化、气魄与智慧。佘树森《紫禁城，东方的艺术之宫》一文，充分展现了紫禁城的气派与力量之美：

> 紫禁城之美，首先在于它那恢宏壮阔、一泻千里的气势。你看：从午门至神武门，那殿阁楼宇，盘盘囷囷，千门万户，掩映迷离的壮丽景象，仿佛是一位丹青巨手，倾金泼虹，一气呵成！这种气势，曾经被封建皇帝用来炫耀他们的威严；其实，这乃是我们中华民族的气魄与智慧的体现。尽管紫禁城的建筑，从结构布局，乃至一雕一绘，都在表现着封建宗法制度的森严统治，象征着“天子至尊”“皇家富贵”的意识；然而，当这一封建内容，通过万千劳动创造的双手，在一斧一凿、一刀一笔之下，化作具体的建筑美的时候，它就不能不铸进创造者的个性、气质和才华，从而带上我们民族的力量、智慧和气派。这种气派和智慧，对于艺术

图 19　故宫宫墙上精美的纹样

创作是至关重要的；尤其对于像紫禁城这样宏伟的建筑群，更是必不可少的。它不仅表现在那种居高临下、囊括万象的总体构思上，也还表现在一脊一枋、一阶一栏的绘制雕刻上；同时，还表现在对艺术传统的继承借鉴、各种艺术的兼收并蓄，以及大胆的幻想和创造上。①

宫内的殿阁楼宇，放眼望去宛若重峦叠嶂。一砖一瓦、一并一凿、一刀一笔之下，缔造了精巧瑰丽、磅礴大气，更熔铸了勤劳、睿智的民族之魂。

2. 气韵不凡的故宫之景

民国时期张恨水曾在《听鸦叹夕阳》中，以细腻独特的观察视角，描写了故宫前后的老鸦。夕阳残照，哀鸦乱飞，于凄清悲凉中，张恨水体味到了古今治乱盛衰之感，抒情与怀古在萧瑟中融合为厚重的历史情怀：

北平的故宫，三海和几个公园，以伟大壮丽的建筑，配合了环境，都是全世界上让人陶醉的地方。不用多说，就是

① 佘树森：《紫禁城，东方的艺术之宫》，佘树森、乔征胜主编：《中国风景散文三百篇》，华夏出版社，1992年，第14页。

故宫前后那些老鸦，也充分带着诗情画意。

在深秋的日子，经过金鳌玉蝀桥，看看中南海和北海的宫殿，半隐半显在苍绿的古树中。那北海的琼岛，簇拥了古槐和古柏，其中的黄色琉璃瓦，被偏西的太阳斜照着，闪出一道金光。印度式的白塔，伸入半空。四周围了杈丫的老树干，像怒龙伸爪。这就有千百成群的乌鸦，掠过故宫，掠过湖水，掠过树林，纷纷飞到这琼岛的老树上来，远看是黑纷腾腾，近听是呱呱乱叫，不由你不对了这些东西，发生了怀古之幽情。

若照中国词章家的说法，这乌鸦叫着宫鸦的。很奇怪，当风清日丽的时候，它们不知何往？必须到太阳下山，它们才会到这里来吵闹。若是阴云密布，寒风瑟瑟，便终日在故宫各个高大的老树林里，飞着又叫着。是不是它们最喜欢这阴暗的天气？我们不得而知。也许它们讨厌这阴暗天气，而不断地向人们控诉。我总觉得，在这样的天气下，看到哀鸦乱飞，颇有些古今治乱盛衰之感。真不知道当年出离此深宫的帝后，对于这阴暗黄昏的鸦群作何感想？也许全然无动于衷。①

在唐代以前，乌鸦在中国民俗文化中是有吉祥和预言作用的神鸟，有“乌鸦报喜，始有周兴”的历史传说，汉代董仲舒在《春秋繁露·同类相动》中引《尚书传》：“周将兴时，有大赤乌衔谷之种而集王屋之上，武王喜，诸大夫皆喜。”古代史籍《左传》《淮南子》《史记》也均有名篇记载。唐代以后，方有乌鸦主凶兆的学说出现，唐段成式《酉阳杂俎》：“乌鸣地上无好音。人临行，乌鸣而前行，多喜。此旧占所不载。”无论凶吉与否，每当日落残阳之时，千百成群的乌鸦掠过宫墙之上，若加之阴风怒号，乌云密布，阵阵鸦声不免

① 张恨水：《听鸦叹夕阳》，《新民报》（重庆），1944年10月31日。

令人心生哀戚。

故宫的萧索凄凉，更多源于一种难以言状的积怨。郑振铎在《北平》中便将其称为“戾气”：

由北平图书馆再过金鳌玉蝀桥，向东走，则为故宫博物院。由神武门入院，处处觉得寥寂如古庙，一点生气都没有。想来，在还是“帝王家”的时代，虽聚居了几千宫女、太监们在内，而男旷女怨，也必是“戾气”冲天的。所藏古物，重要者都已南迁，游人们因之也寥落得多。①

郑振铎所言的“男旷女怨”，若以文气抒之，则为历朝历代文人笔下的宫怨诗。这其中既有“西宫夜静百花香，欲卷珠帘春恨长”的替怨，“闻有美人新进入，六宫未见一时愁”的观怨，还有玄宗天宝年间“谁人酬和独含情”的宫女自怨。

故宫地处四季分明的北方，因而设计者们在设计宫殿时必然将风霜雨雪等自然因素考虑在内，当代作家祝勇在《风雨江山》中便关注到了故宫建筑利于分流雨水的特点：

其实，紫禁城不只宜雪，也宜雨。它的设计里，早已纳入了雨的元素。宏伟的大屋顶，在雨季里，成了最适合雨水滑落的抛物线，雨水可以最快的速度坠落到殿前的台基上，经螭首喷出，带着曲线的造型进入排水道，注入内金水河。贯穿紫禁城的金水河北高南低，相差1.22米，具有自流排泄能力，收纳了建筑中流下的水，注入护城河（又称筒子河）。哪怕最强劲的暴雨来袭，护城河的水位也只上涨一米左右。三大殿不止一次被大火焚毁，但紫禁城从来不曾被水淹过。大雨自天而泻，而宫殿坦然接受。

---

① 郑振铎：《北平》，《中学生》，1934年12月第50号。

雨水那一天，我见证了紫禁城的雨。或许紫禁城的空间太过浩大，所以下雨的时候，雨点是以慢动作降落的，似从天而降的伞兵。在紫禁城宏大的背景下，雨点迟迟难以抵达它的终点。但雨点是以军团为单位降落的，在紫禁城巨大的空间衬托下，更显出声势浩大。不似罗青（台湾诗人、画家）笔下的伦敦阵雨，雨粒大而稀疏，身手好的话，可以如侠客般，从中闪避而穿过。

雨点重叠，让我看不清雨幕的纵深，乍看那只是一片白色的雾，仔细看我才发现，在雨雾后面的，不只是宫殿的轮廓，还潜伏着一个动物王国——紫禁城更像是一个神兽出没之地，在雨雾后面浮现的身影，有飞龙、雄狮、麒麟、天马、獬豸、神龟、仙鹤……[①]

祝勇从紫禁城利于疏泄雨水的建筑写起，不仅体现着设计者们的匠心，更显现了紫禁城海纳百川的恢宏气魄。无论声势多么浩大的雨水，在偌大的紫禁城这一布景之下，都显得无比微弱与渺小。雨雾萦绕眼前，此刻的紫禁城在天然的掩映下幻化为神兽出没的动物王国，而这种瑰丽与奇异正象征着皇家气韵的神秘。

御花园位于北京紫禁城中轴线上，坤宁宫后方，明代称为“宫后苑”，清代改称“御花园”。始建于明永乐十八年（1420），以后曾有增修，现仍保留初建时的基本格局。全园南北纵80米，东西宽140米，占地面积约12000平方米。园内主体建筑钦安殿为重檐盝顶式，坐落于紫禁城的南北中轴线上，以其为中心，向前方及两侧铺展亭台楼阁。园内青翠的松、柏、竹间点缀着山石，形成四季常青的园林景观。

御花园作为宫廷园林的代表，以其建制精巧布局紧凑而取胜。御花园的面积并不大，但古柏老槐与奇花异草，以及星罗棋布的亭台殿

① 祝勇：《风雨江山》，《长江文艺》，2017年第12期。

阁和纵横交错的花石子路，使得整个花园既古雅幽静，又不失宫廷大气，因而自然成为文人笔下精心描写的对象。崔岱远在《别趣御花园》中，详细描摹了御花园这一“清净幽然”的“世外桃源”：

故宫给人的感觉是到处都是红墙金瓦，却极少见草木、树荫。进了御花园恍然变了一个世界。似乎猛然远离了一墙之隔的政治中心，进入了清静悠然的世外桃源。

园子里古柏苍翠、老藤多姿，绿茸茸的龙爪槐盘结如伞盖，斋阁两旁隐匿着竹影幽韵。郁郁葱葱之间，透着一股清凉。正中的钦安殿前甚至还有两棵白皮松，枝干斑斓，针叶油绿，给神秘的宫殿平添了几许活泼，几分意趣。

……

其实，御花园里最耐看的石头还不是什么珍石、奇砖，而是脚下随处可见的石子小路。匆匆而过的游客也许并没有注意吧？您的脚下正踏着一幅接一幅精妙绝伦的石子画！这些画，细磨的灰，全是用鸽子蛋大小的石头子和精雕的青瓦、砖镶嵌出来的，极朴素，可又极讲究。

素雅的石子画一幅接一幅，迂回蜿蜒连绵不断，加起来足有两里多远。每一幅都精心搭配得色彩协调，构图精巧，每一幅都蕴藏着特定的含义。近千幅韵律优美的画面连接起来真是妙趣横生，简直堪比花园东北角上摛藻堂里那部《四库全书荟要》的绘图本。砖石组成的线条流畅生动，描绘出五光十色的大千世界。行走于其上，步履间仿佛有了穿越时空般的曼妙，怎能不觉得一砖一瓦写成的历史就在脚下呢？当大滴大滴的雨珠落在石子路上溅起点点水花的时候，仿佛还能依稀听到昔日里帝王、后妃们的脚步声吧？[①]

① 崔岱远：《别趣御花园》，《京范儿》，生活·读书·新知三联书店，2009年，第87—89页。

御花园的“别趣”何在？大抵在异于红墙金瓦的花草树荫，更在那种与政治气息相隔绝的别有洞天的纯然与生机。崔岱远笔下的御花园，绝非简单地描写奇花异草，石子小路、一砖一瓦皆成为作者洞悉情味的所在。

图 20　春季的御花园万寿亭

3. 作为世界文化遗产的辉煌传奇

故宫作为世界文化遗产，不仅在中华民族的历史长河中永葆生机，更在同异国文化交流对话的过程中，凸显了自身的文化品格与精神风貌，成为屹立于世界民族之林的永恒传奇。这种令世人惊异的魅力在现代日本作家鹤见祐辅的一本书中，得到了充分展现：

紫禁城的地面都是由石板铺成的，中间有一处稍微隆起的高地，那便是太和门，进了太和门就能看到太和殿、乾清宫。这个太和门前的石灯、石板路、石桥、石栏宏伟大气，绝对不输于欧洲任何一个国家的王宫。无论是凡尔赛宫，还是克里姆林宫，都无法与这个镶石嵌玉庭院相媲美。和五年前一样，从西华门进来，观赏过武英殿的宝石，穿过了庭院的葱葱林木，来到了太和门前的庭院。穿过一道门后，展现在眼前的是一片开阔的庭院，我想不管是谁，在踏进庭院的那一刻都会不由自主地惊叹吧。耸立在庭院四周的宫殿和门楼，都是以红色和青色为底色，以金色的图案作为装饰，瓦的颜色也都是象征着帝王尊贵身份的金色。庭院四周不仅装饰着大理石桥和柱子，就连地面都是用巨大的白色岩石铺设而成。可以遥想到在明朝的鼎盛时期，身着绫罗绸缎的美女与伶人一步步踏上石阶的情景。①

鹤见祐辅毫不掩饰地表达了对紫禁城恢宏大气、雄伟壮阔的由衷感叹，在他看来，即便是欧洲辉煌的凡尔赛宫和克里姆林宫，都无法媲美紫禁城的壮丽与威严。同样以中西对比的眼光来描写故宫的，还有林语堂的英文原著《辉煌的北京》：

总的说，中国宫殿不同于西方宫殿。中国宫殿不像一个平行封闭的军队列阵，却像展开的，分别行进的队阵。欧洲的宫殿通常包括庞大的建筑，前面有一花园，像卢浮宫前面的杜伊勒里花园，它们都有环绕四周的封闭走廊，以此连结无数房间，这样人们便很少需要通过露天的宽大庭园进入另一建筑了。凡尔赛宫的花园很大，但也是如此。换句话说，一个宫殿就是一座完整建筑。相反，北京的宫殿却遵循了一家之内分屋别室的观点，就是在不同的庭院建起不同的建筑物，长长的石道和遮荫走廊相连结。它们被人分成不同的生活空间，最后它们又都贯通集中在行礼大厅的开阔空间，突

① ［日］鹤见祐辅：《偶像破坏时期的支那》，铁道时报局，1923年，第96—100页。

出强调的是梯形大理石台阶，围栏，和它们之间的景色。①

林语堂通过对比中西宫殿在形态上的不同，透视出两种文明的精神内核。同欧洲的宫殿相比，中国宫殿在一家之内分屋别室的布局正遵循了以家族宗法制为基础的政治需求。

囊括万象的紫禁城，以其巨大的存在空间象征着封建王朝稳若泰山、不可侵犯的中央集权制度。祝勇在《故宫记》中，便以政治文明的视角透析了故宫建筑背后所蕴藏的意识形态：

> 紫禁城是一个巨大的空间的存在，一个巨大的空间意识形态的载体，它以巨大体量，表明皇权对于天下的绝对占有。一个人，无论有着怎样的传奇履历，一旦进入紫禁城，就像一粒尘埃飘进沙漠，变得无足轻重，必须听从于宫殿在空间上的调遣——他的行走坐卧，必须遵守空间的法则；只有皇帝相反，因为只有他才是宫殿的主人，几乎可以不受限制地出现在任何场合，太和殿上的那把龙椅，使他成为所有视线的焦点，而不至于被巨大的空间所湮没。当人们在巨大的宫殿中迷失自我，皇帝却在制高点上保持着清醒——中国皇帝曾经有在迷宫中央的台亭上观看宫女在迷宫中奔走往复的雅兴，这恰到好处地隐喻了帝王与臣民通过建筑建立起来的权力关系——帝王通过宫殿，占有并操纵着所有人的身体。这正是宫殿的主题，是帝国专制的政治要求，中国皇帝以超乎寻常的建筑理念表明他对帝国统治的坚固信心。②

当帝王俯瞰宫宇与众生时，或许会有“高处不胜寒”的孤寂，但权力中心的风暴会将这份孤寂吞噬，缔造雄伟帝业的坚固决心与信心

---

① 林语堂：《辉煌的北京》，《林语堂名著全集》（第二十五卷），赵沛林、张钧、陈亚珂、周允成译，东北师范大学出版社，1994年，第115页。

② 祝勇：《故宫记》，《故宫记：祝勇建筑笔记》，海豚出版社，2014年，第1—2页。

始终助推着统治者们捍卫掌控天下的皇权。

图21　紫禁城内　落日楼头

4. 天安门：中华人民共和国成立的见证

天安门，坐落在故宫的南端，与天安门广场以及人民英雄纪念碑、毛主席纪念堂、人民大会堂、中国国家博物馆隔长安街相望，占地面积4800平方米，以杰出的建筑艺术和特殊的政治地位为世人所瞩目。

天安门是明清两代北京皇城的正门，始建于明永乐十五年（1417），最初名“承天门”，寓“承天启运、受命于天”之意。设计者为明代御用建筑匠师蒯祥。清顺治八年（1651）更名为“天安门”。该门由城台和城楼两部分组成，城台是汉白玉石的须弥座，总高34.7米；城楼长66米，宽37米。城台下有券门五阙，中间的券门最大，位于北京皇城中轴线上，过去只有皇帝才可以由此出入。正中门洞上方悬挂着毛泽东画像，两边分别是“中华人民共和国万岁”和“世界人民大团结万岁”的大幅标语。

1925年10月10日，故宫博物院成立，天安门开始对民众开放。1949年10月1日，在这里举行了中华人民共和国开国大典，由此“天安门”被设计入国徽，并成为中华人民共和国的象征。1961年，中华人民共和国国务院公布“天安门”为第一批全国重点文物保护单位之一。

在叶君健笔下，天安门广场展现出一种奇异的朦胧美：

> 广场在月光下像一个辽阔的银色平原。红色的天安门和乳白色的人民大会堂及中国革命博物馆和中国历史博物馆遥遥对峙，淡青色的人民英雄纪念碑耸立在它们中间，成为一个交点。通过它，这几座具有历史意义的大建筑形成一个完整的美丽的图案。黄绿色的玻璃砖和浅蓝色的大理石圆柱在这个图案上泛出一片虹霞，使它不仅有完美的形态，还有迷人的色彩。天上的星星正眨着眼睛。它们在这个位置上向下面看了几千年；像这样的奇景，它们现在还是第一次突然发现。是它们的眼睛出了毛病呢，还是地上已经改换了人间？①

叶君健从宏观着眼去勾画天安门广场的总体风貌，并别出心裁地选取了天安门广场的夜景，从而展开丰富唯美的想象。夜凉如水，往日里庄严肃穆的广场在皎洁月色的笼罩下仿若辽阔的银色平原，朱红、淡青、乳白，白天对比鲜明的色彩在夜色之下变得如此柔和、朦胧。这奇异的景观点缀了千百年的历史长河，无论天上人间，天安门广场的夜晚都闪烁着永恒的光芒。

---

① 叶君健：《天安门之夜》，《叶君健全集》（第十八卷），清华大学出版社，2010年，第3—4页。

图 22　夜色中的天安门

在天安门举行的开国大典，是20世纪中国最具历史纪念意义的重大事件之一。在那个古老中国沧桑鼎革、万象更新的历史转折之日，许多文化名人在其日记、回忆录里，记下了见证这一特殊历史时刻的点点滴滴。

现代著名报人徐铸成在回忆录中记录了那个盛大的场面与内心的狂喜和激动：

> 今日为国人最兴奋之一日，亦为余最难忘的一天，中华人民共和国今日开国，中央人民政府今天成立。天安门广场挤满人群，红旗似海，殆为我国历史上空前之盛况也。下午二时，余与代表们乘车鱼贯赴会场，街上已悬满五星红旗。至天安门，由后门绕至天安门城楼，举目看到东西长安街及户部街、西皮市等处，皆挤满群众队伍，估计共有二十万人参加。三时，大会开始，毛主席等就位，鸣礼炮一百二十响，毛主席亲自升旗，用电动。闻此装置，由技术人员连夜装好

者。旋毛主席宣布中华人民共和国正式成立，并大声高呼“中国人民从此站起来了！”全场一片欢腾，余亦感极泪下。[①]

欢笑与泪水使天安门广场幻化为“一片灿烂的灯彩的海洋”。循着这些弥足珍贵的记录，我们回到了当年那个振奋人心的历史现场，仿佛触摸到历史的脉搏，并从中捕捉到时代之变迁、人心之所向的信息。

5. 王府：萦绕在民间的皇家气韵

老北京人都喜欢说：“北京城缺什么都不缺王府，你去城中心走走，走到哪儿只要稍微一打听，不多远的地方就有一处王府的遗址。”这么说当然有夸张的成分，但也足见王府数量的众多，作为北京的一种城市景观，更作为历史沧桑的见证者，王府在历代文人笔下也成为书写北京的重要参照。

老北京城王府众多。据史料记载，清乾隆年间，京城共有30座王府，到了嘉庆年间就增加到了42座，到清朝末期时已经有50余座。

在明朝时期，皇帝的儿子一般都要被封为王。虽然遍及全国各地，但分封而不赐土、列爵而不临民、食禄而不治事，也不掌握当地的兵政权力。那会儿北京城里没有多少王府，但有一些公、侯、伯府。如今的定阜大街就是当年定国公府的所在地，东直门内北小街永康胡同就是永康侯府的所在地。现在明朝时期的王府全部消失，遗留下来的都是清朝时期的。

北京的王府井大街号称“中华第一街”，就是因为它沾了王府的光。以前这里叫“丁字街”，明朝时期朱棣迁都北京时，在此修建了十座王府，这也是北京城最早修建王府的记载。但后来由于各种原因都消失了，到清朝时就只留下了王府井大街这个地名。

清朝时期取消了将王分封到各地的制度，按照清朝的规定，皇

---

① 徐铸成：《徐铸成回忆录》，生活·读书·新知三联书店，1998年，第204页。

子在15岁的时候，就要由皇帝钦定爵位、分旗赐第，离开皇宫独立生活，这就是“分府”。但不是所有的皇子都可以分得王府，尊卑有序，不可逾越。只有亲王、郡王的住宅才可以称为“王府”。贝勒、贝子、辅国公的住宅称为“府”，高级官员的住所称为“宅”或者“第”。

王府都建在北京城内，属于朝廷所有，王爷们只有居住权没有所有权和继承权。如果该王的某个儿子承袭了封王，便可以继续在王府居住。若该王被废或者没有子嗣，王府就要被收回，再由皇帝分给其他王居住。

如果某座王府里出了皇帝，该王府就成了潜龙邸，改建成寺庙，不能再居住，原王府的主人被内务府另赐新府。比如光绪帝的出生地醇亲王府，宣统帝的出生地摄政王府都是潜龙邸。

北京王府记录了明清两朝的历史痕迹，随着清王朝的灭亡，昔日风光无限的王府，也逐步走向衰落。如今有的只剩下一些残垣断壁，有的成为大杂院，有的被改建为寺庙或者被机关占用。尽管有的王府已经不复存在，但它们却真实地记录着那一段历史的风云变幻、人生的起起落落，是老北京珍贵的物质文化遗产。

当代作家王瑞芸曾经细致描写过恭王府内部精巧气派的格局：

> 恭王府的格局有些像缩小简约了的故宫，有中轴线而左右严格对称。从最前面那扇现代的铁门进去，里面还有两道王府原先留下的朱漆二门三门，都配得有门厅，门厅两边各有一排厢房，大约以前住卫兵。两门离地面有相当高度，之间有一条石砌的甬道相连，走在上面是有些身份的。从三门进去，便是一个正院，迎面一个大大的正殿——如今成了中国艺术研究院的会议室。正殿的两边有配殿，长年空关着，里面不知堆了什么东西。正院之中有两棵很大的银杏树，到了秋天，一树金黄，煌煌然有富贵气象。在正院的两旁有四个侧院。左边的两套高敞肃穆；右边的两套极为雅致精

巧，里面栽桃植李，修竹摇碧。在正院和侧院之间有窄窄长长的甬道，通到后面的大院里。最后的这个院子有一栋极长的两层凹字形楼房，相当于一堵围墙的长度，把整个王府拦腰断开，作为整个前院的结束。这栋楼有一个奇怪的名字叫“九十九间半”，因为中国人忌满数。果然的，这栋楼上下合计共有九十九间半房间。在“九十九间半”之后便是花园的开始。①

王瑞芸的笔触从对恭王府内部院落排布、花草树木的描摹，延展至王府的“前世今生”，以及她住在恭王府附近的生活经历。对于恭王府旁边的后海、醇亲王府、端亲王府也有涉猎。尤其是她把住在恭亲王府的北京生活经历作为自己家国情怀的寄托，支撑着她在异国的暗夜时光，这份深情读来令人动容。更为难得的是，她在文章中梳理了王府如何在新时期变成名人故居、学校院舍，如何成为联结旧时皇宫与新时期民间的标志，更加值得我们关注

图 23　恭王府大门匾额

① 王瑞芸：《住在北京》，《天涯》，2000年第2期。

并思索：

我不是北京人，但在来美国之前，我在北京读书、工作，待了有六年，我爱北京。虽说北京的住让我狼狈过，但谁让北京是三朝古都呢，就是狼狈，那份狼狈中也透着古都文化的余泽，让人想着也萦怀，嚼着也有味。总之我爱北京。

我在1982年进了北京的中国艺术研究院读研究生。那个研究生院坐落在一个绝好的去处：恭王府。恭王是光绪皇帝的六叔，被人戏称为“鬼子六”的那位，恭王曾经权倾一时，在慈禧面前比光绪还有脸，他的王府因此极其气派。恭王府位于北海后门的什刹海。什刹海是由北海流出的水蓄成的两个潭组成，实际上等于是两个池塘，能被尊为“海”自然出自皇家的气焰。这两潭水一前一后，前面一潭水叫前海，后一潭水叫后海。在北方干燥的地域，有水域相伴是一种难得的福气，所以沿前后“海”一带尽为王府，在恭王府的前面有醇亲王府，现为郭沫若故居，恭王府后面有端亲王府，现为宋庆龄故居。①

也有文人关注到王府的花园里仿佛藏着历史的跫音，以他笔下的文字带我们穿梭在古典与现代之间，领略着小花园里的大天地，让我们再一次确认王府作为一种历史遗迹的重要价值。在中国社会科学院文学研究所研究员杨义的《恭王府花园寻梦》里面，我们可以找到许多关于恭王府的档案故事：

花园给我印象最深者，莫过于处在中轴线中点的康熙御笔的“福”字碑。笔锋圆润浑厚，右似“多”字的行笔，似乎隐含着“多福多寿多男子”的祝愿。碑在太湖石叠成

① 王瑞芸：《住在北京》，《天涯》，2000年第2期。

图 24　恭王府内灵秀清幽的方池水榭

图 25　恭王府里的转经筒

的滴翠岩秘云洞深处，已染上一点仙风道气了。从洞口曲折而行，有水珠从岩上坠落。两壁间布苔绿，一股清风徐来，暑气全消。岩洞中段的豁口，忽有一缕阳光射入，照在“福”字上，洞中岩壁若明若暗，宛如朵朵浮云，令人顿悟古人喻石为“云根”的妙处。碑前的地上，有碎石镶成的棋枰，不知是否为烂柯山的仙童所设。不过花园主人于盛夏酷暑之日，邀客入洞指谈一番，也已经对得起康熙御笔之宝了。

有人推测，“福”字碑供在神龛般的山洞内而不供在明处炫耀，大概不是康熙本朝所立，可能是雍、乾时代某位与康熙皇帝有过密切关系，又在政治上经历了不幸遭遇的家族用这种方式，表达对“老皇帝”的怀念。这显然不是说的恭亲王，而是用曲笔启发人们联想《红楼梦》作者的曹氏家族。从梦走回现实，“福”字碑已成了恭王府花园的镇园之宝，沿着花园中轴线，后有蝠厅（即养云精舍），前有蝠池，都是蝙蝠形。《太平御览》卷九四六引崔豹《古今注》：“蝙蝠一名仙鼠，又曰飞鼠，五百岁则色白脑重，集物则头垂，故谓为倒挂鼠，食之得仙。”其实，蝠因谐音成为福的吉祥物，正如鹿因谐音成为禄的吉祥物样，寿有松、鹤作为吉祥物而不谐音，只好配上寿星老人，引得《清风亭》杂剧插科打诨：“这个寿星老儿的头光秃秃，可像个

图 26　恭王府内藏有“福”字碑的假山

鸭蛋。”①

除园内著名的“福”字碑，恭王府花园的山石方池、石洞峰顶、苔痕古木，在当代作家张国庆的笔下都充满着无穷的别趣、妙趣。

此山取八卦中之乾位。山前有一山石环绕的方池，呈怀中抱月之势。池旁有陡立的太湖石。苔藓壁挂，名为“滴翠岩”。载滢生前有诗赞曰：“怪石叠悬岩，壁立千寻（古代长度单位，八尺为一寻，此处是虚数）峭。振衣拂尘埃，游目任舒啸。烟雨滴空翠，嶙峋透云窍。凭栏眄（miǎn，斜着眼看）归鸟，隔林明夕照。四望画屏开，登高领其要。”池后有一深邃大洞，名“秘云洞”。前边提到的“福”字碑，就嵌在洞内山石正中间。碑前地上有碎石嵌成的棋盘。想来，昔日盛夏之际常有人在此纳凉对弈，定是乐哉乐哉！

由洞中石阶蜿蜒而上可至山顶。暑天，这里云窦零芬，苔痕晕翠，古树参天，大有元诗中“地蕴清凉界”之境。重岩叠嶂之上构屋三间。屋前平台周围雕栏，是为“绿天小隐”与“邀月台”二景。在此四望，全园美景一览无余。每到月挂中天，在此吟诗举杯别有一番情趣。尤其是中秋之夜在这里赏月时，不仅主人饮酒赋诗，喜好诗词的仆人们也可以参加作宝塔诗与和韵，有佳作者奖赏。只是苦了孩子们，既不会饮酒，也不会吟诗，只能吃些水果、月饼，凭栏望月而已，不一会儿便索然无味了。②

苔痕翠绿的清幽，古木参天的质朴，在移步换景的过程中，恭王

① 杨义：《恭王府花园寻梦》，《耕海者心语》，中国电影出版社，2001年，第165—166页。

② 张国庆：《妙哉，恭王府花园》，《老北京忆往》，北京燕山出版社，2015年，第102—103页。

府花园的无限生机与美妙尽收笔底。作为皇家气派的代表，王府的设计可谓集中西建筑艺术之精粹。当代作家霄云在回忆童年居住于恭王府的经历时，对花园内的西洋建筑留有深刻印象：

图 27　恭王府内的西洋门

进入王府花园的正门是西洋门，一座西洋建筑风格的汉白玉石的拱门，类似圆明园中的大法海园门。门额上刻着“静含太谷”“秀挹环春”。跨进西洋门，一座突兀的石峰——“飞来峰”迎面而立。园中假山林立，树木成荫，碧波荡漾的湖中荷花绽放，堤岸边的垂柳婀娜多姿。无处不在的曲径通向亭台楼榭，披着斑斓彩绘的长廊连续着一座座优雅玲珑的小宅院。每座宅院都极为别致，有如圆太阳和弯月的日月门，有因门上雕刻有两个倒垂的花卉而得名的垂花门，还有江南庭院风格的镂空壁窗等。各院内的植物也是独特的：有翠竹、丁香、海棠、芭蕉、紫藤萝、夹竹桃等，色泽、香味各成一体，争妍斗奇。[①]

映入眼帘的汉白玉石拱门充满了浓郁的异域情调，跨门入至园内，又是另一番景象：园内形态各异的假山，曲径尽头的亭台楼榭，由长廊相连缀的优雅玲珑的宅院，以及园内独特的花草树木……点缀作者梦幻般童年的，不仅是这些色彩斑斓的景致，在恭王府居住时那

① 霄云：《我在恭王府的童年》，《当代》，2007年第3期。

种清幽雅致的气韵同样令作者怀念：

> 我家位于石山后最幽静的一排平房，形状如展翅的蝙蝠，因而得名“蝠厅”。凸出的厅堂似蝙蝠的头，向两侧伸展的侧房恰似蝙蝠的两翼。长长的走廊沿着整座平房，彩绘的斑竹据说全是油工一笔一笔画上的。该建筑的造型和彩绘被誉为“古建筑中只此一例”。①

图 28　恭王府的庭院建筑

举世无双的建筑造型与彩绘技艺更显恭王府的别具一格，如此雕梁画栋的王府与王府花园，不禁让人联想到《红楼梦》中的荣国府、宁国府与大观园，而历史上恭亲王府的前世今生及其主人们

① 霄云：《我在恭王府的童年》，《当代》，2007 年第 3 期。

波澜起伏的人生经历，也与《红楼梦》中的人物故事有着同样的惊心动魄。两者相互印证之处，在《北京清王府》中有着详细明确的叙述。

两者都有“曲径通幽”一景，贾宝玉居住的“怡红院”与香气袭人的“蝠厅”相似，小说中的清虚观与恭亲王府附近的清虚观有异曲同工之妙，位于恭亲王府西北的花枝胡同疑为贾琏安置尤二姐的小花枝巷等等。特别是公元2002年红学名家周汝昌先生发表的《恭王府新证》一文，更是言之凿凿：“胤禨府就是今恭王府东邻的大府邸，民间父老只言‘东府’，二部言其‘主’名。……这座大府，九道院落，恰与《红楼梦》中所叙符合。在那‘东院’以南的‘南院马棚’起过一回火，吓得贾母立刻派人到‘火神庙’烧香，火神庙正在前海东岸：所有小说中一切方位，处处吻合，丝丝入扣……”由于有了像周汝昌等红学名家的细致考证，使恭亲王府及其花园一度被认定为《红楼梦》的“原产地”。不过，也有一些红学家持相反的观点，他们认为：“文学作品是艺术概括，作者是观察了很多府第园林而提炼出来的，不会有什么大观园遗址。”关于恭亲王府花园是不是《红楼梦》中的大观园的争论，不仅早在20世纪60年代就已出现，而且还惊动了日理万机的周恩来总理。对于这场争论，周恩来总理到实地考察后说：“要说人家是想象，但人家也总有些理由。不要轻率地肯定它就是《红楼梦》的大观园，但也不要轻率地否定它就不是。”确实，在没有确凿文字或实物证据之前，周恩来总理的“定论”还是最客观严谨的论断。[①]

① 窦忠如：《北京清王府》，百花文艺出版社，2007年，第82—84页。

无论恭王府花园是不是《红楼梦》中的大观园，其美轮美奂的亭台楼阁，富贵人家洋洋大观的气派，都同曹雪芹笔下的大观园一样令人叹为观止，难以忘怀。

图 29　恭王府的内部建筑

二、各色园林的历史印记

如果从殷、周时代“囿”的出现算起，我国园林至今已有三千多年的历史。作为世界园林艺术起源最早的国家之一，我国园林不但在世界上占据重要地位，而且极具民族特色与民族韵味。幅员辽阔的国土面积，使我国园林呈现出明显的地域差异。由于我国南方江南地区、广东沿海地区和四川一带的园林风貌独具一格，因此便有了所谓“江南园林”、“岭南园林”和“蜀中园林”的称谓。而北京周边及山东、山西、陕西等地的园林风格较为相近，便统称为“北方园林”。南方园林秀美玲珑，北方园林磅礴大气，共同构成了中国古典园林的丰富景观。

北京作为我国北方城市中园林最集中之处，拥有着大量古代皇帝、王亲贵族的花园。这些集举国人力、物力和财力建造出的皇家花园，规模宏大，建造精良，是我国古典园林中的精华。异于文人园林的娟秀玲珑，皇家园林的苑囿气魄宏大，因而常常将真山、真水、真景观囊括其中，这既有中国人自古以来对山环水抱这类自然景观的由衷热爱，更显露着作为九五至尊的帝王将天下美景包举宇内的皇家气派。

“虽由人作，宛自天开”的皇家园林，将传统建筑、文学、书画、雕刻和工艺等艺术熔于一炉，创造了蔚为大观的艺术奇迹。在自然的更迭中，皇家园林见证了如天风海雨般的历史与人文变迁。

1. 圆明园：梦幻之作与民族之殇

圆明园，诞生在康熙年间，成长于雍正王朝，风华在乾隆盛世。列强掠夺的火光摧残并毁灭了它所有的瑰丽与传奇，圆明园宛若一株残破的玫瑰，留下了疮痍的枝叶。如今，圆明园内仅存有大水法、远瀛观的几个大理石石柱，这些遗址记录着英法联军摧残中华文化的滔天罪行，记录着圆明园的衰败与凄然。然而，透过残垣断壁上精美细腻的大理石纹路，我们依然能如此强烈地感受到圆明园昔日令人叹为观止的辉煌，正如乾隆皇帝所言“实天宝地灵之区，帝王豫游之地，无以逾此”[①]。尽管玫瑰已凋，但它曼妙的倩影与沁人的馨香已永存于中外文人的笔下，为后世留下无尽丰富美妙的艺术想象。

圆明园是清代大型皇家园林，坐落在北京西北郊，与颐和园毗邻，由圆明园、长春园和绮春园组成，所以又称“圆明三园”。此外，它还有许多小园，分布在东、西、南三面，众星拱月般环绕周围。占地面积3.5平方千米，建筑面积达20万平方米，150余景，有“万园之园”之称。清帝每到盛夏就来到这里避暑、听政，处理军政事务，因此也称“夏宫”。圆明园始建于清康熙四十八年（1709），最初是康熙帝给皇四子胤禛的赐园。1722年雍正即位以后，拓展原赐园，并在园南增建了正大光明殿和勤政殿以及内阁、六部、军机处诸多值房，欲以夏季在此“避喧听政”。乾隆帝在位期间除对圆明园进行局部增建、改建之外，还在紧东邻新建了长春园，在东南邻并入了万春园。至此，圆明三园的格局基本形成。嘉庆年间，主要对绮春园（万春园）进行修缮和拓建，使之成为主要园居场所之一。道光帝时，国事日衰，财力不足，但宁撤万寿、香山、玉泉“三山”的陈设，罢热河避暑与木兰狩猎，仍不放弃圆明三园的改建和装饰。1860年10月6日，英法联军洗劫圆明园，抢掠文物，焚烧宫室，同治帝时欲修复，后因财政困难，被迫停止，改建其他建筑。八国联军之后，又遭到匪盗的打击，终变成一片废墟。圆明园，在清室150余年的创建和经营下，曾以其宏大的地域规模、杰出的营造技艺、精美的建筑景群、丰富的文化收藏和博大精深的民族文化内涵而享誉于世，被誉为“一切造园艺术的典范”。

---

① ［清］爱新觉罗·弘历著、白帆点校：《圆明园后记》，《御制圆明园四十景诗（外三种）》，北京出版社，2017年，第7页。

图 30　圆明园数字复原成果图

康熙年间，一些西方传教士来到中国，一方面宣传天主教以扩大影响，另一方面也将在中国的见闻记录下来，介绍给本国人民以开阔眼界。在这一过程中，西方传教士无一例外地被富丽堂皇的圆明园所震慑。在朱静编译的《洋教士看中国朝廷》一书中就有一封《乾隆皇帝的宫廷画家耶稣会士王志诚教士给达索先生的信》：

> 皇帝的别宫非常妩媚迷人。它占地面积非常广阔，几座人工起的小山有二十至五六十法尺高，形成无边无际的小山谷。几条水渠中的清澈的水向小山谷的深处流去，这几条水渠有好几个合处形成一些池塘湖泊。人们乘着美丽的游船在这些水渠、池塘、湖泊中荡漾。我看到一只游船有十三托依斯长（1toise=1.949米）四托依斯宽，船上有一幢漂亮的房子。在每一个小峡谷，在水渠边，有一些错落有致的建筑群，其中有好几个四合院，有院子，有四通八达或者封闭的走廊，有花园，有花坛，有瀑布，等等。一眼望去，真是美

丽如画。[①]

以水为主题的园林造景，使圆明园因水成趣，这种造园宗旨吸取了江南著名水景的意趣，因而园内充盈着钟灵毓秀之气。几水渠中清澈灵动的流水，以及渠中合口处形成的池塘湖泊倒映着建筑群错落有致的倩影。圆明园后湖景区，环绕后湖构筑九个小岛，是全国疆域《禹贡》“九州”之象征，整个园林布局无不表达着“普天之下，莫非王土”的皇权寓意。园内各个岛上建置的小园或风景群，既各有特色，又彼此相借成景。北岸的上下天光，颇有登岳阳楼一览洞庭湖之胜概，正如乾隆皇帝诗曰：“垂虹驾湖，蜿蜒百尺，修栏夹翼，中为广亭，縠纹倒影，滉漾楣槛间。凌空俯瞰，一碧万顷，不啻胸吞云梦。”[②]“林瑟瑟，水泠泠，溪风群籁动，山鸟一声鸣。”[③] 通过这样的描绘，一座如诗如画的皇家园林清晰地呈现在我们眼前。既金碧辉煌，又自然清新；既妩媚动人，又不落凡尘。在跨文化交流中，更彰显了圆明园独特的魅力。

圆明园作为皇家园林的重要代表，其瑰丽梦幻、巧夺天工的设计，不单为国人所自豪，更令世界所称羡。雨果就曾在《就英法联军远征中国致巴特雷上尉的一封信》中，直接赞美了“圆明园是梦幻艺术的代表”：

> 圆明园是梦幻艺术的代表。它荟萃了一个民族的几乎是超人类的想象力所创作的全部成果。与帕特农不同的是，圆明园不但是一个绝无仅有、举世无双的杰作，而且堪称梦幻

① 朱静编译：《乾隆皇帝的宫廷画家耶稣会士王志诚教士给达索先生的信》，《洋教士看中国朝廷》，上海人民出版社，1995年，第191页。

② 中国圆明园学会编：《圆明园四十景图咏》，中国建筑工业出版社，1985年，第21页。

③ 中国圆明园学会编：《圆明园四十景图咏》，中国建筑工业出版社，1985年，第49页。

艺术之崇高典范——如果梦幻可以有典范的话。你可以去想象一个你无法用语言描绘的、仙境般的建筑，那就是圆明园。这梦幻奇景是用大理石、汉白玉、青铜和瓷器建成，雪松木作梁，以宝石点缀，用丝绸覆盖；祭台、闺房、城堡分布其中，诸神众鬼就位于内；彩釉熠熠，金碧生辉；在颇具诗人气质的能工巧匠创造出天方夜谭般的仙境之后，再加上花园、水池及水雾弥漫的喷泉、悠闲信步的天鹅、白鹳和孔雀。一言以蔽之：这是一个以宫殿、庙宇形式表现出的充满人类神奇幻想的、夺目耀眼的宝洞。这就是圆明园。它是靠两代人的长期辛劳才问世的。这座宛如城市、跨世纪的建筑是为谁而建？是为世界人民。因为历史的结晶是属于全人类的。①

1860年10月7日，英法侵华头目闯进圆明园，抢夺了园内大量的金银财宝与文化艺术珍品。1860年10月18日，3500名英军冲入圆明园，纵火焚烧圆明园，大火三天三夜不灭，烟云笼罩北京城，久久不散，这座举世无双的园林杰作被付之一炬。放火的主使者把这种行径看作了不起的业绩，而全世界的正直人们却为这野蛮的罪行所激怒。雨果在1861年写道："有一天，两个强盗闯进了圆明园，一个洗劫，另一个放火。似乎得胜之后，便可以动手行窃了……两个胜利者，一个塞满了腰包，这是看得见的，另一个装满了箱箧。他们手挽着手，笑嘻嘻地回到了欧洲……将受到历史制裁的这两个强盗，一个叫法兰西，另一个叫英吉利。"② 这段话真实地记录了英法联军摧毁中华文明成果的恶性，更代表着千百万正直者的心声。

雨果在同篇文章里，以其难掩的激情表达了对圆明园——梦幻艺

① ［法］雨果：《就英法联军远征中国致巴特雷上尉的信》，《雨果文集》（第十一卷），程曾厚编译，人民文学出版社，2002年，第362—363页。

② ［法］雨果：《就英法联军远征中国致巴特雷上尉的信》，《雨果文集》（第十一卷），程曾厚编译，人民文学出版社，2002年，第364页。

术的典范——无限的热爱与赞美。在文学巨匠雨果眼中，圆明园的瑰丽与辉煌早已超越语言所能描绘的极限，“即使把我国所有博物馆的全部宝物加在一起，也不能同这个规模宏大而富丽堂皇的东方博物馆媲美”。这座珍宝馆，集中了古代文化的精华，也汲取了外国建筑艺术的新颖独特，同时它还是一座奇花异木之园。圆明园内每一处设计的选材与匠心都集合了国人的智慧，因此，雨果为之惊叹的远非建造技艺上的精湛，更是对人类想象力、创新精神及坚韧毅力的讴歌与钦佩。

正是这座令世界瞩目的皇家园林，却遭受了万劫不复的灾难，昔日璀璨夺目的圆明园终变成一片废墟。如今的圆明园，成为游人凭吊历史伤痛的遗址。当代女作家张晓惠在《哭泣的圆明园》中，饱含深情地表达了这种切肤之痛：

> 一直以为，圆明园是哭泣的。八国联军蹂躏着她的肌体，摧毁着她的骨骼，冲天大火燃烧的是一个民族的自尊，百多年的疼痛如那西洋楼的残臂断肢穿越百年的风雨永远存在。伫立在那西洋楼大水法的遗址前，我无法不感受圆明园的疼痛，感受一个民族的屈辱和疼痛，是那种切肤的痛……是阴凄凄的天，是冷飕飕的细雨，和着秋风如刀子一般刮在脸上。沿着浩渺的湖水，我走啊走的，不见一个人影儿。最后，终于走到了那大水法遗址——尽管多少次从图片上，从教科书中见过这遗址的照片，可当我立在苍苍的天空下，真实地面对着这一片一地一旷野的石块时，仍感到那来自心底的震撼！依旧华美——我抚摸着那冰冰凉凉的玉石纹理；依旧精致——那欧式的曲线流畅又不羁；依旧贵族——断碎的罗马石柱在苍天下笔直出一派伟岸和傲然。[①]

① 张晓惠：《哭泣的圆明园》，《文苑·经典美文》，2006年第12期。

艺术被付之一炬，昔日的华美与瑰丽也随之化作灰烬，静静地沉入历史的烽烟中。面对圆明园的残垣断壁，作者心中充塞着巨大的悲痛。这种悲痛源于美的被毁灭，更源于对民族创伤的反思。

杏花春馆的淳朴烂漫，蓬岛瑶台的美轮美奂，别有洞天的幽雅自然，都早已不复存在。这座贮藏世间瑰丽的梦幻之园虽已消逝，但它留给我们中华民族乃至全世界的惊艳与自豪，是无法被销匿与磨灭的。九州清晏所祈求的河清海晏、天下升平与江山永固，也在新时代的中国得到了延续与发展。

图 31　圆明园遗迹

2. 颐和园：博大与玲珑兼备

作为中国清朝时期建造时间最晚的皇家园林，颐和园以昆明湖、万寿山为基址，以杭州西湖为蓝本，是一座汲取江南园林的设计手法而建成的大型山水园林。明清时代，写意山水园发展至高潮，因而园林和园中景点的命名具有强烈的象征色彩，寄托了园主真实的人格理想、审美情怀与社会理念，颐和园的命名便印证了这一点。颐和园的前身为“清漪园”，1886年重修后，慈禧太后取“颐养冲和”之意改用现名。

颐和园坐落在北京西郊，与圆明园毗邻。它是保存最完整的一座皇家行宫御苑，被誉为“皇家园林博物馆”，也是国家重点旅游景点。清朝乾隆皇帝继位以前，在北京西郊一带，建起了四座大型皇家园林。乾隆十五年（1750），乾隆皇帝为孝敬其母孝圣皇后动用448万两白银在这里改建为清漪园，形成了从现清华园到香山长达20公里的皇家园林区。咸丰十年（1860），清漪园被英法联军焚毁。光绪十四年（1888）重建，改称“颐和园”，作消夏游乐地。光绪二十六年（1900），颐和园又遭八国联军破坏，珍宝被劫掠一空。清朝灭亡后，颐和园在军阀混战和国民党统治时期，又遭破坏。1961年3月4日，颐和园被公布为第一批全国重点文物保护单位，与同时公布的承德避暑山庄、拙政园、留园并称为“中国四大名园”，1998年11月被列入《世界遗产名录》。2007年5月8日，颐和园经国家旅游局正式批准为国家5A级旅游景区。2009年颐和园入选中国世界纪录协会“中国现存最大的皇家园林”。

游览于颐和园内，定会感慨于它的万千姿态。颐和园虽在北方，

图32　阳光下的颐和园景象

却使游人感到仿若置身于江南园林。北方园林模仿江南，早在明代中叶已见端倪。康熙年间，江南著名造园家张然与江南画家叶洮共同主持畅春园的规划设计时，江南造园技艺开始引入皇家园林。至乾隆时期，江南造园技艺已得到更充分、更广泛的吸收与运用，因乾隆“艳羡江南，乘兴南游”，便促成了皇家造园在效法江南上达到了高潮。当代散文家袁鹰在《每次走进颐和园》中，就以细腻精准的笔触描绘了颐和园所属皇家的“博大恢宏”与承袭南方的“玲珑雅致”：

每次走进颐和园，总要为它的博大恢宏、气象万千所感佩。山、丘、峰、壑，河、湖、港、汊、岛、屿、桥、堤，宫、阙、殿、阁，亭、台、楼、院，廊、槛、榭、轩，以及庙宇、牌坊、古墓、石碑，举凡古典园林中所有的景物建筑，颐和园中都一一齐全，无所不在，而且绝不相同，各尽其妙。我曾去过杭州、苏州、扬州、南京、广州、西安、成都、昆明等等许多名园胜地，瞻仰过它们多姿多彩的倩影。走进颐和园，许多景观都似曾相识，从遥远的梦忆中仿佛看到它们母体的影子，寻到它们的渊源。有的来自杭州西湖，有的来自苏州扬州，有的来自黄鹤楼，有的来自岳阳楼……却又绝不是照样移挪，而是千变万化。比如桥，颐和园中有桥三十多座，最长的十七孔桥达一百五十米，接连南湖岛，桥栏上雕着的五百多只石狮子，使人想起横跨在永定河上的卢沟桥。最短的半步桥，举步便能迈过，绝似山村小涧上的木桥。西堤上六座桥连成一线，显然是仿照杭州西湖上苏堤的六桥烟柳，但是比苏堤六桥更加玲珑雅致，那长方形、四方形、八角形的桥亭结构，就是苏堤所没有的，更不用说金碧彩绘了。①

① 袁鹰：《每次走进颐和园》，《散文》，1988年第4期。

袁鹰笔下的颐和园包罗万象，凡是古典园林的典型建筑，院内一应俱全，此为颐和园的“博大”；同时，园内景观虽种类繁多，但无一不别出心裁、独树一帜，此为颐和园的“玲珑”。博大与玲珑兼具，共同铸就了颐和园的万千气象。北方与南方、皇家与民间相融合的造园艺术，使颐和园的整体情韵与内涵达到了全新的广度与深度。在《颐和园》一文中，古建筑园林艺术专家陈从周对这种别出心裁的布局与富丽精工的景象做了更为精练优美的概括：

> 万寿山面临昆明湖，佛香阁踞其颠，八角四层，俨然为全园之中心。登阁则西山如黛，湖光似镜，跃然眼帘；俯视则亭馆扑地，长廊萦带，景色全囿于一园之内，其所以得无尽之趣，在于借景。小坐湖畔的湖山真意亭，玉泉山山色塔影，移入槛前，而西山不语，直走京畿，明秀中又富雄伟，为他园所不及。①

颐和园主要由万寿山和昆明湖两部分组成，自万寿山顶的智慧海向下，由佛香阁、德辉殿、排云殿、排云门、云辉玉宇坊，构成了一条层次分明的中轴线。万寿山后山、后湖古木成林，有藏式寺庙，苏州河古买卖街。后湖东端有仿无锡寄畅园而建的谐趣园，小巧玲珑，被称为“园中之园”。陈从周以切换视角的顺序详尽展现了俯仰之间姿态各异的颐和园，恢宏中难掩俊秀的别致，这正是颐和园成为园林建造中集大成之作的奥妙所在。

颐和园占地面积广，规模宏伟，因而可造就如自然本身的明净，置身其中，真有钱歌川在《闲中滋味》中所说的“画中游”之感：

> 颐和园是北平一个规模最伟大，点缀最完美的名胜，园

① 陈从周：《颐和园》，《陈从周讲园林》，湖南大学出版社，2009年，第58页。

图 33 颐和园石舫一景

> 中有山占水，湖中有长桥卧波，孤岛危立，山上有铜亭佛阁，乱石穿云；凭栏眺望，湖光山色，全在眼底，所以有块地方名字叫作画中游，游人到此，便有一幅天然图画，自然呈现到眼中来。湖边有长廊，有小亭，有树木，有石桥，无处不可以徜徉。当夏日莲花开放，泛舟湖中，尤使人忘却人生的苦劳，而以为身在仙乡（Lotus Land）了。①

钱歌川所提到的“画中游”是万寿山西部一组景点建筑。其依山而建，正面有一座两层的楼阁，左右各有一楼，名“爱山”“借秋”。阁后立有一座石牌坊，牌坊后边的是“澄晖阁”。建筑之间有爬山廊。由于地处半山腰，楼、阁、廊分别建在不同的等高线上，青山翠柏中

① 钱歌川：《闲中滋味》,《散文选刊》, 2010年第12期。

簇拥着一组由红、黄、蓝、绿琉璃瓦覆盖着的建筑群体，每当日光普照，本就颜色鲜艳的琉璃瓦愈加光彩熠熠，灿若宝石。置身颐和园内，任凭你是登高眺望，还是漫游于湖边长廊，抑或是泛舟于昆明湖上，俯仰于园内天地，只觉生命本身的苦难与徒劳都只化为云淡风轻的一叹，尽收于眼底的只有山明水秀的人间仙境。而仙境之所以令人流连忘返，原因之一就在于其朦胧幽静：

> 胭脂色的早霞，像一片火绒似的升起在北京西郊颐和园的上空。庄严的佛香阁，缥缈的排云殿，恬静的石坊，婀娜的十七孔桥，以及那昆明湖水的十里清波，都被笼罩在一片柔和而又显得幽暗的红光里。整个颐和园，好像还没有睡醒。无论是绿色的树荫，灰色的墙垣，金黄色、瓦蓝色、绛紫色的琉璃瓦，都以其本来的色调，同红色晨霭融合成一种梦境般的朦胧、梦境般的美。微风不起，水波不兴，暗香扑鼻，夜寒犹存。此时此际的颐和园，真是静极了，美极了。静得叫人生畏，美得令人沉醉。①

现代作家鲍昌在小说《庚子风云》中的这段描写，令人读后对颐和园心驰神往。清晨的颐和园仿若睡意惺忪的曼妙少女，在胭脂色早霞的笼罩下，园内的一切景象都镀上柔和梦幻的微光。清风未起，水波不兴，在一派幽静之下蛰伏着万物生机，静谧中蕴藏伟大，心与身彻底沉醉其中。

在颐和园内的众多建筑中，以十七孔桥最具特色。林海音就曾在《难忘的两座桥》中描绘了极富“别趣”的十七孔桥：

> 从万寿山朝广大的昆明湖望下去，十七孔桥历历在目。她是多么美啊！无论日出、日落，十七孔桥总是在晨

① 鲍昌：《庚子风云》（第一部），百花文艺出版社，1980年，第1页。

曦的阳光中或月色朦胧中，安安稳稳地架在湖面上。她接连了湖与岸，游客走上排云殿，不免停驻阶梯上，回头望湖面，那白玉石栏杆的十七孔桥，像一道彩虹，跨在庙、亭之间。

如果你漫步在桥上，从桥栏向湖水望去，碧波荡漾中是天光云影。这十七孔桥，桥长一百五十公尺，宽八公尺，共有十七个桥洞，桥栏杆上雕有石狮五百多只，不同的姿态，造型非常美，无论大人小孩游客，都不由得要伸手去勾一勾、摸一摸。①

十七孔桥西连南湖岛、东接廓如亭，飞跨于东堤和南湖岛之间，不但是前往南湖岛的唯一通道，而且是湖区的一个重要景点。远远望

图 34　十七孔桥全景

① 林海音：《难忘的两座桥》，《林海音文集　在胡同里长大》，江苏文艺出版社，2011 年，第 92 页。

去，十七孔桥仿若一道长虹飞跨在碧波之上。十七孔桥上所有匾联，均为清乾隆皇帝所撰写。在桥的南端横联上刻有“修蝀凌波”四个字，形容十七孔桥如同一道彩虹，飞架于昆明湖碧波之上，桥的北端横联则有“灵鼍偃月”四个大字，又把十七孔桥比喻成水中神兽，横卧水中如半月状。桥北端的另一副对联写着：“虹卧石梁岸引长风吹不断，波回兰桨影翻明月照还望”。在湖与岸之间，十七孔桥安稳地横亘于此。漫步桥上，正是凭栏远眺的佳地，栏杆上精雕细刻的500多只石狮，姿态各异，栩栩如生，既在整体造型上赋予了孔桥以美观，又增添了游人的乐趣，实为匠心独运。

构架山水、移天缩地的颐和园，既可集百家园林之长处，亦能别出心裁、自成一格。园内景象，无论是湖山真意、如梦如幻的“画中游”，还是中西合璧、精巧华丽的清晏舫，都具有浓郁的诗情画意。这种造园追求，正应和了东晋文人谢灵运建设其庄园时的意趣，在《山居赋》中他写道：“北倚近峰，南眺远岭，四山周回，溪涧交过，水石林竹之美，岩岫㟪曲之好，备尽之矣。”①

3. 陶然亭：闲雅与逸趣交织

陶然亭作为清代名亭，现为“中国四大历史名亭”（滁州醉翁亭、北京陶然亭、长沙爱晚亭、杭州湖心亭）之一，是一座融古典建筑艺术和现代造园艺术为一体的景观。陶然亭不仅是古代诗人笔下经常出现的闲雅之地，也是五四时期许多革命活动的场地，正因此，凝结在它身上的不仅有自然之美，更有人文之思。

陶然亭之名，出自白居易《与梦得沽酒闲饮且约后期》中“更待菊黄家酝熟，共君一醉一陶然”一句，取“陶然”二字，意为闲适欢乐。作为清代名亭，自然为文人墨客寄托情思之地，其中以江皋所作《陶然亭记》为代表。在现代文人笔下，陶然亭的面貌焕然一新，张恨水在《陶然亭》一文中就曾表达了对修缮前后陶然亭的赞叹：

---

① ［东晋］谢灵运著、李运富编注：《谢灵运集》，岳麓书社，1999年，第264页。

图35　陶然亭一景

所谓陶然亭，并不是一个亭，是一个土丘，丘上盖了一所庙宇。不过北西南三面，都盖了一列房子，靠西的一面还有廊子，有点像水榭的形势。登这廊子一望，隐隐约约望见一抹西山，其近处就只有芦苇遍地了。据说这一带地方是饱以沧桑的，早年原不是这样，有水，有船，也有些树木。清朝康熙年间，有位工部郎中江藻，他看此地还有点野趣，就盖了此座庭院。采用了白居易的诗："更待菊黄家酿熟，共君一醉一陶然"的句子，称它作陶然亭；后来成为一些文人在重阳登高宴会之所。到了乾隆年间，这地方成了一片苇塘。乱坟本来就有，以后年年增加，就成为三十五年前我到北京来的模样了。①

早年的陶然亭只是一个土丘，丘上有庙宇，此外并无新鲜别致之处。新中国成立后，陶然亭成为北京市政府最早兴建的园林，此番建

① 张恨水：《陶然亭》，《北京日报》，1956年8月20、21日。

造使陶然亭及其周围景观焕然一新，张恨水再度游园不由得为眼前的景象所感佩：

1955年听说陶然亭修得很好；1956年听说陶然亭更好，我就在6月中旬，挑了一个晴朗的日子，带着我的妻女，坐公共汽车前去。一望之间，一片绿荫，露出两三个亭角，大道宽坦，两座辉煌的牌坊，遥遥相对。还有两路小小的青山，分踞着南北。好像这就告诉人，山外还有山呢。妻说："这就是陶然亭吗？我自小在这附近住过好多年，怎么改造得这样好，我一点都不认识了。"我指着大门边一座小青山说："你看，这就是窑台，你还认得吗？"妻说："哎呀！这山就是窑台？这地方原是个破庙，现在是花木成林，还有石坡可上啊！"她是从童年就生长在这里的人，现在连一点都不认得了。从她吃惊的情形就可以感觉到：陶然亭和从前一比，不知好到什么地步了。

……

西角便是真正陶然亭了。从前进门处是一个小院子，西边脚下，有几间破落不堪的屋子。现在是一齐拆除，小院子成了平地，当中又栽了十几棵树，石坡也改为泥面的。登上土坛，只见两棵二百年的槐树，正是枝叶葱茏。远望四围一片苍翠，仿佛是绿色屏障，再要过了几年，这周围的树，更大更密，那园外尽管车水马龙，一概不闻不见，园中清静幽雅，就成为另一世界了。我们走进门去，过厅上挂了一块匾，大书"陶然"二字。那几间庙宇，可以不必谈。西南北三面房屋，门户洞开，偏西一面有一带廊子，正好远望。房屋已经过修饰，这里有服务外卖茶，并有茶点部。坐廊下喝茶，感到非常幽静。

近处隔湖有云绘楼，水榭下面，清池一湾，有板桥通过这个半岛。我心里暗暗称赞："这样确是不错！"我妻就问：

“有一些清代小说之类，说起饮酒陶然亭，就是这里吗？”我说：“不错，就是我们坐的这里。你看这墙上嵌了许多石碑，这就是那些士大夫们留的文墨。至于好坏一层，用现在的眼光看起来，那总是好的很少吧。”①

陶然亭修建前后的巨大差异，使张恨水心生惊喜。惊喜在于现代化的建造依然保留甚至增添了陶然亭的雅趣，畅游园中，古今交融，令人真切地感受到陶然亭的闲适与欢乐。

一处景致的绝妙所在，绝不囿于亭台楼阁，真正令人沉醉不知归路的，是与巧夺天工的建筑相交映的风霜雨露、一草一木。正如祝勇通过描写紫禁城内的雨水，来凸显其气势上的神秘庄严与设计上的细腻精巧，现代散文家和红学家俞平伯将目光聚焦于陶然亭的雪，展现了冬季银装素裹、万籁俱寂的陶然亭：

那时江亭之北似尚未有通衢。我们踯躅于白蓑衣广覆着的田野之间，望望这里，望望那里，都很像江亭似的。商量着，偏西南方较高大的屋，或者就是了。但为什么不见一个亭子呢？藏在里边罢？

到拾级而登时，已确信所测不误了。然踏穿了内外竟不见有什么亭子。幸而上面挂着的一方匾；否则那天到的是不是陶然亭，若至今还是疑问，岂非是个笑话。江亭无亭，这样的名实乖违，总使我们怅然若失。我来时是这样预期的，一座四望极目的危亭，无碍无遮，在雪海中沐浴而嬉，宛如回旋的灯塔在银涛万沸之中，浅礁之上，亭亭矗立一般。而今竟只见拙钝的几间老屋，为城圈之中以习见而不一见的，则已往的名流觞咏，想起来真不免黯然寡色了。

……

① 张恨水：《陶然亭》，《北京日报》，1956年8月20、21日。

> 那户外的尖风呜呜的独自去响，倚着北窗，恰好鸟瞰那南郊的旷莽积雪。玻璃上偶沾了几片鹅毛碎雪，更显得它的莹明不滓。雪固白得可爱，但它干净得尤好。酿雪的云，融雪的泥，各有各的意思；但总不如一半留着的雪痕，一半飘着的雪华，上上下下，迷眩难分的尤为美满。脚步声听不到，门帘也不动，屋里没有第三个人。我们手都插在衣袋里，悄对着那排向北的窗。窗外的几方妙绝的素雪装成的册页。累累的坟，弯弯的路，枝枝丫丫的树，高高低低的屋顶，都秃着白头，耸着白肩膀，危立在卷雪的北风之中。上边不见一只鸟儿展着翅，下边不见一条虫儿蠢然的动（或者要归功于我的近视眼），不用提路上的行人，更不用提马足车尘了。①

冬季的陶然亭，别有一番凄然的美感。于大雪皑皑中同友人寻亭、寻题壁字句，在静谧无声处倚窗赏雪，响彻耳畔的朔风裹挟着古老的情思，此刻的陶然亭互通了古今文人的闲情雅趣。

陶然亭的质朴美，同样被日本作家芥川龙之介所称赞：

> 陶然亭。抬头望见“古刹慧悲净林”的匾额等。可是这些东西无关大局，由它去吧。陶然亭的顶棚由竹子扎成，窗子张有绿纱，而且这些窗子是纸糊的隔窗，都由一个个卍形的木框组成，采用向上开的方式。看来颇有特色，简朴而可爱。当我们吃着此地有名的素斋时，频频听到天空传来的鸟叫声。问服务生，那是什么鸟？答曰：“你听一下便知道，那是子规在叫。”②

① 俞平伯：《陶然亭的雪》，《俞平伯全集》（第二卷），花山文艺出版社，1997年，第32—34页。

② ［日］芥川龙之介：《北京日记抄》，《中国游记》，陈生保、张青平译，北京十月文艺出版社，2006年，第195页。

图 36　陶然亭雪景（来源：中国风）

在芥川龙之介的眼中，陶然亭内的窗子很有特色，简朴中不失可爱，很符合日本的审美文化，小巧而充满别趣。子规啼叫，声声入耳，在异质文化中，芥川龙之介体味到一种陌生的熟悉感。

提起陶然亭，不得不提的还有高君宇与石评梅的爱情，当代作家唐棣曾经对这段故事表达过这样的感受：

> 现在的陶然亭也只是一个小园子。对我来说，深刻的印象是后来读书留下的。是因为一个作者，她叫石评梅。作家庐隐有篇小说《象牙戒指》，据说是作为朋友为石评梅与高君宇的爱情故事所写。高君宇深爱石评梅，苦苦追求，石评梅一直没答应。答应时，高已患病将死。高死后，石评梅身陷忧思。三年后便也随他而去：那年，她26岁。后来，按石评梅遗愿，俩人同葬于陶然亭。
>
> 这段爱情一直被视作传奇。一说石评梅是爱情遗子。她

写得最好的文字是《墓畔哀歌》这一类："假如，我的眼泪真凝成一粒一粒珍珠，到如今我已替你缀织成绕你玉颈的围巾。假如，我的相思真化作一颗一颗的红豆，到如今我已替你堆集永久勿忘的爱心。"

传记里写石评梅在高君宇死后的三年里多次昏厥，尽说："我所能骄的，只有陶然亭畔那抔黄土……"

高君宇死前，石评梅的文字一半颓废、一半空寂。梅的文字转而哀绝满纸，而我不愿多读这种哀绝了。[①]

作家在文章中写到，自己不愿再读这哀绝，说是不愿，其实更是不忍。高君宇和石评梅是一代知识分子和革命者的写照，他们将生命奉献给国家，在历史中留下了闪光的痕迹。直到今日，我们再提起这段爱情故事时，也会从心底生发出一种感慨与追思。这份人文情怀凝结在陶然亭里，使我们提起陶然亭，总能感受到深厚的文化气息。

秀丽的园林风光，丰富的文化内涵，光辉的革命史迹，使陶然亭成为游览观光的胜地。园内林木葱茏，花草繁茂，楼阁参差，亭台掩映，景色宜人。湖心岛上，有锦秋墩、燕头山，与陶然亭成鼎足之势。锦秋墩顶有锦秋亭，其地为花仙祠遗址。亭南山麓有"玫瑰山"，其地为原香冢、鹦鹉冢、赛金花墓遗址。亭北山麓静谧的松林中，有著名的高君宇、石评梅墓。燕头山顶有览翠亭，与锦秋亭对景，亭西南山下建有澄光亭，于此望湖观山，最为相宜。"仁者乐山，智者乐水"，在隐隐青山与悠悠湖水之间，在跨越千百年的古今之间，陶然亭在不同文化背景的文人笔下被反复书写，或许正是因为它本身的秀丽雅致之外，还蕴藏着更为深厚的文化品格与人文内涵。

---

① 唐棣：《陶然亭的花——读石评梅》，《只要想起那些后悔的事》，金城出版社，2014年，第152—153页。

三、高远神秘的信仰之地

文人笔下的北京，少不了北京城中的坛庙与寺院。它们是古代建筑的瑰宝，是中国古代祭祀文化、宗教文化和建筑文化的结晶，在城中谛听着世道人心，承载着信仰的深沉。无论是“苍生”还是“鬼神”，无论是“敬天法祖，循省己过”的坛庙还是“花藏世界，叶表乾坤”的寺院，而今都在北京城里闪着神秘的光芒。

1. 敬天法祖的“圣地”

坛庙是祭祀性建筑，为封建君主祭祀先祖、先圣、山川神灵所用。《史记·五帝本纪第一》有云：“乃命羲和，敬顺昊天，数法日月星辰，敬授民时。”华夏统治者尊天道以立人道，以此作为君王的仁德。作为封建王朝的帝都，北京保有“九坛”（天坛、地坛、日坛、月坛、先农坛、先蚕坛、社稷坛、祈谷坛、太岁坛）、“八庙”（太庙、奉先殿、传心殿、寿皇殿、雍和宫、堂子、历代帝王庙、孔庙）。这些坛庙是敬天法祖的“圣地”，“圣”在使用者是九五至尊，更“圣”在天子对山川日月、社稷万民的敬顺与爱惜。而昔日戒备森严、禁绝平民的坛庙，如今大多作为公园开放，供人游览，催生了不少记述游览感受的佳作。其中，天坛与地坛是作家们着墨最多的坛庙。

天坛为明、清两代帝王祭祀皇天、祈祷五谷丰登之所，位于北京市南部，东城区永定门内大街东侧，始建于明永乐十八年（1420），清乾隆、光绪时曾重修改建。天坛是圜丘、祈谷两坛的总称，有坛墙两重，形成内外坛，坛墙南方北圆，包蕴了“天圆地方”思想。天坛占地约273万平方米，坛墙长5.6千米，是中国最大、最完整的坛庙建筑。它的辽阔不仅在其面积，更在其设计中对无穷之境界的表现。

当代女作家王安忆在散文《两个大都市》中感慨着天坛的“辽阔”：

北京的天坛和地坛就是让人领略辽阔的，它让人领略大的含义。它传达“大”的意境是以大见大的手法，坦荡和直接，它就是圈下泱泱然一片空旷，是坦言相告而不是暗示提醒。它的“大”还以正和直来表现，省略小零小碎，所谓大道不动干戈。它是让人面对着大而自识其小，面对着无涯自识其有限。它培养着人们的崇拜与敬仰的感情，也培养人们的自谦自卑，然后将人吞没，合二而一。上海的豫园却是供人欣赏精微、欣赏小的妙处，针眼里有洞天。山重水复，作着障眼法；乱石堆砌，以作高楼入云；迷径交错，好似山高路远。①

对于天坛如“天”一般的辽阔，现代散文家蓝阳春也曾在文章中有过细致的描写：

图 37　天坛

但天坛营造“天”的气氛最浓、给人们“天”的印象最深的，则又不仅仅是在总体布局上，而更重要的还在于几组大的建筑群上。你看，那高高的圆形的祈年殿建在面积5900平方米、高4米的圆形台基上：整个建筑由台基的最下一层至中间的镶蓝色琉璃瓦的三层重檐，直至镏金宝顶，都依次逐渐向上收缩，看上去这殿宇就像从地面跃起而隐隐升入云表、升入天际，与天相接了；而殿基

① 王安忆：《两个大都市》，《读者》，1994年第4期。

南北三级台阶中间又嵌有龙、凤、云纹石雕，这便是龙凤翔绕于殿宇周围、飞舞于云气之上，更是增添了“天”的氛围了！

……

每当人们登上这又高、又圆、又宽的坛顶，就如临“天界”，好像是来到了“天庭”，觉得天光翰翰，四围茫茫，人的整个心身都是悬浮起来了；由于声波传至周围的石栏板便迅速折返的缘故，使得你在坛顶的中心石上说话就像在扬声器前发声一样，“一呼百应”“神威无穷”……再加上整个天坛外围的大围墙也是根据“天圆地方”的说法，把南边的砌成“平线两方角”，把北边的砌成“弧线两圆角”等等……有着这众多的关于“天”的直观因素，自然就使人们感到来坛就像来到“天堂”了！①

天坛如此的辽阔与“唯我独尊”的气势，也成为北京的一张名片，引起外国友人的震惊和赞叹，可谓遐迩闻名。现代画家吴冠中在陪同法国朋友游览天坛后创作了散文《陪法国画家游天坛和云冈》，他借法国友人之口表达了对天坛建筑艺术的赞叹与骄傲之情：

……祈年殿那强劲的大弧线，第一眼就令西方来的艺术家怔住了。确乎，那高大的圆顶，唯我独尊地盘踞在苍穹之下，衬着蔚蓝的天空，紫蓝的琉璃瓦闪闪发光，亮得耀眼的汉白玉雕栏牢牢地托住了设色浓重的祈年殿。天圆地方，缘于象征吧，祭天的建筑物采用了圆形，圆的单纯的造型适合了天体的无涯，似乎也就是天体的浓缩，它统治着天体。殿内，高高的粗壮圆柱群矗立着，令人肃然起敬。圆柱直指藻井，圆的藻井被方的构架托住，方与圆互相适应得十分贴

① 蓝阳春：《天坛回响》，《散文选刊》，1995年第6期。

切。在造型中，方与圆均包含着最大的容量感，是量感美的最基本的标志，两者间易取得矛盾的统一。大、伟大、威严、气象万千……这些艺术效果得之于造型中比例及结构的绝妙处理。一位法国友人认为摩天大厦虽比祈年殿高得多，但却没有这种高大与深邃的意境。后来我们在街上看到一辆平板三轮拉了一车叠得高高的卷筒纸，他说摩天大厦就像这卷筒纸的重叠，可以不断往高处增加，但增加再多，也永远达不到祈年殿的艺术高度。跨出祈年殿，朝南大道奔来眼底，门廊重重，愈远愈小，似乎极目无尽，感到世界就在我们的统治之下，西方朋友又被怔住了……①

现代散文家秦牧在《天坛幻想录》一文里以数字为切入点赞叹天坛在审美层面的神秘气质，融知识、哲理、感情和文采为一体，讲述关于天坛的种种神秘传说：

图 38　天坛祈年殿

我爱到这里盘桓，不仅是为了凭吊这个古代的祭天之处，欣赏这座洁白美观的石台，而且，也为了想猜破这堆石头中间的一个谜。

原来，这圜丘建筑上有一个特点。它的石栏杆也好，圆台上磨平了的石块也好，条数、块数都和“九”字有关。那些石料，不是九块，就是十八块；不是十八块，就是二十七

① 吴冠中：《陪法国画家游天坛和云冈》，《吴冠中文集》（第二卷），文汇出版社，1998年，第397—398页。

块……以那个高高在上的圆形平台来说，它的圆心是由九块石头围成的；外面一圈，是十八块；再外面一圈，是二十七块；再外面一圈，是三十六块……依此类推，外面最辽阔的一圈，就是八十一块了。……

揭开那神秘的烟幕，“九重天”“九霄”之类的话，并不是真的说天有九层，而只是“多么大的天呵！”“巨大莫测的天呵！”……等先民语言的遗留罢了。给这九重天分别冠上一个名字，只是稍后的人们穿凿附会罢了。封建帝皇在这一座石台的建筑上搞得十分神秘，不过是故弄玄虚，炫耀“天命”罢了。

十分神秘的事物原来出自异常平凡的事物，“圜丘”之谜，探索下去，原来是和人类生有十个手指、先民们结绳记事这些事情关联着的。想到这里，不禁令人慑然于天下本无神秘的事物，神秘只是欺骗或愚昧无知的代名词而已。①

同时，天坛之“大”也表现在其深厚的历史文化意义。对此，林徽因在散文里有着深沉的抒情：

天坛在北京外城正中线的东边，占地差不多四千亩，围绕着有两重红色围墙。墙内茂密参天的老柏树，远望是一片苍郁的绿荫。由这树林中高高耸出深蓝色伞形的琉璃瓦顶，它是三重檐子的圆形大殿的上部，尖端上闪耀着涂金宝顶。这是祖国一个特殊的建筑物，世界闻名的天坛祈年殿。由南方到北京来的火车，进入北京城后，车上的人都可以从车窗中见到这个景物。它是许多人对北京文物建筑最先的一个印象。

---

① 秦牧：《天坛幻想录》，《焦点》，2011年第7期。

天坛是过去封建主每年祭天和祈祷丰年的地方，封建的愚民政策和迷信的产物；但它也是过去辛勤的劳动人民用血汗和智慧所创造出来的一种特殊美丽的建筑类型，今天有着无比的艺术和历史价值。①

与天坛齐名的，还有地坛。地坛公园又称“方泽坛”，是古都北京五坛中的第二大坛，始建于明嘉靖九年（1530），是明清两朝帝王祭祀“皇地祇神”的场所，也是中国现存最大的祭地之坛。

图39　方泽坛遗迹

地坛之厚重，在其承载着深厚的土地崇拜情结。“有土斯有人，万物土中生”，古人的土地崇拜是与女性崇拜交织在一起的，对负载万物、孕育万物的土地的尊崇，与对女性的生殖崇拜一体两面，共同建构了古人的“后土”崇拜情结。

提到地坛，许多人会想到现代作家史铁生与“荒凉但不衰败”的地坛的深厚缘分。他在《我与地坛》中曾写道：

① 林徽因：《天坛》，《人民画报》，1952年第8期。

四百多年里，它一面剥蚀了古殿檐头浮夸的琉璃，淡褪了门壁上炫耀的朱红，坍圮了一段段高墙又散落了玉砌雕栏，祭坛四周的老柏树愈见苍幽，到处的野草荒藤也都茂盛得自在坦荡。

十五年中，这古园的形体被不能理解它的人肆意雕琢，幸好有些东西是任谁也不能改变它的。譬如祭坛石门中的落日，寂静的光辉平铺的一刻，地上的每一个坎坷都被映照得灿烂；譬如在园中最为落寞的时间，一群雨燕便出来高歌，把天地都叫喊得苍凉；譬如冬天雪地上孩子的脚印，总让人猜想他们是谁，曾在哪儿做过些什么、然后又都到哪儿去了……[①]

图 40　地坛牌楼

他也曾在《想念地坛》中抒发过对地坛的想念与眷恋：

① 史铁生：《我与地坛》，《史铁生作品全编》（第六卷），人民文学出版社，2017年，第35页。

想念地坛，主要是想念它的安静。

坐在那园子里，坐在不管它的哪一个角落，任何地方，喧嚣都在远处。近旁只有荒藤老树，只有栖居了鸟儿的废殿颓檐、长满了野草的残墙断壁，暮鸦吵闹着归来，雨燕盘桓吟唱，风过檐铃，雨落空林，蜂飞蝶舞草动虫鸣……四季的歌咏此起彼伏从不间断。地坛的安静并非无声。①

图 41　地坛一角

当代学者张梦阳在他的作品中也以深情的笔触描摹地坛。在他的《荒原时代的地坛》里，地坛替代母亲承载了他太多思念与思索：

当母亲不在了，我才开始注意这座荒园。原来繁华热闹

① 史铁生：《想念地坛》，《史铁生作品全编》（第八卷），人民文学出版社，2017年，第295页。

的北京城里竟有这般荒僻处，基本没有人工修饰，任其自然生长，苍松蔽日，古柏参天，残破的高墙下青苔斑斑，野草丛生，乌鸦呱呱地叫着从林间飞过，显得空阔荒凉，给人一种荒原感。令我不禁想起了艾略特的长诗《荒原》，又想起了鲁迅的《过客》。恍然悟出晚明大家钟伯敬为什么说学诗须“从荒寒一境悟入”方能“会心”的道理。

在这“荒寒”之境中，我仿佛与母亲的灵魂贴近了，心中得到稍许抚慰。有一种史铁生在《我与地坛》的结尾所道出的感觉：“宇宙以其不息的欲望将一个歌舞炼为永恒。”用《周易》的话说，就是“天行健，君子以自强不息”。[①]

图 42　地坛秋色图

与史铁生、张梦阳的感受不同，当代作家罗毅在他的《地坛寻访记》一文中，写出了自己在地坛感受到的城市公园的生机与活力，以

① 张梦阳：《荒原时代的地坛》，《新京报·北京地理·新北京观察》，2004 年 3 月 24 日。

及往日森严与荣耀的余照：

地坛内人声鼎沸。如千篇一律的城市公园一样，这个昔称方泽园现名地坛公园的所在，拥有遮天蔽日的苍松翠柏，拥有巧夺天工的假山奇石，拥有南国风情的小桥流水。行走在平坦的园中小径，实难见到铁生笔下的荒凉与冷寂，有的是首都绿化工人辛勤劳作的结晶；漫步在集养生、步道、观光为一体的园中园，并没有见到丝毫衰败景象，倒是满眼芳菲蓬勃，一派欣欣向荣。

这是古园？想那故宫的大气磅礴、天坛的肃穆庄严，兀自猜测地坛作为一方皇家园林，也应该不差分毫。但遍寻园中，结论是那个史书中记载的明清皇帝祭祀土地的神坛已经悄然远去了：古园之名，似乎牵强附会，寻寻觅觅，好不容易，我在偏安一隅发现了少量雕栏玉砌和青色方砖，静望这见证历史风云的器物，算是些微感受了地坛往日的森严与荣耀。①

2.“先有潭柘寺，后有北京城”

寺院是佛教徒清修之地，多坐落于僻静的山中或者人烟稀少的城郊。古往今来，多少文人游览、游憩于北京寺庙，留下了不少篇章。其中，潭柘寺便以其悠久的历史、优美的风光尤为文人所钟爱。

歌唱家李谷一演唱的歌曲《故乡是北京》中有这么一句歌词：“不说那天坛的明月，北海的风，卢沟桥的狮子，潭柘寺的松，唱不够那红墙碧瓦太和殿，道不尽那十里长街卧彩虹……”潭柘寺是北京的地标性建筑，位于京西门头沟区潭柘山宝珠峰南麓，寺周有回龙峰、虎踞峰、捧日峰、紫翠峰、集云峰、璎珞峰、架月峰、象王峰和

① 罗毅：《地坛寻坊记》，《重庆日报》，2012年4月2日。

莲花峰九峰环护，肖似九龙相绕，尽显宝刹庄严。作为北京最古老的寺庙，潭柘寺始建于西晋永嘉元年（307），至今已有一千七百余年，比有着八百年建都史的北京城还长九百多年，所以民间有“先有潭柘寺，后有北京城”的说法。寺庙名称曾多次修改，晋时名为“嘉福寺”，唐时名为“龙泉寺”，金时称“大万寿寺”，明代曾恢复“嘉福”“龙泉”之旧名，清代康熙时又改名为“岫云寺”，后因寺后的龙潭和山上的柘树，“潭柘寺”的名称流传开来，并沿用至今。清代《潭柘山岫云寺志》有云：

> 潭柘山，在京都西七十里。山本自来太行，冈连西山，旧志称“太行第八陉，为神京右背”是也。险峻叠岫，巉干云霄，抱抱回环，岳重岭复，特称幽奥名迹最久。主山以培塿当群山心，九峰扆而立，古有龙潭、柘木，因得名焉。潭水之支委涌洋在山额，去寺数里，建瓴下，流泉走石崖壁间滔滔然，声甚怒。至寺桥，水益怒，闻者莫不愕然惊讶而苏然离烦。柘木惟存枯株一枚，今以为古迹矣。[①]

关于潭柘寺的建立，民间流传着这么一个故事：为了修建寺庙所需的木材和场地，相传潭柘寺的开山祖师华严法师到本地一财主家中化缘。财主悭吝，借口家中银钱周转不灵推辞。华严法师告诉他，只需要一个钵盂能装下的土地和木材即可，财主便答应了。谁知被法师抛至空中的钵盂竟然开始变大，直到罩住了财主的良田和山林。财主骇于法师的神通，只得依言捐出，并受法师点化皈依了佛门。寺志中则记载了一段“法师开山，潭龙让宅”的传奇故事：

> 潭柘山怀有古刹，俗呼潭柘寺，随山而名之也。其址本

① ［清］神穆德编、释义庵续、门学文点校，金勋编、李新乐点校：《潭柘山岫云寺志　妙峰山志　外二种》，北京燕山出版社，2007年，第11页。

青龙潭，所谓海眼。华严师时，潭龙听法，师欲开山，龙即让宅。一夕，大风雷雨，青龙避去，潭则平地，两鸱吻涌出，今殿角鸱也。①

这则传说渲染了华严法师的智力与法力，也为潭柘寺添上了一抹神秘的色彩。而据赵润星、杨宝生编著《潭柘寺》一书介绍，华严法师其实是在地方长官的资助下购入了西坡和东沟姜、刘两家的土地，平潭建成了最初的潭柘寺。

潭柘寺环境清幽，风景秀美，寺院分中轴线和东、西共三路布局，规整对称。据说故宫乃至整个北京城的布局都与潭柘寺颇有关联，这也构成了"先有潭柘寺，后有北京城"的又一证据。除了寺院主体殿宇和松柏龙潭，潭柘寺还有"九龙戏珠""千峰拱翠""万壑堆云""殿阁南薰""御亭流杯""雄峰捧日""层峦架月""锦屏雪浪""飞泉夜雨""平原红叶"十大奇景，以及"画祖""自油柱""白石唐佛""石鱼"四宝（今仅余石鱼尚存），其给往来文人留下了深刻印象。

寺志《中兴重建》一节对潭柘寺景致进行了简单的勾描，寥寥数笔就烘托出寺院那让人神清气爽的幽秀之景：

……楼阁因山而高，窗棂阶陛间皆挟西山爽气。至夫晦明、晴雨，景态百变，花香鸟语与泉声山翠相映发，则一山所同耳。

左方之东南，别为小院曰十间房者。阶下即泉，槛外即山，在南楼之下而相间若远。芳树垂檐，幽花压砌，倚修竹，听流泉，邈然身世俱忘，真幽绝境也。②

① ［清］神穆德编、释义庵续、门学文点校，金勋编、李新乐点校：《潭柘山岫云寺志　妙峰山志　外二种》，北京燕山出版社，2007年，第11页。

② ［清］神穆德编、释义庵续、门学文点校，金勋编、李新乐点校：《潭柘山岫云寺志　妙峰山志　外二种》，北京燕山出版社，2007年，第17页。

无独有偶，明末复社巨子、文学家阎尔梅也曾咏潭柘寺曰：

潭在寺后，有龙子，状如小青蛇，僧呼即出，祈雨者虔祀之。

赪峰四合隐青璃，金翠庄严刹利姿。山后香泉鸣入灶，林中翠果笑垂枝。长松荫阁巢雏鹳，枯柘蹲崖像老鸱。潭上人呼潭底应，蜿蜒龙子是僧儿。①

以诗赋闻名江南的清代史学家、汉学家钱大昕曾游览潭柘寺，留下了诗文数首，如《夜宿潭柘寺用石刻金僧重玉韵》：

泉清山瘦气如秋，假榻精庐卧亦游。
夜静与居惟木石，心忙难伏似龙虬。
月筛丛竹摇空影，风入高松响急流。
一室了无增减相，此身今欲号浮休。②

诗人被潭柘寺的清泉、瘦山、竹影、泉响环伺，思绪万千。另作有《潭柘寺》，诗中的潭柘山景充满了动态之美，且蕴藉了佛教法理：

四围山簇青莲花，莲中之的法喜家。
箧里龙子自来去，殿头鸱吻犹含呀。
泉声无尽波罗密，树影可怖鸠盘茶。
卢沟桥只一舍利，行人不记恒河沙。③

---

① ［明］阎尔梅著，王汝涛、蔡生印编注：《潭柘寺》，《白耷山人诗集编年注》，中国文联出版社，2002年，第9页。

② ［清］钱大昕著、陈文和主编：《嘉定钱大昕全集》（增订本　第十册），凤凰出版社，2016年，第208页。

③ ［清］钱大昕著、陈文和主编：《嘉定钱大昕全集》（增订本　第十册），凤凰出版社，2016年，第208—209页。

清末同光派的重要诗人、以诗作艳俗著称的樊增祥数游潭柘，留下诗文若干。其一《清平乐·潭柘寺木笔花下》，用词浓艳，笔触大胆。词曰：

万花繁密，夺尽江郎笔。赐与紫衣矜宠极，个是东风第一。

圆阴深护兰阁，休言画日天涯。乞借红瓷清水，养他绝小莲花。①

潭柘寺与皇家渊源深厚。从金熙宗完颜亶开始，历代帝王都曾到潭柘寺游览、礼佛，并拨下专门的款项用于寺庙的修缮与扩建，寺庙因皇家的青睐有加而香火日旺、规模日渐宏阔，寺庙殿顶的黄色琉璃尽显皇家威严。为了替父亲的多年征杀超度，元世祖忽必烈的女儿妙严公主在潭柘寺出家。相传，妙严公主十分虔诚，经年累月在观音殿中叩拜，竟在方砖上留下了两道跪痕。不过据后人考证，在此出家的不是天子之女而只是宗室女，钱大昕据此创作了哲理诗《妙严公主拜砖》，教诲世人“齐谐勿尽信”，诗云：

昔闻元公主，苦行何精进。
六时五体投，一砖双趺印。
沁园自言富，视之如朝蕣。
法轮得慧珠，爱河断利刃。
单极干可绝，受砺石欲磷。
区区抟埴土，踏破存者仅。
至人得鱼忘，凡夫刻舟认。
饶舌紫柏师，宝为山门镇。
匣藏尚宛然，曾费宫锦衬。

① ［清］樊增祥：《樊樊山诗集》(上)，上海古籍出版社，2004年，第501页。

当时宗室女，下嫁鲁赵亲。
各冒贵主称，内朝雁行觐。
讵出言薛禅，齐谐勿尽信。[①]

康熙、雍正、乾隆、嘉庆等清代帝王都有潭柘寺记游诗作传世。寺中高逾30米的古银杏被至此进香的乾隆封为“帝王树”，传说这是一株能感应天子的灵树，其树根部的枝丫与帝位更替同发同落，这使得古刹更为传奇。

除了帝王，清代的皇室宗亲也对潭柘寺尤其偏爱。“性僻山林，兼爱静中之味”的清代宗室神穆德尤其推崇潭柘寺，称之为“神都境内无上古刹”，欣然为之编纂志书。而清恭亲王奕䜣之孙、与张大千有“南张北溥”之誉的清代画家溥儒也曾作《再游潭柘寺》：

昔年此院经行处，一闭风光已十年。
花落空堂僧去尽，乱山乔木寺门前。[②]

潭柘寺在北京的城市记忆中占据了重要一隅。现代作家郁达夫在散文《故都的秋》中念念不忘地提及“陶然亭的芦花，钓鱼台的柳影，西山的虫唱，玉泉的夜月，潭柘寺的钟声”。朱自清也曾于1934年8月以散文《潭柘寺　戒坛寺》记述潭柘寺之游：

……真打动我的倒是“潭柘寺”这个名字。不懂不是？就是不懂的妙。惰懒的人念成“潭柘”，那更莫名其妙了。这怕是中国文法的花样；要是来个欧化，说是“潭和柘的寺”，那就用不着咬嚼或吟味了。还有在一部诗话里看见近

① ［清］钱大昕著、陈文和主编：《嘉定钱大昕全集》（增订本　第十册），凤凰出版社，2016年，第208页。

② ［清］溥儒著、毛小庆点校：《中国艺术文献丛刊　溥儒集》（上），浙江人民美术出版社，2015年，第172页。

人咏戒坛松的七古，诗腾挪夭矫，想来松也如此。所以去。[①]

这一年朱自清游览多地，心情闲适，创作了多篇记游散文，还出版了游记散文集《欧游杂记》。他在文中感慨“潭柘寺”名字中的神秘与诗意，记述他夜宿潭柘寺听了一夜泉声，笔调平和从容：

墙外先看见竹子，且不想进去。又密，又粗，虽然不够绿。北平看竹子，真不易。又想到八大处了，大悲庵殿前那一溜儿，薄得可怜，细得也可怜，比起这儿，真是小巫见大巫了。进去过一道角门，门旁突然亭亭地矗立着两竿粗竹子，在墙上紧紧地挨着；要用批文章的成语，这两竿竹子足称得起“天外飞来之笔”。

正殿屋角上两座琉璃瓦的鸱吻，在台阶下看，值得徘徊一下。神话说殿基本是青龙潭，一夕风雨，顿成平地，涌出两鸱吻。只可惜现在的两座太新鲜，与神话的朦胧幽秘的境界不相称。但是还值得看，为的是大得好，在太阳里嫩黄得好，闪亮得好；那拴着的四条黄铜链子也映衬得好。寺里殿很多，层层折折高上去，走起来已经不平凡，每殿大小又不一样，塑像摆设也各出心裁。看完了，还觉得无穷无尽似的。正殿下延清阁是待客的地方，远处群山像屏障似的。屋子结构甚巧，穿来穿去，不知有多少间，好像一所大宅子。可惜尘封不扫，我们住不着。话说回来，这种屋子原也不是预备给我们这么多人挤着住的。寺门前一道深沟，上有石桥；那时没有水，若是现在去，倚在桥上听潺潺的水声，倒也可以忘我忘世。边桥四株马尾松，枝枝覆盖，叶叶交通，另成一个境界。西边小山上有个古

① 朱自清：《潭柘寺　戒坛寺》，《朱自清全集》（第一卷），江苏教育出版社，1996年，第204—205页。

观音洞。洞无可看，但上去时在山坡上看潭柘的侧面，宛如仇十洲的《仙山楼阁图》；往下看是陡峭的沟岸，越显得深深无极，潭柘简直有海上蓬莱的意味了。寺以泉水著名，到处有石槽引水长流，倒也涓涓可爱。只是流觞亭雅得那样俗，在石地上楞刻着蚯蚓般的槽；那样流觞，怕只有孩子们愿意干。现在兰亭的“流觞曲水”也和这儿的一鼻孔出气，不过规模大些。晚上因为带的铺盖薄，冻得睁着眼，却听了一夜的泉声；心里想要不冻着，这泉声够多清雅啊！寺里并无一个老道，但那几个和尚，满身铜臭，满眼势利，教人老不能忘记，倒也麻烦的。①

此情此景，不禁让人想到唐人常建的吟咏：“曲径通幽处，禅房

图 43　潭柘寺

① 朱自清：《潭柘寺　戒坛寺》，《朱自清全集》（第一卷），江苏教育出版社，1996年，第204—205页。

花木深。山光悦鸟性，潭影空人心。万籁此都寂，但余钟磬音。”潭柘古刹之清幽，实在让人有乘风归去之感。

除了潭柘寺，北京的其他寺院也让文人有感而发。明代散文家刘侗在《帝京景物略》中描写了京师报国寺，其幽深孤峭的竟陵文风与报国寺清冷的景致浑然一体：

> 送客出广宁门者，率置酒报国寺二偃松下。初入天王殿，殿墀数株已偃盖，既瞻二松，所目偃盖松，犹病其翘楚。翘楚者，奇情未逮，年齿未促逼也。左之偃，不过檐甃。右之偃，不俯栏石。影无远移，遥枝相及，鳞鳞蹲石，针针乱棘，骇叹久。[①]

而当代作家尹广对北京大觉寺的书写，也同样突出其幽静氛围给人的深思空间：

> 寺院是静幽幽的，清澈的泉水静静地繁忙地流。我爱大觉寺和它的古树、玉兰和清泉。我确信，世界的创造和推动除了震动山川的呼喊之外，还需要有静幽的时刻，需要有一个安静的世界和环境，需要有深思的时刻，需要有默默耕耘和潜心创造的时刻。正如刘再复先生所说，在缺乏器声的山野里，总是有浓浓的春光秋声躲藏着、诞生着。[②]

在散文《庙的回忆》中，史铁生回忆了童年时与奶奶到寺庙中纳凉的经历，寺院静穆幽玄的氛围让还是儿童的“我”本能地感到惶惑不已：

---

① ［明］刘侗：《报国寺》，《帝京景物略》，上海古籍出版社，2001年，第156—157页。

② 尹广：《夜访大觉寺》，《尹广散文选　西域碎片》，羊城晚报出版社，2016年，第46页。

从那条胡同一直往东的另一条胡同中，有一座大些的庙，香火犹存。或者是庵，记不得名字了，只记得奶奶说过那里面没有男人。那是奶奶常领我去的地方，庙院很大，松柏森然。夏天的傍晚不管多么燠热难熬，一走进那庙院立刻就觉清凉，我和奶奶并排坐在庙堂的石阶上，享受晚风和月光，看星星一个一个亮起来。僧尼们并不驱赶俗众，更不收门票，见了我们惟颔首微笑，然后静静地不知走到哪里去了，有如晚风掀动松柏的脂香似有若无。庙堂中常有法事，钟鼓声、铙钹声、木鱼声，噌噌吰吰……那音乐让人心中犹豫。诵经声如无字的伴歌，好像黑夜的愁叹，好像被灼烤了一白天的土地终于得以舒展便油然地飘缭起雾霭。奶奶一动不动地静听，但鼓励我去看看。我迟疑着走近门边，只向门缝中望了一眼，立刻跑开；那一眼印象极为深刻。现在想，大约任何声音、光线、形状、姿态，乃至温度和气息，都在人的心底有着先天的响应，因而很多事可以不懂但能够知道，说不清楚，却永远记住。那大约就是形式的力量，气氛或者情绪，整体地袭来，它们大于言说，它们进入了言不可及之域，以至使一个五六岁的孩子本能地审视而不单是看见。我跑回奶奶身旁，出于本能我知道了那是别一种地方，或通向着另一种地方；比如说树林中穿流的雾霭，全是游魂。奶奶听得入神，摇撼她她也不觉，她正从那音乐和诵唱中回想生命，眺望那另一种地方吧。我的年龄无可回想，无以眺望，另一种地方对一个初来的生命是严重的威胁。我钻进奶奶的怀里不敢看，不敢听也不敢想，惟觉幽暝之气弥漫，月光也似冷暗了。这个孩子生而怯懦，禀性愚顽，想必正是他要来这人间的缘由。①

---

① 史铁生：《庙的回忆》，《史铁生作品全编》（第八卷），人民文学出版社，2017年，第205页。

史铁生以一个孩童的视角叙写寺庙的种种声响，孩童的懵懂无知与长者对幽玄之境的心领神会交织着，夏夜寺院那意蕴丰富的声响连接了生命的最初与最终，神秘而玄妙。

荒败的寺庙可能成为儿童们游戏的“秘密花园”，在童年记忆中占据一席之地，他在《庙的回忆》中写道：

> 新家所在之地叫“观音寺胡同”，顾名思义那儿有一座庙。那庙不能算小，但早已破败，久失看管。庙门不翼而飞，院子里枯藤老树荒草藏人。侧殿空空。正殿里尚存几尊泥像，彩饰斑驳，站立两旁的护法天神怒目圆睁但已赤手空拳，兵器早不知被谁夺下扔在地上。我和几个同龄的孩子就捡起那兵器，挥舞着，在大殿中跳上跳下杀进杀出，模仿俗世的战争，朝残圮的泥胎劈砍，向草丛中冲锋，披荆斩棘草叶横飞，似有堂吉诃德之神采，然后给寂寞的老树“施肥”，擦屁股纸贴在墙上……做尽亵渎神灵的恶事然后鸟儿一样在夕光中回家。很长一段时期那儿都是我们的乐园，放了学不回家先要到那儿去，那儿有发现不完的秘密，草丛中有死猫，老树上有鸟窝，幽暗的殿顶上据说有蛇和黄鼬，但始终未得一见。有时是为了一本小人儿书，租期紧，大家轮不过来，就一齐跑到那庙里去看，一个人捧着大家围在四周，大家都说看好了才翻页。谁看得慢了，大家就骂他笨，其实都还识不得几个字，主要是看画，看画自然也有笨与不笨之分。或者是为了抄作业，有几个笨主作业老是不会，就抄别人的，庙里安全，老师和家长都看不见。①

史铁生是一位有着敏感心灵和细腻笔触的作家。他以孩子童真的

① 史铁生：《庙的回忆》，《史铁生作品全编》（第八卷），人民文学出版社，2017年，第205页。

口吻回忆童年与小伙伴在庙中嬉戏的时光，笔下的荒庙因为孩子们无忧无虑的嬉闹而妙趣横生。孩子们的交往是不计得失的，成年后饱受苦痛的史铁生必定在回忆中反复摩挲过，所以提及那实则一无所有的荒庙时口吻是如此珍惜乃至珍重，字里行间充盈着一派平静的雀跃。

“暂过僧房世虑忘”，矗立在北京城中的寺庙为这座古都沉淀着丰富的人文底蕴，守望着深沉的信仰和追索。

四、绵延千年的文化长城

长城是一道军事防线，它的每一段城墙、每一个堡寨都见证了刀光剑影与炮火连天的岁月；同时，长城又是一个承载着中国几千年历史文化的重要符号。在战争烽火、风云变幻中，长城不断为历代王朝所修筑，为历代史书所记载，为历代文人所书写，为历代百姓所传颂。可以说，对长城的描写表述几乎伴随着整个中国历史的发展。到今天，长城已经远远超出了一座建筑固有的物质范畴，它还承载着厚重的精神内涵。

图 44　慕田峪长城

1. 孟姜女哭夫还是哭长城

围绕着万里长城的传说有很多，民间四大爱情传说之一的孟姜女更是几乎家喻户晓。关于孟姜女哭长城的故事原型最早来源于《春秋左传》襄公二十三年云："齐侯归，遇杞良之妻于郊，使吊之。辞曰：

‘殖之有罪，何辱命焉？若免于罪，犹有先人之敝庐在，下妾不得与郊吊。’齐侯吊诸其室。”[①] 在这个故事里，还没有当然也不可能有秦始皇这个人物，更没有秦长城，只是讲了一个发生在春秋时代的杞梁之妻哭悼阵亡丈夫的简单故事。到三国时，关于这个故事又出现了另一个说法。曹植在《精微篇》中说“杞妻哭死夫，梁山为之倾”。到了唐代天宝年间的《琱玉集》中：“燕人杞良避始皇筑长城之役，逃入孟超后园；孟超女仲姿浴于池中，仰见之，请为其妻。……夫妻礼毕，良回作所，主典怒其逃走打杀之，筑城内，仲姿既知，往向城哭。死人白骨交横，不能辨别，乃刺指血滴白骨，云‘若是杞良骨者，血可流入’。沥至良骸，血迳流入，便收归葬之。”[②] 从杞良之妻哭夫到孟姜女哭长城，故事演变到此，“孟姜女哭长城”的基本雏形已经形成。

孟姜女哭长城的故事在几千年的演变、传播当中，逐渐将批判的

图45　孟姜女雕像

① ［春秋］孔子著、［春秋］左丘明撰：《春秋左传》（下），北方文艺出版社，2016年，第413页。

② 顾颉刚：《孟姜女故事研究》，《孟姜女故事论文集》，上海古籍出版社，1928年，第45—46页。

矛头指向秦始皇修建长城的暴政。对秦始皇修长城的控诉实际上不仅仅出现在孟姜女哭长城这个故事中，还有不少文人都有过与此相关的书写。魏晋陈琳《饮马长城窟行》中“君独不见长城下，死人骸骨相撑拄”，也揭露了长城修建的艰难和对暴政的控诉。又如唐代王翰诗云：“回来饮马长城窟，长城道傍多白骨。问之耆老何代人，云是秦王筑城卒。黄昏塞北无人烟，鬼哭啾啾声沸天。无罪见诛功不赏，孤魂流落此城边。”

到了五四时期，“孟姜女哭长城”这一古老的故事再次得到了重新阐释，在现代戏剧家熊佛西的剧作《长城之神》中，孟姜女的身上体现出一种浓浓的五四时代女性精神。孟姜女对喜良一见钟情，不顾家庭反对，不惜离家出走也要与喜良成亲。这种对爱情的大胆追求，对家庭的反抗，赋予了孟姜女五四时代女性的新特质，特别是当孟姜女来到长城脚下却得知喜良因修长城而身亡，悲愤交加，将满腔怒火发泄于长城边上的“城神庙”，砸毁“城神庙”，痛斥长城之神：

> 长城之神！我把你这万恶的长城之神！我把你这残暴的万里长城之神！你！你！你不但不能保护人们，如今反伤害了无辜的生命！你！你！你吃……吃了奴的夫，伤了奴的命！你！你！这长城之神！你……你这残暴之残暴！你……伤害了一切一切的生命！世界的一切都因为你伤尽！（一边拼命的击，一边大声说）你……你……我把你这……你这个万恶之根源！我把你这一切残暴之残暴！我把你这一切生命之伤害者！如今——我要与你拼命！我要与你灭亡！我要你永远的灭亡！我要你沉到海底——无底的海底，——永远沉到无底的海底！我把你这长——城——之——神！①

然而孟姜女身上既有五四女性果敢的一面，又有新旧时代过渡

① 熊佛西：《长城之神》，《晨报副刊》，1926年4月12日。

时期不可摆脱的犹豫的一面。当军差质问她："难道你亦不怕你的丈夫死后受折磨么？难道你亦不怕你的父母遭神打么？"① 孟姜女忽然"如梦初醒"般地跪下来，祈求神保佑她的双亲、祈求喜良死后不受折磨。从砸毁神庙到跪地祈神，孟姜女的态度来了一个大转变，这正是五四女性的真实写照，处于思想解放的初期，她们在新旧文化间来回摇摆，果敢而又犹豫，激进而又徘徊。

孟姜女哭倒长城无疑是"长城文化"和"长城精神"的组成部分，长城从建筑工程学上来说，是伟大的；从后人赋予它的"不屈之精神象征"来说，也是伟大的；但当我们现在提起长城的伟大，不能忘记这种伟大是用无数工匠的血汗和生命换来的，这是一种生命意义上的伟大。

2. 鲁迅和闻一多的"长城哀歌"

> 伟大的长城！
>
> 这工程，虽在地图上也还有它的小像，凡是世界上稍有知识的人们，大概都知道的罢。
>
> 其实，从来不过徒然役死许多工人而已，胡人何尝挡得住。现在不过一种古迹了，但一时也不会灭尽，或者还要保存它。
>
> 我总觉得周围有长城围绕。这长城的构成材料，是旧有的古砖和补添的新砖。两种东西联为一气造成了城壁，将人们包围。何时才不给长城添新砖呢？
>
> 这伟大而可诅咒的长城！②

这是鲁迅1925年5月15日发表在《莽原》的《长城》里的一个片段。在这里，鲁迅用"伟大而可诅咒"的字眼来描述长城是比较特殊的。尤其在当时的社会环境中多少显得有些异类。近代以来，中

① 熊佛西：《长城之神》，《晨报副刊》，1926年4月12日。

② 鲁迅：《长城》，《鲁迅全集》（第三卷），2005年，第58页。

国在经济、政治、科技、军事等各方面落后于西方，尤其是在经历了一系列丧权辱国的事件之后，原本天朝大国的尊严和优越感更是荡然无存。中国还拥有什么，中国还能凭借什么立足于世界，很多人把眼光瞄准了长城。这时期，对长城的赞美和吹捧，无疑会使长期压抑的中国人获得某种精神上的鼓舞和民族文化的自信。比如说《少年》杂志刊载一幅长城的照片，附文称："我中华的万里长城：在别个行星上所能看见的地球上的惟一建筑物。"[①]《时兆月报》也曾登文宣称："万里长城为秦始皇所建，乃是世上最伟大的建筑，据专门家言人类许多的工作，惟有这一样是由月球上可以看得见的，所以长城至今还是世界七奇景之一。"[②]

在这样的情况下，我们再读鲁迅笔下的长城会获得一种全新的感受。鲁迅开篇便慨叹"伟大的长城！"然后笔锋一转，认为这长城不过是"徒然役死许多工人而已"，未必能够挡得住胡人入侵，现在不过就是一种古迹罢了。接下来他"总觉得周围有长城围绕"，这里的旧有的古砖和补添的新砖，究竟指的是什么呢？鲁迅曾经声称自己是从旧营垒中杀出来的叛逆，这句话或许可以给鲁迅为什么这样写长城下一个注解。鲁迅笔下的长城，又是充满着矛盾，纵使长城历史上不曾抵挡胡人的入侵，当代也阻碍着民众的启蒙，可长城毕竟也代表着中国文化，其中也有诸多可取之处，尤其是鲁迅这样从小接受传统教育的学者，对中国文化自有不可割舍的情感，因而他眼中的长城又是伟大的。这种矛盾不是混乱，恰恰是近代文化人的复杂心态的表现，中国传统文化不足恃，西方文化也不如同想象的医治百病，中国文化发展向何处去的深刻忧虑困扰着鲁迅们，让他们更深刻地思考中国文化的前途命运。

无独有偶，在鲁迅发表《长城》同年，著名诗人闻一多在美国写成诗歌《长城下之哀歌》。与鲁迅一样，闻一多对长城的书写也充满

① 《我中华的万里长城》，《少年》，1925年第12期。

② 《无标题》，《时兆月报》，1928年第3期。

了焦躁与危机感，全诗以对长城的赞叹起笔，将长城与赛可罗坡底石城、贝比楼、伽勒寺并列，但是这些古迹都被时间侵蚀了，唯有长城当风而立，长城是“五千年文化底纪念碑哟！伟大的民族底伟大的标帜！”但是笔锋一转，长城“你又是旧中华底墓碑！”情绪立刻陷入肃杀与凄凉，而在这墓碑下作者“哭到地裂天开”。一座墓碑，当然不可能对文明的进步、文化的发展产生积极的作用，闻一多继而对备受推崇的长城防御功能提出了质疑，认为长城不仅无利，而且麻痹了民族，使民族沉睡不醒。

> 长城！你为我们睡眠担当保障；
> 待我们睡锈了我们的筋骨，
> 待我们睡忘了我们的理想，
> 盗贼们忽都爬过我们的围屏，
> 我们那能御抗？我们只能投降，
> 我们只得归附了狐群狗党。[①]

正是因为长城带来的安逸表象，才使得民族失去了斗志，失去了理想，在历史上遭受入侵之时，只能投降。闻一多历数古今史事，认为匈奴、吐蕃，到辽、金、元、满，长城从来没有起到过真正的保护作用，不禁叩问这雄伟的长城：“长城啊！你可尽了你的责任？怎么黄帝的子孙终于披发左衽！”[②] 闻一多是热爱长城的，也是热爱中国文化的，他苦恼于无力抵制西方文化的入侵，不能保护传统文化，也不能阻止国民对传统文化的放弃，内心苦痛至极！

3.“不到长城非好汉”

说到长城，总会想到那句“不到长城非好汉”。这句家喻户晓、

---

① 闻一多:《长城下之哀歌》,《大江季刊》，1925年第1期。

② 闻一多:《长城下之哀歌》,《大江季刊》，1925年第1期。

口口相传的话出自毛主席1935年10月所写的一首词《清平乐·六盘山》：“天高云淡，望断南飞雁。不到长城非好汉，屈指行程二万。六盘山上高峰，红旗漫卷西风。今日长缨在手，何时缚住苍龙？”[①] 长城为何同好汉联系起来，我们要理解毛主席当年为何要写下这首词。翻越六盘山是红一方面军长征的最后一座大山。10月7日，毛泽东带领甘陕支队冲破蒋介石的重重封锁，越过六盘山，马上就要和刘志丹领导的陕北红军会师。六盘山高耸入云，又因山路狭窄崎岖，所以毛泽东说“天高云淡，望断南飞雁”。

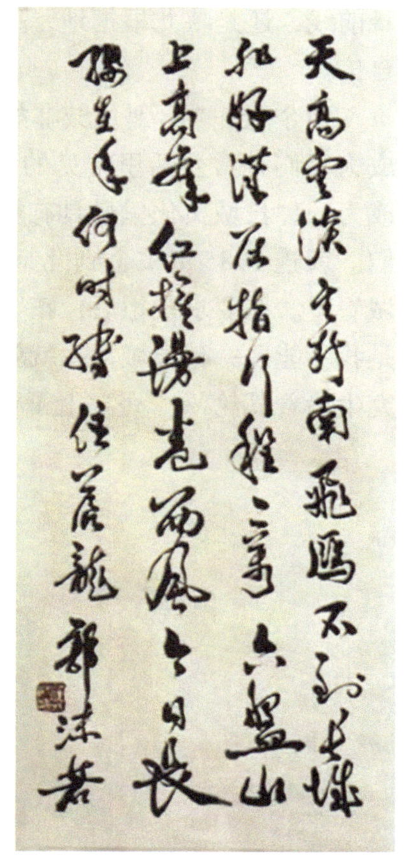

图46　毛泽东《清平乐·六盘山》（郭沫若书）

这里的“长城”可做两种解释，一是比喻烽火连天的抗日前线，1935年日本已经占领了东北三省，在东北建立了伪满洲国政权，并且把矛头伸向中国的长城一带，企图侵略华北。中国军民在长城一带，进行艰苦的战斗，面对日军的精良武器，当时的口号是：“保卫长城，保卫华北，保卫全中国！”自古就作为中华民族屏障的长城，此时已经与中华民族使命同构，成为抵御外来侵略者的一个象征。二是指横亘陕西北部的万里长城中段，借指陕北革命根据地，此时红军经过艰苦的跋涉，已经行进了两万余里的路程，眼看胜利在望，为了鼓舞大家更加坚定地迈步向前，毛泽东写下了“不到长城非好汉”这句豪迈的诗词。实际上，不论这里的长城指的是抗

① 徐四海编著：《毛泽东诗词全集》，东方出版社，2016年，第129页。

日前线，还是陕北根据地，反映的都是向往胜利、民族崛起的豪迈和自信。

到今天，“不到长城非好汉”这句话已经被赋予更多元的含义，成为我们日常生活里常见的语句。长城在这里又化身为另一种意义，成为一种长城文化里最具有吸引力的一个标语，吸引着世界各地的人们。就连1985年霍金到北京大学讲学的时候，还曾要求一定要去长城看看。在要求被拒后，霍金还像一个小孩子一样耍起赖来，称“要是我不能去一趟长城，我就就地自杀”①。最后霍金还是由他的两个研究生抬着其轮椅“登”上了长城。

图47　1985年霍金“登”长城

在毛泽东写下“不到长城非好汉”的第二年，现代文学家吴伯箫

① 荣楚欧：《斯蒂芬·霍金传：一个伟大物理学家的生命传奇》，现代出版社，2016年，第104页。

在《我还没见过长城》里写下了他迟迟没登上长城的遗憾：

> 六年，西山温泉我都去过，记得就没去什刹海。为此，离开了故都曾被人嫌弃说“太陋”。说：“什刹海都没逛过，还配称什么老北京！”……现在想：什刹海不见算什么呢？没去看长城才是遗憾！啊，万里长城！①

可有意思的是，这个从来没去过长城的人，接下来却花了很大篇幅写长城：

> 一个青年画家朋友，谈到自己绘画的进步，说几乎像英国拜伦，一觉醒来成了加冕的诗人一样，是逛了一次长城，才将笔法放开，心胸也跟着宽阔了的。那谈吐的神情，也简直令人疑惑他生生吞下了一座长城的关口是呢，太史公司马先生，听说周览了名山大川文章才满蕴了磅礴的奇气。江南风物假若可以赋人以清秀的姿容，艳丽的才藻，塞北的山峦与旷野是会给人以结实的体魄雄厚的灵魂的。啊，长城！②

未游而先作，看起来似乎不真实，但是作者又写得如此情真意切，靠着对长城的熟悉和理解，吴伯箫满怀激情地写下来这篇文章，这不恰恰说明了对于每个中国人而言，长城都有着特殊的意义和极深的情感吗？同时，有意思的是，文中作者提到长城并不远，但是又再三强调自己没有去过长城。既然不远，为何不去呢？在文末终于揭晓了答案：

> 朋友，我还没见过长城！但是，长城我是终于要见见的！有朝日，我们弟兄从梦中醒了，弹一弹身上的懒惰，振

---

① 吴伯箫：《我还没见过长城》，《大公报·副刊》，1936年2月17日。

② 吴伯箫：《我还没见过长城》，《大公报·副刊》，1936年2月17日。

一振头脑里的懵懂，预备好，整装出发，我将去马兰峪，去东北的承德，赤峰；出杀虎口，去归绥，百灵庙；从酒泉过嘉峪关，去西安，哈密，吐鲁番。也想，翻回来，再过过天下第一关，去拜拜盛京，问候问候那依旧的支那百姓。长城！登临匪遥，愿尔为华国屏障，壮起胆来！①

1936年的长城脚下，已经被日寇陈兵布阵，作者不是不想去，而是不能去。行文至此，我们才能理解吴伯箫前文再三提到自己还没见过长城的这种痛心与遗憾，才能理解他说“长城，我终要见见”的豪情和高亢。可以说，守护万里长城，就是传承中国精神。如今，北京市大力支持长城博物馆建设，通过举办长城文化节、长城国际体育赛事等特色活动，积极打造长城文化品牌。同时，不断加强长城遗产保护，构建“一线五片多点”空间结构，推进“生态长城”建设，立足“两山四水十八沟”，大尺度造林绿化，恢复“居庸叠翠”“岔道秋风”等历史文化景观。放眼未来，长城必将愈发彰显其生态屏障、文化之脉和生态之脉的多重价值。

① 吴伯箫：《我还没见过长城》，《大公报·副刊》，1936年2月17日。

五、一座桥凝结的民族记忆

中国是桥的故乡，自古就有“桥的国度”之称。在中国，没有哪一座桥像卢沟桥这样，与中国重大政治历史事件紧密相连，没有哪一座桥像卢沟桥这样，见证了近代中国的荣辱，目睹了一个民族的血泪。故土沦丧的耻辱、亲人离散的痛楚就像卢沟桥上的弹孔一样，深深地印在了我们的民族记忆里。

1.“卢沟晓月”：一座桥的诗意与柔情

1189年，金世宗下令建桥，1192年这座名叫“广利桥”的建筑终于落成，但是随着岁月流逝，人们越来越习惯叫它另一个名字——卢沟桥。在卢沟桥东段上，有一块大石碑，上面写着“卢沟晓月”四

图48　“卢沟晓月”石碑

个大字，这是当年乾隆帝的御笔。明代画家王绂还绘有《卢沟晓月图》，展现在人们眼前的是远山、近水、晓月、石桥浑然一体的画面，充分地表达了晓月的意境，令人神往。“卢沟晓月”的意境，有赵宽《题卢沟晓月图诗》为证：“银河半落长庚明，城高万户皆鸡声。长桥卧波鳌背耸，上有车马萧萧行。苍烟淡接平芜迥，沙际朦胧见人影。举头一望天宇高，残月苍苍在西岭。”一桥一月、一人一影，这无疑是卢沟桥最柔美的一面。于是，“晓月”的意境名传遐迩。这一幅场景经过历代文人的诗篇画卷得到了传扬。元代陈孚《卢沟晓月》诗曰：“长桥弯弯抵海鲸，河水不溅永峥嵘；远鸡数声灯火杳，残蟾犹映长庚月。道上征车铎声急，霜花如钱马鬃湿；忽惊沙际影摇金，白鸥飞下黄芦立。”卢沟桥的喧嚣与宁静，在诗人的笔下形成了鲜明的对比。奔腾不息的河水，见证着南来北往过客的匆忙，远处的鸡鸣声，伴着亘古不变的明月，一动一静之间，话尽历史的沧桑。

同样是书写卢沟晓月、车水马龙的美景，元代书法家鲜于必仁创作的散曲【双调】《折桂令·卢沟晓月》，则又是另外一番景象：

出都门鞭影摇红，山色空蒙，林景玲珑。桥俯危波，车通远塞，栏倚长空。起宿霭千寻卧龙，掣流云万丈垂虹。路杳疏钟，似蚁行人，如步蟾宫。

“出都门鞭影摇红”，红缨摇动，鞭影空中，显然作者是坐着马车专门去赴景致之约的。一路上虽有月儿初上，但夜幕中的山色是模模糊糊、迷迷茫茫的，似隐约可见，而一片一片的树林则显得空明而寂静。在如斯景致的陪伴下主人公终于来到了卢沟桥，“桥俯危波，车通远塞，栏倚长空”。俯瞰桥下，波涛汹涌，水深浪急；顺桥而望，车马迤逦，远通边关；再观两侧，长栏斜倚，与月空相接。于是乎，桥的气势、作用及壮观景致一览无余地展现在我们面前。唐代诗人杜牧的《阿房宫赋》有语曰：“长桥卧波，未云何龙？复道行空，不霁何虹？”显然，作者采用了比拟和夸张的笔法巧妙地化用了杜牧的文意，使晓月中的卢沟桥在朦胧中彰显出非凡的气派，也有了十足的跃跃欲试的神态。短短几句，有对偶、有比喻、有想象，卢沟桥好像一个连接，把天上、人间、蟾宫、行人都勾连在一起，创造出一个恬淡、愉悦、深邃、高远的境界。

“卢沟晓月”，不仅是一种意境，更是一种情怀。在中国传统诗词当中，桥往往是送别行人的地方。卢沟桥更是这样，作为燕蓟地区通往华北平原的重要渡口，卢沟桥是古时候人们送别亲友、打尖住宿的一个主要地点。元代古画《卢沟运筏图》，在桥头画了许多酒亭客舍，帘幌迎风，大概不是随心臆想出来的。从卢沟桥到京师市内，有十多里的路程，若是五更天出发，到了城里正是办事的时候。因此，进京的士宦商贾，闻鸡早起，趁着月色动身，到了卢沟桥上恰好是踏霜见晓月的时分。“金鸡唱彻扶桑晓，残月娟娟桂林梢”，虽都不是特意来看风景的，但这桥头晨曦却不能不让人注意到。迢迢远行客是带着美好的愿望进北京的，“轻看一线卢沟水，来到燕门桥上看”，立马桥头，背靠西山，近看波光闪动，远望京师城郭一片朦胧，心情是不平静的。“卢沟晓月”是对这种生活感受的形象概括，也包含了文人墨客的着意渲染。古代的许多文人在这里送别友人，留下诗篇，如金朝礼部尚书翰林学士赵秉文《卢沟》诗写道：“落日卢沟沟上柳，送人几度出京华。”从北京城告别亲友出发上路的行人，赶到十几公里外的卢沟桥，已是夕阳西下，就得打尖住宿了。每到凌晨，留宿的客人梳洗收拾，在天明时登程。他们悠然上桥，凭栏仰望，蓝天疏星淡月，远眺浑河如线，晨曦中的西山时隐时现，一派壮丽景色；俯首近观，河水鳞波闪闪，晓月如霜，大地似银，意境非凡。尚见明月当空，大地似银，是人们拂晓时分赶路经过卢沟桥时所见之景致“卢沟桥上月如霜”。明朝顾起元诗中“最是征夫望乡处，卢沟桥上月如霜”描绘的就是这样的场景。

潮气清蒙，烘托出那勾人思感的月亮——上浮青天，下嵌白石的巨桥。京城的雉堞若隐若现，西山的云翳似近似远，大野无边，黄流激奔……这样的光，这样的色彩，这样的地点与建筑，不管是料峭的春晨，凄冷的秋晓，景物虽然随时有变，但若无雨雪的降临，每月末五更头的月亮、白石桥、大野、黄流，总可凑成一幅佳画，渲染飘浮于行旅者的心灵深处，发生出多少样反射的美感。[①]

到了现代作家王统照的笔下，这一幅“卢沟晓月图”就更加清晰了，既有京城的雉堞，还有西山的云翳；既有无边的田野，也有激奔的黄流。这一幅图，有了声音，有了动态，有了温度。更重要的是，这一幅投射在站立于卢沟桥头旅人的心上，荡漾出别样的情怀。

图 49　“卢沟晓月”美景

在卢沟桥上惜别的人群中，有两个人尤其令人瞩目。他们一个是

① 王统照：《卢沟晓月》，《王统照散文精选》，山东文艺出版社，2014年，第141—142页。

关汉卿，一个是王实甫。《窦娥冤》给关汉卿带来了一世的盛名，也给他带来无穷的灾难。“地也，你不分好歹何为地！天也，你错勘贤愚枉做天！”这几句千古之叹，尽显对当时权贵势力的讽刺与抨击。朝廷责令修改剧本，关汉卿宁折不弯，坚持按原作演出，因此入狱，后被流放杭州。南行之时，卢沟桥头，关汉卿拱手作别友人们。以《西厢记》成名的王实甫也在送行者行列中。元代两位最杰出的戏剧家关汉卿、王实甫，曾于此挥泪饯别，天各一方。现代剧作家田汉写于1958年的话剧《关汉卿》里，写下了这样一幅场景：

杨之显：还给你预备了两匹好马。

关汉卿：谢谢，哦呀，实甫你也来了。真是不敢当。

王实甫：哪儿的话。这趟吃了苦了，身体还好吗？

关汉卿：还能对付。可是几乎见不到你们了。

王实甫：这真是万幸，平反得这样快。

王和卿：刚才还说哩，今天大伙儿到卢沟桥送你，总比到柴市口送你强得多了。

关汉卿：真没想到能活着出来。给我娘的遗书也写好了。进之还是替我瞒着吧，等我平安到了南方，再写信告诉她老人家。

梁进之：好。家里的事你就放心吧。都有我跟显之哩。

杨显之：我离你家近，会照顾伯母的。

关汉卿：拜托拜托。（出书给实甫）这是我在狱里给你写的信，我还当这是绝笔了哩。

王实甫：（接过去兴奋地看了）哎呀，你在狱里还这样惦记着我们的《西厢记》。你的意见很好，我一定照改。本来几次想动笔，近来多病，就搁下来。你说得对，文章比性命要紧。人寿有限而文字却能流传久远。①

① 田汉：《关汉卿》，作家出版社，2000年，第89—90页。

“文章比性命要紧。人寿有限而文字却能流传久远。”这句尽显文人风骨的话，暗合了卢沟桥的文化风骨——桥因文字而生辉，文字因桥而流传久远。

2. 卢沟石狮：几千年的守护与等待

在中国几千年的传统文化里，狮子常常被视为守卫大门的神兽，古代的官邸、庙宇、大户人家都喜欢在门前放置两头石狮子，以佑吉祥、平安，这种习俗一直延续至今。北京的石狮子更是到处可见，宫殿、王府门前的，威风雄壮，象征着权贵势力；寺庙陵墓前的，肃穆庄严，它是护法灵兽的标志；园林桥亭、民宅的，玲珑秀媚，显示着喜庆吉祥。但是我们从来没有看到有哪一座桥上有这么多神态各异的狮子，卢沟桥上雕刻精美的石狮，数量之多很难数清，以至于“卢沟桥的狮子——数不清”已经成为一个流传很广的歇后语。不少人试图搞清狮子的数目，但数来数去被弄得头晕眼花。据说乾隆皇帝亲自数过，往返数了两遍结果不一，数第三遍结果与前两遍又有不同。据当代桥梁专家孔庆普在《北京古代桥梁》中记载：“1950年维修卢沟

图50　卢沟桥上的狮子

桥期间，组成三个，每组三人清点栏杆栏头狮子，先北侧后南侧，由东向西，各组边清点边核对，……大小狮子共计488只。……1967—1968年实施桥面加宽工程期间……狮子（可辨认）总数由486只增加到491只。”①

文人对“数狮子”这件事情的热情丝毫也不低于桥梁专家，现代女兵作家谢冰莹就曾这样描述自己跟友人数狮子的经历：

> 许多人都说卢沟桥的狮子数不清，我下了决心一定要把它数清，于是和海澜相约，每人数一边，而且用笔在纸上标明大狮子若干，小狮子若干，最后把两人所数的加起来大小共有三百三十二个。我负责数左边，大狮子一百四十二个，小狮子六十六个，问起海澜有没有数错，她说：“看得见的小狮子都数上了，但并没有弄清大狮子多少个，小狮子多少个。”
>
> “那么，还有大狮子背上的小狮子呢？”
>
> “啊！没有，没有，我简直不知道它的背上还有小狮子呢。”她急得直跺脚。我也承认没有十分数正确。因为年代太久，又经过不少的人抚摸和风霜雨雪的摧残，所以都有些模糊不清了，我也数掉了许多背上的小狮子。究竟有多少个呢？连我也回答不出来。②

众多的石狮子自然成为文人描写卢沟桥不可缺少的一个重要意象。往往文人赋予这些狮子的，要远远大于它们本身的意义。当代军旅诗人牛广进的《卢沟桥》里这样写狮子：“五百零一只狮子/五百零一个精灵/立着坐着蹲着卧着/一个个分外激动/穿过金辽炮火

---

① 孔庆普：《北京古代桥梁》，北京市文物保护协会编：《北京古都历史文化讲座》，北京燕山出版社，2009年，第195页。

② 谢冰莹：《卢沟桥的狮子》，《谢冰莹文集》（中），安徽文艺出版社，1999年，第329—330页。

/抖落两宋烟云/怅望大明日暮/悲哉晓月清风/永定河水生呜咽/历史定格在/一九三七年七月七日凌晨/一声罪恶的枪响/卢沟桥头血染红/石狮啊梦中惊醒……”[①] 当代青年诗人刘涛这样写：“卢沟桥的狮子/难道就没有一声吼/难道石头永远是石头/难道头被打破了也不哭叫一声/难道这就是坚强。”[②] 石狮子已经与卢沟桥一起，共同经历千年岁月，共同见证兴衰荣辱、共同浴血奋战，甚至已经成为中华民族的象征。事实上，在1899年流亡日本的梁启超写过《动物谈》，谈及“睡狮”，最早流传于留日学生中间，被用来形容国家贫弱，国民麻木。而后中国知识界又有“醒狮”之说，1903年“诗界革命”先驱黄遵宪在《病中纪梦述寄梁任父》诗中写道：“散作枪炮声，能无惊睡狮？睡狮果惊起，牙爪将何为？”[③] 时光荏苒到20世纪30年代，“睡狮”仍未被惊起。“九一八事变”丢了东北，国民党政府寄希望于国际联盟决议日本撤兵；日本人又占热河，蚕食华北。日本人步步进逼，终于在1937年7月7日这一天，逼得中国这头“睡狮”开始苏醒了！

3. 一座桥与一场事变

卢沟桥之所以被我们牢牢铭记，并不是因为它的壮阔与大美，除了数不清的石狮子，除了“卢沟晓月”，还因为它承载一段国难和侵略的屈辱历史。震惊中外的“七七事变”，就在这里打响。这段历史，永远定格在了石桥之上，也铭刻进了每一个中国人的心里。关于7月7日那天的场景，现代文学翻译家曹靖华这样写道：

> 这是七月七日的早晨，沉重的隆隆的声音，连续不绝地把我从梦中惊醒了。我由床上坐起来，细细地辨出这是郊外传来的炮声。天还没有亮，坐一会儿又躺下去，隆隆的声音

---

① 牛广进：《卢沟桥》，《中国纪检监查报·副刊》，2015年8月14日。

② 刘涛：《卢沟桥的狮子》，《边土》，中国文联出版社，2011年，第133页。

③ ［清］黄遵宪：《入境庐诗草笺注》，古典文学出版社，1957年，第387页。

图51 卢沟桥上的枪声

依然在继续着。但由于近年来在故都听惯了这种声音，就毫不觉得惊疑：这大概还是“友邦”在“演习”的。

早晨起来，珍抱着彭儿刚来到前院的书房里，S穿着敞领白衬衣，推着自行车闯入到院里来：

“二十九军与日本军队冲突了！……在卢沟桥……因为……”

他手扶着车，站着，明确简短地告诉了他所要告诉的话，就匆匆地骑着车子走了。①

这一天同样的场景，我们也可以在一个日本记者的记载中看到。村上知行在《卢沟桥事变》一文中写道：

七月七日，大约是清晨六点左右，我被（日本驻华大使

① 曹靖华：《故都在烽烟里》，《曹靖华译著文集》（第九卷），北京大学出版社、河南教育出版社，1992年，第82页。

馆）电话召集到大使馆的武官室，怎么回事？一定是出了大事，不然是没有理由把我们这么早召集来的……果然，（武官）发布了这样的消息：半夜到凌晨时分，发生了针对在卢沟桥演习的日本军的枪击事件，目前日中两军正处于对峙交涉中。和我一起集合来的各大报社的特派员和通讯员立即四散而去，争抢着把这第一条报道发回日本。等我办完这件事再回到武官室时，便听到了混杂在一起的枪炮射击声：砰砰砰，轰隆轰隆……[①]

在这段文字的表层之下，我们至少可以读出几层信息：第一，由日本军队挑起的"卢沟桥事变"一开始就被当时日本官方（军方）肆意歪曲为"因29军向正于卢沟桥演习的日本军开枪"而引发，即事变责任全在中国一方；第二，日本大使馆明显要利用日本的各大报纸、新闻社将这一（由中国军队"挑起的"）事件立刻发回日本，迅速在日本上下发生影响，其蛊惑国民、扩大战争的意图昭然若揭。村上知行1899年出生于日本的福冈县，17岁便进入九州日报社当记者，"九一八事变"前曾渡海到中国上海旅行，后再次来到中国，定居于北京，在北京娶了一名中国女子为妻，一生之中翻译过多部中国古典文学，如《三国演义》《水浒传》《金瓶梅》等，可以看出在某种程度上，他对中国文化、历史、文学是怀有一些友好情感的，但尽管如此，从他留下的关于"卢沟桥事变"的文字来看，他的心态和取向与当时的日本军人、政客是一致的。

"卢沟桥事变"的爆发，激起了当时社会各界人士的同仇敌忾，现代诗人田间1937年创作的《给战斗者》里这样写道：

亲爱的
人民！

① ［日］村上知行：《北京十年》，中央公论社，1940年，第231—232页。

人民，

在芦沟桥

……

在丰台

……

在这悲剧的种族生活着的南方与北方的地带里

被日本帝国主义者底枪杀

斥醒了……

……

今天，

你将告诉我们以斗争或者以死呢？

伟大的

祖国！

我们

必需战争了，

……

亲爱的

人民，

让我们战争，

更顽强，

更坚韧。

往哪里去？

在世界，

没有大地，

没有海河，

没有意志，

活着；也是死呀！

今天呀，

让我们

死吧，
但必需付出我们
最后的灵魂，
到保护祖国的神圣的歌声去……[①]

这首诗里，有日本侵略者的凶残，也有中国人民的苦难，更有诗人对祖国深沉的爱和对胜利的召唤。长短不一的诗句，深沉铿锵的节奏，犹如“一声声的‘鼓点’”，打在每一个中国人的心上。

现代戏曲作家田汉也是如此。1937年7月18日，他开始闭门创作话剧《卢沟桥》，两天之内就完成了第一幕和第二幕。他的好友陈樾山后来回忆：“一天我到丹凤街田汉家，见他正坐在那间不足8平方米的书房兼会客室里写第三幕。那些日子，南京的气温高达华氏95度。田汉光头赤脚，穿一件汗背心和一条短裤，虽然吹着个小小的电扇，却仍然汗流满面，一面奋笔疾书，一面不停地用毛巾擦汗。他脖子上长出一个杏子大小的疙瘩，显然是天气太热工作过度逼出来的。我劝他休息一下，找医生看看。他却毫不在意，说赶写剧本要紧，还嘱咐我抓紧演出筹备工作。”[②] 1937年8月9日，这部由田汉创作、洪深导演的《卢沟桥》就上演了。据当时饰演吉星文团长的常任侠回忆，演出现场“两边通道和后边，站满了买站票入场的观众；剧场外还站立着许多人，来听场内的广播……可以说是盛况空前。自我演剧以来，从未有此情况”[③]。这场演出的火爆，不仅反映了田汉等演职人员对抗战的积极支持，更是反映了社会各界对“卢沟桥事变”的震惊和关注。

自从宛平县署移到拱北城，卢沟桥便成为县城的繁要街

① 田间：《给战斗者》，《七月》，1938年第1卷第6期。

② 陈樾山：《〈卢沟桥〉的创作及演出盛况纪实》，《新文化史料》，1990年第4期。

③ 常任侠：《忆〈卢沟桥〉的上演》，《抗战纪事》，中国友谊出版公司，1989年，第35页。

市……自从历年的内战，卢沟桥更成为戎马往来的要冲，加上长辛店战役的印象，使附近的居民都知道近代战争的大概情形，连小孩也知道飞机，大炮，机关枪都是做什么用的。到处墙上虽然有标语贴着的痕迹。而在色与量上可不能与卖药的广告相比。推开窗户，看着永定河的浊水穿过疏林，向东南流去，想起陈高的诗："卢沟桥西车马多，山头白日照清波。毡卢亦有江南妇，愁听金人出塞歌。"清波不见，浑水成潮，是记述与事实的相差，抑昔日与今时的不同，就不得而知了。

……

从卢沟桥上经过的可悲可恨可歌可泣的事迹，岂止被金人所掠的江南妇女那一件？……我又想着天下最有功德的是桥梁。它把天然的阻隔连络起来，它从这岸渡引人们到那岸。在桥上走过的是好是歹，于它本来无关，何况在上面走的不过是长途中的一小段，它哪能知道何者是可悲可恨可泣呢？它不必记历史，反而是历史记着它。中国人是擅于修造石桥的，在建筑上只有桥与塔可以保留得较为长久。中国的大石桥每能使人叹为鬼役神工，卢沟桥的伟大与那有名的泉州洛阳桥和漳州虎渡桥有点不同。论工程，它没有这两道桥的宏伟，然而在史迹上，它是多次系着民族安危。纵使你把桥拆掉，卢沟桥的神影是永不会被中国人忘记的。这个在"七七"事件发生以后，更使人觉得是如此。①

这是近代作家许地山1933年游览卢沟桥后记载下来的文字。虽是回忆一次游览经历，但作者并没有直接写卢沟桥的景观，而是就卢沟桥的历史渊源展开了夹叙夹议的描摹。人们虽没有经历当年的战争，却从卢沟桥残破的景象当中，感受到曾经的战火纷飞，"连小孩

① 许地山：《忆卢沟桥》，《许地山散文精选》，四川文艺出版社，2015年，第89页。

也知道飞机，大炮，机关枪，都是做什么用的”，足见战祸的家喻户晓。在许地山的笔下，永定河的“清波不见”，卢沟桥的风采也早已经不见，今时与往日，卢沟桥还在那里，但是历史会永远记得它，我们永远会记得它。

图 52　卢沟桥上的弹孔与弹坑

那个时代的中华赤子，注定了他们要迎着日寇的炮火冲上去，以血肉之躯抵抗侵略者残暴的炮火，捍卫我们赖以生存的家园。这便是历史的使命吧？如今的卢沟桥游人穿梭，天空青蓝，永定河静默无声，他们似乎都在对我发问，为什么侵略者的炮火打在了我们的土地上？历史离我们很远，又似乎近在咫尺。通往宛平城的那座桥、那条路，被岁月的车辙碾轧得此起彼伏，风雨沧桑。漫步其上，你会情不自禁去想，对于日本，我们除了义愤，对它真正了解多少？师夷长技，知彼知己，方才不殆。再过100年、500年、1000年，卢沟桥上的石狮子，都应该在每一年的七月七日凌晨，一起发出振聋发聩的吼声，唤醒我们身体里沉睡的危机意识……

无论是皇家宫殿、王府园林、坛庙还是长城、卢沟桥、衙署等文化景观，均是历史留给北京这座城市的馈赠，更是中国古代劳动人民智慧与勤劳的结晶。现在北京市不断加强对名人故居、会馆等人文景观的保护与利用，挖掘展示其文化内涵，精心保护丰富多样的历史文化资源，打造富有北京特色的历史文化标识，打磨镶嵌在老城中的文化珍珠，突出胡同、四合院特色，打造保护传承利用样本，不光是留住历史记忆，留住文化，同时也是让人们记住乡愁。文人对于北京的书写，对保留古都印记有着不可替代的作用。

第三章

北京的城与人

北京独特的魅力值得人毕生去探索。它的每一处名胜古迹，每一条胡同街道，甚至老城墙上每一块斑驳的石头与每一棵酸枣树都在诉说着一段动听的故事。文字是文明的代言，作家的文字具有书写历史和人类情感的作用。面对北京这样一座城市，庞大的平民阶层和闪耀的英雄人物在这座城市留下人生的轨迹，他们的命运参与到整个民族的历史建构中。如今我们再读有关北京城、北京人的作品，是在文字中浸染，找寻这个民族古老的辉煌，展望它磅礴而不可限量的未来。

正如当代作家陈建功所言："北京滋味在庙堂之高，也在胡同之深；在官宦之显，也在平民之乐；在历史的积淀，也在当下的开拓。缤纷斑斓，深邃无涯。"[①]北京的城承载了浑厚的历史，北京的人展现了纷繁的人生姿态，也难怪长期旅居和多次游历中国的法国著名诗人谢阁兰会说："北京才是中国，整个中华大地都凝聚在这里。"[②]从文人的创作进入北京的城与人，沿着龙脉中轴线饱览它古都风貌与现代都市的双面，尽收壮丽北京的雄伟气魄于眼底；漫步在它的巍巍学府中，感受海纳江河、高山仰止的情怀；再拐进它幽静的胡同里，和坐在老槐树下乘凉的北京人拉一拉家常，听一听清脆的叫卖声。这里是北京，自有无与伦比的魅力。

---

① 陈建功：《北京滋味》，《新湘评论》，2013年第10期。

② 吕超：《东方帝都——西方文化视野中的北京形象》，山东画报出版社，2008年，第268页。

一、古都里的现代体验

北京的身上，有着历史赋予的厚重与辉煌，自古至今吸引了无数的作家用笔下的文字抒发对北京的情感。一座城之于一个人，是他生活的环境，更是他生命展开的空间，生命获得质感的地方。无论是那些在皇城古都中感受王朝气象的古代文人，还是经历世事变迁的中国近现代作家，抑或是当下时刻生活在这座城中的创作者们，北京以穿越历史的盛大气象，不断给予文人们心灵的滋养、写作的灵感，是他们情感的栖息地，更是他们回望一个国家、民族的眺望塔。在北京，文人们仿佛有了和前尘旧事对话的机会，也有了不断更新当下体验的契机。他们的文字，就这样在笔下翩转开来，成为永恒的经典。

北京城从元朝的建立，到明、清的不断修缮，再到如今屹立着的文化地标，北京城经历了历史的兴衰沉浮。宽敞的大道、辉煌的门楼牌坊、宏伟的宫殿，诉说着遥远、漫长的故事。林语堂说："北京，连同它黄色屋顶的宫殿，褐赤色的庙墙，蒙古的骆驼以及衔近长城、明冢，这就是中国，真正的中国。"[①] 那些古老的历史坐标与现代前卫的文化实体，烘托出北京城海纳百川的包容与大气，深厚文化积淀的超然与自信。同时，伴随着中国的发展，现代北京崛起的一座座多元化、个性化的新兴建筑，彰显着现代北京的活力和魅力。

文化地标是北京本身拥有的一种独特的精神品质。北京城的文化实体蕴含着丰厚的历史文化内涵，古老厚重与现代摩登的各种建筑就是"凝固的艺术"，在这凝固的艺术品中承载的不仅仅是建筑艺术，它还包含着不同时代的社会文化、历史文化、民族文化、地域文化、

① 林语堂：《从异教徒到基督徒》，王爻等译，《林语堂名著全集》（第十卷），东北师范大学出版社，1994年，第56页。

政治文化的积淀。

北京作为一座现代化的国际大都市，又是有着三千多年建城史和八百多年建都史的首都，北京城中不同时代、不同风格的建筑向人们诉说着一个个故事，从建筑这个最外显的侧面展现出现代北京的文化和性格。北京的魅力不仅仅是它的宫廷园林、名胜古迹，更在北京的每一座建筑、每一个空间之中洋溢着的丰厚的传统与现代的艺术文化趣味。在中国的历史中，北京折射出中国社会日新月异的发展变化，也更加鲜明地呈现出中国社会恒常不变的文化基因与文化风格。当我们置身于这些建筑物之中的时候，仿佛每一根神经都在感受着这座城市的风格，见证着这座城市的灵魂。

1. 认识北京从中轴线开始

北京坐落在一片朝南的平原上，北面的群山挡住了凛冽的西伯利亚寒流。北京城的中轴线呈南北走向，让整个城市呈现出对称的朴质格局。

若是选择在一座城市看日出，欣赏太阳的光辉与城市的耀眼互相夺目，最好的选择也许是北京，古老厚重的磅礴历史与现代匆忙的都市快节奏，总能将自然的光辉渲染得淋漓尽致。

当旭日的阳光，从容地点缀在永定门城楼的屋檐，一日的光辉便开始与古老北京的中轴线逐渐重合，仿佛中轴线指引着日光，让这座城市最核心的区域再次熠熠生辉。刹那间，庄严的历史气象让人感受到心灵的震撼。随着太阳从南边逐渐上升，正午时刻的烈日映照在中轴线那些明黄深青的琼楼玉宇上，光彩夺目。当夕阳褪去，中轴线上古老建筑的魅影被拉长，显示出多倍放大的伟岸，直到在鼓楼处留下古都沧桑深沉的背影。日的光辉褪去，夜的深重降临，北京中轴线延长线的最北端，鸟巢和水立方则华灯初上，鸟巢装点热烈的红搭配水立方晶莹通透的蓝，绘画出现代北京风姿绰约的另一面。曾经，为了北京奥运会的举办，顺着北京古老的中轴线向北，营建了象征着“天圆地方”古老智慧的鸟巢和水立方。2008

年8月8日，29个奥运“脚印”在空中从永定门经故宫，沿着中轴线，一步步地向鸟巢走去。这29个脚印踏着中国厚重磅礴的社会进程，走过百年皇城气象的历史，带着中国人对现代和未来的展望，一步一步奏响不断延长和壮丽的新的历史篇章。这样恰切的历史与当下的融合，在中轴线上得到完美的诠释。

北京的中轴线是以紫禁城为中心，由南向北依次有永定门、正阳门、中华门、天安门、紫禁城景山、地安门、后门桥、鼓楼、钟楼，全长7.8公里，其周围的建筑与街道面积约占北京老城的65%。在这条城市中轴线，可以一览皇家建筑的气势恢宏，也能领略民居四合院的巧妙朴质，更有新式近现代建筑点缀其中，这些建筑一同构成了北京八百年壮丽多元的城市画卷。围绕着中轴线依次是皇宫、皇城、都城，延展开来的是长短均衡的十字街，整齐方正的四合院，连缀起饱满而又层次分明的整体格局。面对中轴线，文人笔下已有诸多精彩的书写，从一条建筑的核心线路引申开来，作家文人们对这条非同凡响的中轴线倾注了深层的文化思考。

北京城的中轴线，在忽必烈至元四年（1267）开始营造大都时确定，至明嘉靖三十二年（1553）拓展京师外城后定型。中轴线的营造

图53　从中轴线看故宫

有着独到的匠心运用，更有深邃厚重的文化观念与历史品格熔铸其中，不仅使得北京的城市面貌有了不可替代的崭新格局，也为现代化的北京浇灌下古老的历史基因，获得得天独厚的历史传承。明代诗文家盛时泰就曾在《北京赋》中写道：

列御道以中敞，纷左右以为墀；太庙斋宫，对联社稷；列六卿于左省，建五军于右隅；前列其奇，后峙以偶；左右并联，各互为耦。[①]

那时还未曾有中轴线一说，但中轴线所彰显的对称和谐，已成为文人笔下壮丽的一笔。清末民初，著名建筑学家乐嘉藻在其代表作《中国建筑史》中提出，“中干之严立与左右之对称”[②]。著名建筑学家梁思成在1942年开始着手编写《中国建筑史》，这是我国第一部由中国人自己编写的比较完善、系统的《中国建筑史》，其中对中国古代建筑的总体特点进行了叙述：“中国古代建筑的平面布局以多座建筑组合而成，其最突出的，就是主要中线的设计。”[③] 1951年他明确指出，北京的城市格式就是中轴线，并将“中轴线”描述为：

南北向布置，主要建筑排列其上，左右以次要建筑，对称均齐地配置。不同的时代，无论是政治家还是史学家，抑或是建筑学家，总在与中国人最密切的日常起居中寻觅着古老的中国智慧，在北京的中轴线上，坐落着古代能人巧匠的心血，展现着将相王侯的雄心，中华民族的生存智慧也在这些古朴厚重的建筑中熠熠闪光。[④]

---

① 盛时泰：《北京赋》，赵洛编：《赵洛讲北京》，北京出版社，2005年，第8页。

② 乐嘉藻：《中国建筑史》，贵州人民出版社，2002年，第147页。

③ 梁思成编：《中国建筑史》，百花文艺出版社，2005年，第7页。

④ 梁思成：《梁思成谈建筑》，当代世界出版社，2006年，第267页。

中国古人根据对天体和自然的观察，将中心、中正的思想引入建筑并确定建筑朝向，声势浩大的庄严气氛从中轴线一直铺展开来。梁思成还这样描述中轴线：

> 一根长达八公里，全世界最长，也最伟大的南北中轴线穿过了全城。北京独有的壮美秩序就由这条中轴的建立而产生；前后起伏，左右对称的体形或空间的分配都是以这中轴为依据的。气魄之雄伟就在这个南北引申，一贯到底的规模。①

在建筑学家的审美和专业的视野中，中轴线带给北京壮美的秩序，它的纵深展现出曾经壮阔的帝王气象，同时也带来居中为美的审美设计。其实，与中轴线的壮美息息相关的，是几百年间中轴线上波澜壮阔的王朝历史的兴衰起伏，是一个国家的命运波折和历史气象。从建筑学家的眼光来看，梁思成深刻地读懂了中轴线永恒的魅力。那是7.8公里的北京中轴线带来的视觉的震撼与精神的荡涤。它从1264年到今天的近八百年时间，贯穿在城市的命脉中，将整个城市、整个中国昔日的皇权凝结在城市的脚下。它让任何人面对它时，都不免要追忆历史的更迭，回溯昔日的辉煌与繁华，遥想当年的气势与震撼，而这一切又总能与今日的都市与摩登，穿越时空交织在一起，彰显着北京城市独树一帜的风味。1999年出版的《北京城杂忆》收录了现代作家萧乾先生17篇很短的关于北京城抚今追昔的文章，在其中萧乾就曾赞叹："世界上像北京设计得这么方方正正、匀匀称称的城市，还没见过。"② 而方正与匀称的古典美就从这条中轴线延展开。萧乾还曾追忆："瞧，这儿以紫禁城（故宫）为中心，九门对称，前有天安，后有地安，东西便门就相当于足球场上踢角球的位置。北城有钟

---

① 梁思成：《北京——都市计划的无比杰作》，《新观察》，1951年第7期。

② 萧乾：《北京城杂忆》，《萧乾全集》（第五卷），湖北人民出版社，2005年，第99页。

鼓二楼，四面是天地日月四坛。街道则东单西单、南北池子。”[①] 似乎有了中轴线的标尺，文人眼中老北京的古老建筑端庄稳重地屹立在专属的位置，不可替代。

不得不说的是，北京城市中轴线与皇城古都龙脉的明叠与暗合。最初“中国”一词指的就是“帝王所都为中，故曰中国”[②]。《吕氏春秋·慎势》论及古代社会城市（或聚邑）布局方式时写道：“古之王者，择天下之中而立国，择国之中而立宫，择宫之中而立庙。”[③] 中轴线的明确修建体现着中国古代“居中”观念，甚至是封建帝王的独尊心态也可从中窥得一二。曾经作为帝王都城的北京，城市的修建也将择中作为核心的标准，于是体现居中与对称的都城中轴线便应运而生。中轴线就似这座城市的脊梁，城市的发展轨迹和历史的起伏脉络都可从中寻得。《论语·为政》言：“为政以德，譬如北辰，居其所而众星共之。”[④] 北京中轴线将这一古老的文化思维延展到城市布局和日常生活中来。北京史研究专家李建平在《魅力北京中轴线》中这样理解：

> 北京城市中轴线还充分体现了中心的思想和观念，贯穿北京城市南北的中轴线可以说是“中”字字形的一竖，而方方正正的紫禁城就是“中”字字形的“口”，当中轴线穿过紫禁城就组成了中国的“中”字。这与美国首都华盛顿的城市中心规划不同。华盛顿城市正中也有一条中心线，连接林肯纪念堂、华盛顿纪念碑、国会山，而与其相交的是一小横，即杰弗逊纪念堂到白宫，组成的是“十”字架，展现的

---

① 萧乾：《北京城杂忆》，《萧乾全集》（第五卷），湖北人民出版社，2005年，第114页。

② ［汉］刘熙：《释名》，中华书局，2016年，第156页。

③ ［战国］吕不韦：《吕氏春秋》，上海古籍出版社，1989年，第147页。

④ ［春秋］孔丘：《论语译注》，岳麓书社，2009年，第10页。

是西方的文化信仰。[①]

将北京的中轴线放到世界著名城市的布局对比中，就能更加清晰地了解中国文化和中国人的心理在日常起居建筑中的彰显。北京中轴线的深刻内涵，并非仅仅意味着形式的威严与皇权、龙脉与中心，更展现着中国人独特的文化心理，是体现中国气质的精神象征。北京的中轴线体现着天人合一的神圣之美、礼乐合一的秩序之美、以和为贵的包容之美。

中轴线对于北京而言，不仅仅是城市的脊梁，更是凝聚着北京人文历史、道德教化、风土人情、社会发展的变迁轨迹，记录着城市与文化的起伏。从某种程度上来说，把住中轴线，就把住了北京文化的生命之根。当代诗人西川就曾在其散文集《水渍》中提出：

> 北京的中轴线南起永定门，北至鼓楼和钟楼。除正阳门外，纪念堂、纪念碑、国旗杆、天安门、紫禁城午门、玄武门和景山中峰，由南向北依次骑跨在这条中轴线上。要认识北京乃至中国，就必须认识这条中轴线。[②]

这可谓是文人笔下对中轴线最切中肯綮的叙述了，把中轴线放在了认知北京和中国的神圣地位上，西川将历史与社会的宏大命题：死亡、权力、辉煌，与中轴线息息相关的命运交织在一起。读到西川的这段话，仿佛看见独立的诗人面对古老的中轴线，在现代的北京执拗地思索着城市的过去与未来，将个人置于悠久而深远的历史长河中，然而面对它，只能叹服。中轴线对于北京乃至中国的意义都是重大的。认识中轴线，似乎就是了解这个古老民族那威严的权力模式和日常的平民生活的一种独特方式。不仅是皇权和龙脉，中轴线中凝注了

---

① 李建平：《魅力北京中轴线》，文化艺术出版社，2008年，第17—18页。

② 西川：《想象我居住的城市》，《水渍》，百花文艺出版社，2001年，第51页。

中国人的思维方式和观念追求。中轴线上记载着历史，见证着辉煌与伟大、起伏与低落，因此北京史研究会会长李建平在《魅力北京中轴线》中，将北京具有表征的地标性文化实体与历史文化内涵结合在一起，将北京城市中轴线放在中华文化大背景下加以审视和书写。他认为：

> 中轴线不只是北京文化实体性的中心标志，更是中华文化的一个重要标尺。①

而在诗人西川的笔下，他用更加艺术的感知描绘出中轴线的别样魅力：

> 如果你是一位音乐爱好者，你会发现，中轴线就是一曲波澜起伏的乐章。它有远有近，有轻有重，有浓有淡；不仅有序曲，还有高潮和余音。②

如果从文学的视角抽身出来，转而换一种艺术感知的视角，也许在音乐家的眼中，中轴线及其负载的历史人文，就如同音乐符号所承载的情感故事一样，相同的是可见的绵延和可以无限想象的时空。如果能创造一首乐章，奏出中轴线的气度和魅力来，想必需要大的功夫。

另外，中轴线也延伸进了中国人的文化思维之中。当如今，年轻的中国人从永定门游览到鼓楼，从参观紫禁城到走向奥林匹克森林公园，在他们的步伐中，又能否勾连起这个城市过去与未来的痕迹，又能留下多少新的感喟与声音呢？老舍曾经说："我所爱的北平不是枝枝节节的一些什么，而是整个儿与我的心灵相黏合的一段历

---

① 李建平编著：《魅力北京中轴线》，文化艺术出版社，2008年，第5页。

② 李建平编著：《魅力北京中轴线》，文化艺术出版社，2008年，第3页。

史。”[①] 也许当今的人，走在古老的中轴线上，他们所追寻的也是和自己心灵契合的属于每一个人的民族历史。

北京中轴线并非只是一条“线”，也不是一条简单的街道与北京的核心区域。中轴线是北京文脉的根，北京城所有的灵气都基于此。很多著名的城市都拥有河流，往往河会给一座城市带来灵气。但是，严格意义上来说，北京没有一条真正的河。而拥有中轴线的城市，只有北京，中轴线带来了北京的灵气。中轴线这一空间序列展现了中国文化中对秩序的追求及理想都城的宏阔、壮丽的景观特征。北京中轴线也是中国现存历代都城中，能够完整体现中国都城独特的礼仪秩序和规划思想的具有唯一性的历史遗产。风云荏苒，白驹过隙，古老的中轴线与古旧的宫墙、庄严的殿宇封存了尘烟往事。如今，老城已经是北京历史文化名城保护的重点地区。根据2019年4月出台的《北京市推进全国文化中心建设中长期规划（2019年—2035年）》，北京坚决落实“老城不能再拆”的要求，通过中轴线申遗等措施推动老城整体保护与复兴，利用中轴线文物腾退空间，因地制宜建设博物馆、文化馆、纪念馆等服务大众的文化设施以补充公共功能，在推进文物保护的同时不断改善区域公共服务和文化环境品质，使古老的文化资源在当代焕发出新的时代活力。随着时间的推移，北京中轴线将会成为更多深刻影响中国和世界的重大历史事件的发生地，继续见证着中国历史和中华文明的发展，承载和接受城市中复杂、丰富的多元文化。

2. 古朴传统与现代摩登的交相辉映

在老北京的民间流传着这样一句老话：“内九外七皇城四，九门八点一口钟。”其中“内九外七”，说的就是老北京内城和外城的十六座城门。而如今，再说起北京城，内外之分的概念逐渐淡去，更多的是脑海中浮现出众多古老与现代并存的北京城地标建筑。从两百多年前的红墙绿瓦的亭台楼阁，到如今鳞次栉比的摩天大楼，让人目不暇

① 老舍：《想北平》，《老舍全集》（第十四卷），人民文学出版社，2008年，第56页。

接。北京是多面的、多元的，开放与包容的北京展现出独特的魅力。萧乾曾在《北京城杂忆》中留恋北京“城”的称呼，他说：

> “市”当然更冠冕堂皇喽，可在我心眼儿里，那是行政划分，表示上头还有中央和省哪。一听“市”字，我就想到什么局呀处呀的。可是“城”使我想到的是天桥呀地坛呀，东安市场里的人山人海呀，大糖葫芦小金鱼儿什么的。所以还是用“城”字儿更对我的心思。[①]

以“城”观北京，多了古朴的人情味，城里的人和物成为这些文人牵挂所在。作为历史文化名城，老北京的突出特点就是城套城。早在清代，久居北京的文人吴长元据自己考察与史籍、碑碣等资料，将北京城近郊区的史地人文情况、坊巷寺观、逸事趣闻辑录在《宸垣识略》一书中，里面有这样的介绍：

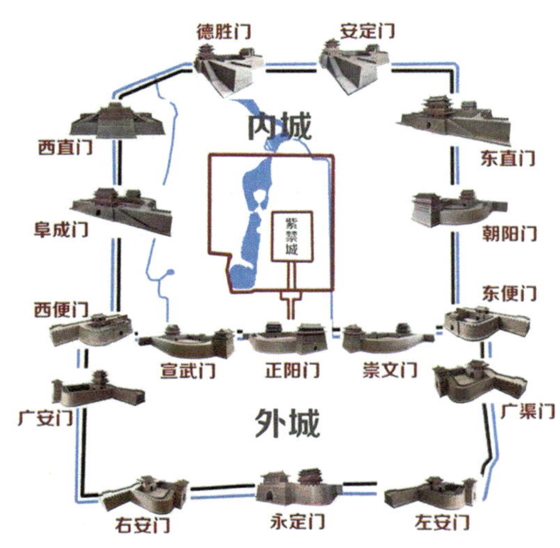

图 54　老北京城“内九外七皇城四”城门示意图

> 嘉靖二十三年，筑重城包京城南面，转抱东西角楼，止长二十八里，为七门：南曰永定、左安、右安，东曰广渠、东便，西曰广宁、西便。城南一面长二千四百五十四丈四尺七寸，东一千八十五丈一尺，西一千九十三丈二尺，各高二丈，垛口四尺，基厚二丈，顶收

① 萧乾：《北京城杂忆》，《萧乾全集》（第五卷），湖北人民出版社，2005年，第97页。

一丈四尺。四十二年增修各门瓮城。[①]

相比于贯穿北京的中轴线，那些城墙城楼则是把这座城规规矩矩地分成了不同的城市空间。城墙对于北京来说，塑造了北京的整体格局，也成为北京独特的文化标志。城墙拱门曾是多少北京作家儿时绕不过去的记忆，当代作家邓友梅在《四合院“入门儿”》中就曾说：“一个没有城墙的北京城已经成为世界的遗憾了。”[②] 北京的城墙，是许多文人割舍不掉的文化记忆。城墙隔开了里外，也连接了里外；它是一个关卡，也是一个标志；它立在那里，独自面临风霜。城墙都是老的、旧的，因为它要用斑驳的痕迹让人遥想这里曾经来来往往的城里人，要用龟裂的疤痕证明曾经的历史。当文人对丢失掉的城墙陷入深深的遗憾中时，是他们想保存城墙里的历史与文化的希冀。对于失去的总是怀念的，何况它还熔铸了多少人的年少记忆，讲述了多少辛酸往事。谢冰莹就曾在《北平之恋》中表达过她对北京城楼的深切喜爱：

每当看到老北京城楼的照片，不知怎的，就会想起李白的这首《忆秦娥》。当年秦娥梦断的是秦楼，如今我梦断的是老北京的城楼。明代的北京城是何等的雄伟？四九城的城楼又是何等壮观？[③]

作家看北京的城楼，读出的是耸立的城楼为历史做下的注解。在现代作家谢冰莹梦断老北京城楼的诉说中，是一位敏感的文人对历史和往昔的回味和珍藏。老北京的城楼和城墙虽已无法完全复原，但是

① ［清］吴长元辑：《宸垣识略》，北京古籍出版社，1982年，第66页。

② 邓友梅：《四合院“入门儿”》，《邓友梅散文集》，高等教育出版社，2016年，第17页。

③ 谢冰莹：《北平之恋》，于润琦编：《文人笔下的旧京风情》，中国文联出版社，2003年，第13页。

北京城墙城楼塑造城市格局的作用却深深烙印在北京的发展之中，也让这座城市变得规矩方正。对于北京城市的方正，汪曾祺曾有很深的印象，在散文《胡同文化》中，他认为胡同的布局影响了北京人的文化性格：

北京城像一块大豆腐，四方四正。城里有大街，有胡同，大街、胡同都是正南正北，正东正西。北京人的方位意识极强。过去拉洋车的，逢转弯处都高叫一声“东去！”“西去！”以防碰着行人。老两口睡觉，老太太嫌老头子挤着她了，说：“你往南边去一点。”这是外地少有的。大街、胡同，把北京切成一个又一个方块。这种方正不但影响了北京人的生活，也影响了北京人的思想。①

南方人初到北京，或许会不习惯北京人东南西北的表述，因为对于南方人而言，生活的方位更多是上下左右。汪曾祺说这和城市布局结构有很大关系，这是很有道理的。当北京城四方四正的结构布局深深地烙印在北京人心中时，方位在他们心中自然就是东南西北，十分清晰。而汪曾祺所说的影响到了北京人的思想，可以想见，在北京人的生活中，地理方位的表达反映着对城市空间的理解，潜意识中总是将整个北京城放在心中。

北京的内城与外城用城墙相隔，遥相呼应的是内城与外城的对称布局，而这种内城与外城的对称性也融入北京其他建筑之中，使得整座城市呈现出中和对称之美。在《趣谈老北京古建筑》一书中，作者将建筑的对称美放眼到整个北京市的整体布局中：

造园装景的艺术大师们又将中轴线巧妙而恰到好处地运

---

① 汪曾祺：《胡同文化》，《汪曾祺全集》（第十卷），人民文学出版社，2019年，第264页。

用到造园装景上。如，北京著名的颐和园万寿山的前山，其造园装景就是以山脚下的“云辉玉亭”牌楼为起点，经排云门、宫门、排云殿、德辉殿、佛香阁、直到山顶的“智慧海”，形成了一条层层上升的中轴线，其东侧有转轮藏和万寿山昆明湖石碑等，西侧有五方阁和铜铸的宝云阁等。显然，万寿山前山讲究左右对称。这些都充分表现了古建筑传统格局。①

世界城市的修建，总是与这座城市人群的性格密不可分。那些作为一个国家的大都市，整体布局更是与国家民族的性格气质密不可分。北京城的方正与中国人的方正是契合的，对城市的建造和布局，时刻显示出人的匠心独运和婉转的文化心思的表达。

老北京有内城与外城之分，有城墙城楼的勾连与点缀，在这之后，则是老北京各有作用各具特色的城门布局，最终构建出层次清晰的老北京城市体系。

门，对于中国人来说，是一个屏障，它将空间分为门内和门外，同时它也是一个可供开启的，引导人发现新天地的枢纽。门里的故事和门外的风景成为围绕着门述说不断的话语。在老北京，偌大的皇城被城门和城楼划分成秩序井然的不同天地。紫禁城门上九九八十一钉，显示着阔大的皇家气派；高大威严的宫门，将威权的声势与俗世的日常隔绝开来；庄重的铁门，被涂上耀眼夺目的大红；还有古老的胡同中老北京人的家门，诉说着家家户户柴米油盐的日常。

明朝历史就曾记载九座内城城门即正阳门、崇文门、朝阳门、东直门、安定门、德胜门、西直门、阜成门和宣武门，外城城门包括永定门、左安门、右安门、广渠门、广安门……如今，城门或许已然不在，但城门的名字却留在了话语与文字之间，给人留下无限怀古的念想。北京的城楼和城门见证着北京历史的变迁，在文人笔下，城楼

① 施连芳、上官文轩：《趣谈老北京古建筑》，知识产权出版社，2006年，第6页。

和城门是一段割舍不掉的历史情怀。老北京的正阳门曾被多次书写。正阳门也就是人们俗称的“前门”，以前只供皇帝出入，因此又称为“国门”。正阳门是明清时期内城的正门，也是京师九门中规模最大、最为壮丽的城门，修建于永乐十七年（1419），与紫禁城同时建成。正阳门东西两侧的两座城门，左右对称分布，它们与正阳门的距离均为三里。清代就有典籍对正阳门进行记述：

> 正南曰丽正门。〔臣等谨按〕辍耕禄，元至元四年正月城京师，分十一门，各门各俱是年所定也。明史地理志，永乐间改为九门，丽正门尚沿其旧。正统中，改为正阳门，本朝仍其旧名。①

明英宗时期修京师九门和修建瓮城箭楼，于正统四年（1439）建

图 55　正阳门

① ［清］于敏中等编纂：《日下旧闻考》，北京古籍出版社，1981 年，第 670 页。

成后，将丽正门改名“正阳门”。正阳门的东侧为文明门，西侧为顺承门。中国现代散文家孙福熙初到北京时，出东车站门，仰见正阳门楼昂立在灯火万盏的广场中，不禁感叹：

> 深蓝而满缀星光的天，高远地衬托在他的后面，惯住小城的我对之怎能不深深的感动呢！[①]

这是在正阳门下孙福熙的仰望，他看见的是城门与天空的连接，是地下与天上的空间对话。现代红学泰斗周汝昌在《九门之缘》中也写到老北京的正阳门：

> 记得很清楚，那时正阳门两旁城墙紧根儿上，贴墙有二小庙，一东一西。庙极小，只一间屋。其一为关帝庙，在老北京异常出名，一说庙里的签儿最灵验。我进去看过，见一位道士照料香火，果有上香跪拜求签儿者。我后悔没试试看灵不灵。
>
> 另一小庙关闭，不得而入，不知其详，却幼年曾闻二哥说过（他在前门长巷住过）：那庙有一铜驴，正月节间，妇女上庙到此，不生育的少妇，让一个年长的女亲戚或仆妇用衣遮掩着，那少妇则用手去摸那驴肾，羞羞惭惭地，令人发笑称奇——据说也很灵：摸了就能生子女云。[②]

红学家周汝昌对正阳门的记忆在于城墙根儿上那些和日常生活密切相连的点滴，而作家谢冰莹则在正阳门上眺望远方。她在《北平之恋》中曾说：“不记得了是朝阳还是夕阳之时，可以站在残旧的安定

① 孙福熙：《北京乎！》，开明书店，1931年，辽宁教育出版社，第2页。

② 周汝昌：《九门之缘》，《北斗京华》，辽宁教育出版社，2001年，204—205页。

门城楼上向北眺望，远处的军都山，远处的居庸关。”[①] 立于城门之前和立于城楼之上，它给人仰望和俯瞰的机会，看城门里外的一天一地，也能纵情眺望遥远的土地和远方。无论是民国时期正阳门下的民间风俗信仰，还是登上城楼向军都山、居庸关望去，都已成为文人的历史，如今的前门已从古老的大街变成热闹的商业街，修葺一新的正阳门又融入现代的都市生活中，正如西川在《想象我居住的城市》中写到的：

> 正阳门南面是著名的前门商业街。街道不宽，可人头涌动。当年莺歌燕舞的八大胡同就是从这条街上西逸而出。无论陈独秀还是胡适之都曾在那里落过脚。[②]

历史的曾经变成了人们面对正阳门无限的说辞。言语之间，目之所及已是今日正阳门之新貌，历史的变化悄然得到印证。曾经出使中国的美国外交官保罗·S.芮恩施在《一个美国外交官使华记：1913—1919年美国驻华公使回忆录》一书中说过：

> 内城中央的城门（前门）仍旧保持着原来的样子。穿过这座城门或站在城门下面时，人们就会产生一种难忘的印象，感到这个独一无二的首都所特有的了不起的威严高贵。[③]

门是一个屏障，引导人们从叩门的迟疑到推门而入的惊喜。北京的城门正引领着外国人对古老北京和古老中国的好奇与探索，将中国与世界相连接，似乎这一座座古老的城门正不断传递出遥远的信息。

---

① 谢冰莹：《北平之恋》，于润琦编：《文人笔下的旧京风情》，中国文联出版社，2003年，第13页。

② 西川：《想象我居住的城市》，《水渍》，百花文艺出版社，2001年，第51页。

③ ［美］芮恩施（P. S. Reinsch）：《一个美国外交官使华记：1913—1919年美国驻华公使回忆录》，李抱宏、盛震溯译，商务印书馆，1982年，第149页。

相比于前门的热闹繁华、人潮涌动，后门大街的宁静自在也在文人笔下展开，给人别有一番天地的感受。朱光潜曾在地安门里的慈慧殿居住过一段时间，得空的他时常出门闲逛。对于现代美学家朱光潜来说闲逛到后门大街就好像是去见一个朋友，熟悉、亲切。他在《后门大街——北平杂写之二》中记录道：

> 居过北平的人都知道北平的街道像棋盘线似的依照对称原则排列。有东四牌楼就有西四牌楼，有天安门大街就有地安门大街。北平的精华可以说全在天安门大街。它的宽大，整洁，辉煌，立刻就会使你觉到它象征一个古国古城的伟大雍容的气象。地安门（后门）大街恰好给它做一个强烈的反衬。它偏僻，阴暗，湫隘，局促，没有一点可以叫一个初来的游人留恋。[①]

虽说是没有一点让人留恋，但地安门正是以反差的姿态给文人留下了深刻的印象。游人或许是追逐热闹的，想要在短时间内领略令人眼花缭乱的胜景，而往往文人的闲情雅致才总能发现和品味出另一番况味。在少有人的地安门，朱光潜闲逛于此，这里的氛围提供了思索和回味的余地，让人的思想不至于太过拥挤和喧哗。除去对前门的记述，叶广芩2015年在《太阳宫》中回忆了诸多作者儿时在北京生活的点滴，回忆了20世纪60年代的东直门：

> 三轮车三拐两拐到了东直门，那时候的东直门还有门楼，非常气派。钻过城门洞，里头嗡嗡的，回声很大，我喜欢在里头哇哇地喊两嗓子，听听自己的回音儿，是件很好玩的事情。[②]

① 朱光潜：《后门大街——北平杂写之二》，《朱光潜谈欣赏》，中国青年出版社，2014年，第128—129页。

② 叶广芩：《太阳宫》，太白文艺出版社，2015年，第6页。

叶广芩对东直门气派高大的印象，也许是和它曾经的主要职能分不开的。明朝时期，北京所需的大量木材就是经由东直门运送进北京城，因此东直门又俗称“木门”，因而修建得高大宽阔。当然，对于北京古旧的城门与城楼，文人笔下不仅是溢美之词，新文化运动主要旗手陈独秀的《北京十大特色》就说：“安定门外粪堆之臭，天下第一！”[①] 也许是符合历史事实的记录，抑或是追求变革的陈独秀对老旧、陈腐的北京挑挑毛病的微词。老北京内城与外城的布局，城门和城楼的营建，总是对应着当时时代特定的需要而准备的，只是在历史的沧桑变化间，它们与老北京人的生活产生了恒久的联系，与老北京人的人生有了这样或那样的摩擦，与这座城市的历史兴衰有了密不可分的关系。无论文人笔下的它们是何种姿态，如今我们能看到的北京城墙和城楼总是吸引人去驻足、仰望和触摸。因为它们见证的历史，超过一代人的生命痕迹，它们古旧沧桑，总有无限故事收纳其中，吸引着每一个对过往曾经好奇的人。

萧乾在《北京城杂忆》中曾讲述过和他交好的英国著名作家哈罗德·艾克敦对北京的特殊记忆：

> 著名英国作家哈罗德·艾克敦三十年代在北大教过书，编译过《现代中国诗选》。1940年他在伦敦告诉我，离开北京后，他一直在交着北京寓所的房租。他不死心呀，总巴望着有回去的一天。[②]

1990年萧乾先后收到艾克敦赠送的两本回忆录：《一个审美者的回忆录》《回忆续录》。北京这座城市，让一个曾在这里居住过的外国人生发持久的迷恋，在萧乾看来“使他迷恋的，不是某地某景，而是

① 陈独秀：《北京十大特色》，《独秀文存》，安徽人民出版社，1987年，第533页。

② 萧乾：《北京城杂忆》，《萧乾全集》（第五卷），湖北人民出版社，2005年，第126页。

这座古城的整个气氛”[①]。北京的“古”让外域文化的人得以感受独特的深厚的中国文化，让人不禁去想，让哈罗德·艾克敦“不死心”的究竟是什么，让他巴望着有一天能回去的盼望来自哪里。那些深深根植在我们基因里的文化性格也来自这古老的城市，在这里，让许多人沉浸的氛围包裹着古老民族艰深漫长的历史，夹挟着沧桑岁月过往的每一张面孔。城市与人就在彼此塑造的过程中，孕育出别样的氛围，让那些未曾感受和目睹的人，用充满好奇的目光与敏锐的神经注视着这里的一切。

正是因为特殊的政治地位、经济地位、历史底蕴等因素，塑造了北京，同时也改变着北京。北京，不仅站在古老历史积淀的一端，也必将在时代的快速发展中引领变革的潮流，比其他城市更先感受时代风向的变化、潮水的涨落。不知哈罗德·艾克敦是否感受过北京摩天大楼的拔地而起，四通八达的道路纵横，日暮降临的华灯初上，如若给出这些假设，个人的感慨可能又是另一番景象。现代通俗文学作家老向在《难认识的北平》中写道：

> 北平有海一般的伟大，似乎没有空间与时间的划分。她能古今并容，新旧兼收，极冲突、极矛盾的现象，在她是受之泰然，半点不调和也没有。[②]

这是老向笔下20世纪30年代的北京，作家已经敏锐地感受到现代化潮流中北京的开放与包容。也许古老的传统与时尚的现代也曾存在平衡的难题，但是城市的发展和北京的气度将难题一一解决，如今呈现在我们面前的，红墙绿瓦、殿堂楼阁犹在，而现代创意灵感与设计也渗透到北京的方方面面，别样的建筑风格开辟了城市新的审美空间。风格迥异、各具特色的新式建筑呈现着多元文化、异

① 萧乾：《北京城杂忆》，《萧乾全集》（第五卷），湖北人民出版社，2005年，第127页。

② 老向：《难认识的北平》，《宇宙风》，1936年第19期。

质文化融合交流的新局面。那些拔地而起的现代化建筑给充满历史厚重感的北京注入了新的活力，让历史文化名城的北京焕发出新时代的崭新气息。

2008年北京奥运的举办，让世界的目光再次聚焦在中国北京。在北京城市中轴线的北端，象征奥林匹克精神的奥林匹克公园与北京城中古老的紫禁城遥遥相对，古老与现代的双璧传达出北京巨大的革新能力。鸟巢和水立方各具特色，它们处在奥林匹克公园的最前方一左一右地坐落在古老的中轴延长线上，鸟巢的浑圆与水立方的方正，两者之间构成了一种和谐、微妙、均衡的关系。在《现代北京》一书中就向我们展现了北京的现代化风貌，并以“国家首都、世界城市、文化名城、宜居城市”的功能定位为主线，展望了北京的发展前景。其中对于鸟巢，是这样评价的：

> 鸟巢的建造融入了中国传统文化中的镂空手法，将陶瓷的纹路和红色的灿烂与炽热，与现代最先进的钢结构融合在一起。①

图56　夜色中的鸟巢

① 刘欣杰、张名齐：《现代北京》，北京工业大学出版社，2007年，第61页。

回环的钢筋结构并没有使鸟巢看起来繁复缭眼，鸟巢本身的多重组织实则是有序排列组合，整体上给人简洁、典雅、庄重的感觉。相比鸟巢，水立方则更具有动态的活力：

> 晶莹剔透的蓝色水立方——国家游泳中心是一座新颖别致的奥林匹克建筑，它以冰晶状的亮丽身姿，装点着景观如画的奥林匹克公园。据设计者讲，是中国传统文化中“天圆地方”的设计思想催生了“水立方”。水立方是一个水的建筑，水是这个建筑的生命。①

图 57　夜晚的水立方呈现律动的蓝色

颜色可以透露出一个人的性格，建筑的颜色更是以巨大的占地面积诉说着审美追求和文化理念。古老的中国人对红色有着天然的喜爱，夜幕降临时鸟巢则被装点上璀璨的红色，热情奔放又不失稳重浑厚大气。而水一样的蓝色，往往又被我们灌注了皎洁明亮、清新纯美的审美理念，加上水立方多边形的外部设计，蓝色仿佛也变得灵动起来，像是流动的水波，淡然自在。从中轴线一直放眼望去，视线最终

① 刘欣杰、张名齐：《现代北京》，北京工业大学出版社，2007年，第62页。

落在这两座方圆的巨型建筑上，它们尚未诉说的故事等待着更多的文人作家去书写。

与因国际盛事建筑起的鸟巢和水立方相比，中关村的修建也是北京走向现代化、科技化、国际化的体现。今天，在中国提到中关村可以说是无人不知，作为中国第一个国家级高新技术产业开发区，中关村已成为中国高新技术产业的代表和象征，素有“中国硅谷”之美称：

> 翻开北京市地图，在城区西北部的三环路与四环路之间有一块地方名叫“中关村”。在20世纪80年代初出版的《北京市城区街道图》上，中关村还是一个极不起眼的小地名，但是到了1986年的时候，中关村在北京基本上已经成了家喻户晓的地方了。[①]

科技的发展会给一座城市注入新的活力，也为新的人口的到来创造了更多吸引人的机会。在中关村，聚集着来自全国各地的年轻创业人才与科技人才，中关村正是和改革开放的发展脉搏同时跳动，在科技浪潮下展现着北京城市新的活力。城市的快速发展，将人的生命张力也不断扩展，新加坡资深纪录片制作人陈惜惜曾写下：“看着人们从地底深处黑暗的洞穴里，缓缓升起，屏住呼吸，直到浮上地面才舒了口气，在看到那第一缕阳光的瞬间，每个人都显得那么渺小又孤独。”[②] 北京城里的人，注定会因这座城的变化，给生命注入新的生存内涵，拥有更多可以阐释的人生足迹。当代作家徐则臣在《跑步穿过中关村》中将目光放在了新的北京人的生活上，他们如何在人心的波动不定中以年轻的速度和力量冲破生存的界限。中关村承载了多少创业者的梦想和心血，这里混杂着无数各样的人生故事和人性纠葛。

---

① 张名齐、刘欣杰：《现代北京》，北京工业大学出版社，2007年，第118页。

② 转引自宁肯：《北京：城与年》，北京十月文艺出版社，2017年，第5页。

图 58　中关村鸟瞰图

从中关村到新的电子信息产业园——上地，它们展现出北京科技创新、经济运行和社会治理模式的探索试验，同时也演绎着纷繁人生的多样姿态，让人动容的年轻的生命活力如何与这座城市发生碰撞，它们的挣扎和辉煌，也正给北京带来新的城市书写空间。

从科技前沿的汇聚地到现代艺术的展览橱，北京的798艺术园区也在几十年的发展历史中，见证了一大批艺术青年的人生轨迹，他们给北京绘上了另一番色彩。复古的、摩登的、现代的、后现代的、无厘头的、严肃的，在这片自由的艺术园地尽情挥洒着。798艺术区位于北京朝阳区酒仙桥街道大山子地区，原本叫大山子艺术区，因为是原国营798厂等电子工业的老厂区所在地，大家也就简称这里为"798"，厂房在20世纪80年代随着改革开放的浪潮逐渐淡出历史场域，而来到北京探索的艺术青年因着历史的机遇，在这里演绎出新的生命历程，资深媒体人陈义风在《当代北京798史话》中追溯了798艺术区的前世今生：

> 他们不仅把厂房租给了中央美院的画家，还租给了圆明园来的自由职业画家，也包括来自美欧的外国艺术家。当然这都是低调的，厂方不希望更多的人知道，以免引起不必要的麻烦。
>
> 开了口子以后，越来越多的艺术家、画商来到798租房，而且不限于画家，还有诗人、乐队、期刊、展会、古董商，这些人不仅在这里创作、演出，还携家带口住在这里。于是又引来了经商者，他们在这里开办书店、网站、咖啡馆、饭馆、酒吧、商店、小卖部……为这里的画家、雕塑家、诗人、歌手、媒体等提供后勤服务。
>
> 798于是成了一个创作和生活设施齐全的艺术基地，随着时间推移，这个艺术基地名声越来越大，吸引来大批的参观者。这时798想低调也不可能了，它成了京城的一个重大文化事件和充满想象空间的文化现象。报纸和电台、电视台纷纷派记者过来采访，连外国的驻华使馆和外国媒体都派人到此采访。①

798作为艺术区就这样一点一滴汇聚起国内外各式各样的艺术青年，如今走在这里，抬眼间还能望到曾经厂房高大的烟囱、低头处还有烧煤的火车和废弃的铁轨，但是行走的转角间，也许某一场国外艺术家的绘画展，抑或是国内青年的设计展就在眼前铺展开来。随意和自由，也许是798艺术区自诞生起就存在的基因，而对艺术的梦想，充满个性的张扬与灵动的思维、创造性的观念不断让这里散发出迷人的美丽。

798的故事，是艺术与城市的故事，是人与艺术碰撞的灵感与活力。看到798，走进798，感受到的是北京另一番景象。这里褪去了摩天大楼带给人的现代性震撼，也没有亭台楼阁给人的古典历史的庄

---

① 陈义风：《当代北京798史话》，当代中国出版社，2013年，第8—9页。

图 59　如今在 798 艺术区依旧可以看见当年工厂的风貌

图 60　798 艺术区大门

图 61　798 艺术区一角

重，更不见经济科技浪潮席卷后匆忙的人生形态。798 给北京一种现代性审美的余裕，一个想象的空间，一个无限可能性潜在的场域，一个可以挖掘、回味的时代艺术区。它虽不够精致、不够完美，但粗犷中留存历史的痕迹，绝不单一，永恒多元。

3. 双重奏：沧桑的韵味与活力的风姿

说起北京的市民生活，在胡同、四合院之外，茶馆也是北京城一道独特的风景。茶馆里的天地承载着北京人的生活习惯、热语喧天。喝茶、品茶、聊天，北京人对生活周遭乃至天下大事的打量与思索、闲谈与妄议，造就了独特的北京茶馆氛围。

早在晋元帝时期，中国就出现了茶摊，南北朝时期，新式的茶寮既可喝茶又可住宿。

> 而关于茶馆的最早文字记述，则是唐代封演的《封氏闻见记》，其中谈到“自邹、齐、沧、棣，渐至京邑城市，多开店铺，煎茶卖之，不问道俗，投钱取饮”。自唐开元间以后，在许多城市已有煎茶卖茶的店铺，只要投钱就可以自取随饮。
>
> 宋代，以卖茶为业的茶肆、茶坊已经很普遍了。反映宋代农民起义的古典名著《水浒传》里，就有王婆开茶坊的记述。作为南宋京城的杭州，据宋人吴自牧《梦梁录》记载：“巷陌街坊，自有提茶壶沿门点茶，或朔望日，如遇凶吉二事，点水邻里茶水。”专营的茶馆已经遍布全市。在闹市区清河坊一带，就有“清乐”、“八仙”等多家大茶坊，其室内陈设讲究，挂名人书画，插四时鲜花，奏鼓乐曲调。在街头巷尾，还有担茶卖茶的。据范祖述的《杭俗遗风》记载：“杭州有茶司一行，最为便当，每担一副，有锡炉两张，其杯箸调羹、瓢托、茶盅、茶船、茶碗……无不足用。[①]

茶馆的诞生和持久的经营与中国古代独特的文化生活环境密不可分。茶本就是中国鲜明的代表，是一种独具中国气息的食物。茶水清香涩苦解渴清爽，而中国人的生活滋味与茶味的艺术哲学冥冥中又默

① 南山主编：《揭秘万物由来之谜》，金城出版社，2011年，第25页。

默相合，这一切注定了茶文化凝聚出一种新的艺术审美品质，在日常饮食之间总能见一二中国人的生活习性和文化心理。

茶馆之于老北京的重要性，从各种分门别类的茶馆设置就可以看出，不同的茶馆有各自突出的饮茶主题。老北京的茶馆有四种：书、酒、清、野。书茶馆以说书为主，喝茶的同时还可以听说书先生讲述各种演义传奇、风流韵事。在酒茶馆，茶酒这两种不同风味的饮品可以同时满足食客的需求，茶酒之间使得往来于茶馆的受众也就扩大了。相比于酒茶馆全方面满足食客的需求，清茶馆则主要是为买卖人聚会谈生意提供场所，喝什么不再是重点，提供一个安静私密的对话环境才是目的所在。而最后的野茶馆，相比前三种的正式和规整，那些大树下搭个凉棚，支起几张桌椅板凳的茶摊更符合野茶馆的形象，供郊区野外的游人过客们歇脚、纳凉之便。无论哪一种茶馆，环境和空间为北京人提供了独特的文化孕育氛围。

无论是皇亲贵族、八旗子弟，还是北京市民、三教九流、五行八作，茶馆都是他们聊天聚会、谈论东西的一大去处。茶馆的历史也是北京的历史，茶馆的面貌是北京和北京人的面貌，茶馆里的文化内容沉积深厚，容纳了当时社会生活的全部内容。老北京的茶馆各种类别、等级的都有，据《清稗类钞》记载：

> 京师茶馆，列长案，茶叶与水之资，须分计之；有提壶以注者，可自备茶叶，出钱买水而已。汉人少涉足，八旗人士，虽官至三、四品，亦厕身其间，并提鸟笼，曳长裾，就广坐，作茗憩，与圉人走卒杂坐谈话，不以为忤也。①

老北京茶馆的茶客以八旗贵胄与清室官吏为主，贵族子弟闲散无聊，茶馆便成了他们社交与游乐的重要场所。清代郝懿行《都门竹枝词》中描绘：“击筑悲歌燕市空，争如丰乐谱人风。太平父老清

① 徐珂编撰：《清稗类钞》，中华书局，2010年，第93页。

闲惯，多在酒楼茶社中。”[1] 茶馆的清闲文化，消遣的氛围与皇城北京庄重谨严的气度相互辉映，相得益彰，无论这座城市凝聚着多少王公贵胄、帝王嫔妃的心酸沉浮，无论北京收纳了多少中国封建王朝最后的挣扎与荣辱，北京市民的生活开启着北京的另外一扇大门，描绘着北京另外一番景象。历史就是这样，盖世的丰功伟绩让英雄名垂青史，而日常的一日三餐也能积淀出让人注目的生存文化，文明是不是也在这两种高低起伏的旋律中奏出别样的乐章？文学记录着人的变迁，北京的茶馆文化注定要从日常中走进文学里，也注定要在文学中升华出令人品味的世态人情，这一切在老舍的作品《茶馆》中，大放异彩。

1956年老舍创作了话剧《茶馆》，次年刊载于巴金任编辑的《收获》杂志创刊号上。《茶馆》展示了从戊戌变法到军阀混战和新中国成立前夕三个时代近半个世纪的社会风云变幻。一家裕泰茶馆里半个世纪中来来往往的众生，有惨淡经营的王利发老板、吃皇粮的旗人、办实业的资本家、信奉洋教的教士、清宫里的太监、窥测打探的特务、打手、蒙骗混吃喝的相士等，茶馆容纳着社会百态与社会各行各业的生存者。然而时间过去，茶馆最终衰败，而曾经往来茶馆的人也在各自的人生路上或走向穷途末路，或走进未卜前途。半个世纪的中国社会，大半个北京世态人情就

图62　老舍茶馆正门

[1] ［清］郝懿行：《都门竹枝词》，［清］杨米人等著、路工编选：《清代北京竹枝词　十三种》，北京出版社，1962年，第35页。

这样写进了茶馆里，成为如今人们提起北京、说到茶馆不得不想起的故事。

现代散文家张中行在《一溜河沿》中所说：

> 值得说说的主要在银锭桥以东未转向南的一小段，计有三家，都在路南，靠水边，由东向西是：爆肚张，小楼杨，烤肉季……
>
> 小楼杨是个茶馆，楼上下各一间，楼下门北向，喝茶上楼，南窗明亮，可以饱看前海的东半。铺主想当姓杨，身量很高，总在一米八以上吧，腰际身后总插个大长烟管。这表示他的为人是老一派。老一派还表现在风度方面，是沉静严谨，矜持之中透漏一点点不在乎。不在乎来于自视很高。这仍有来由，据鼓楼东得利复兴书铺的张髡老先生说，杨虽然以卖茶为业，所交往则多文人雅士，如为《燕京岁时记》书写序文的庆珍就是座上的常客。可惜其时我没有坐茶馆的余裕，以致知道有这样一个可以雅集的地方，竟交一臂而失之。①

茶馆和经营茶馆的人总是带有某种风格或是气质上的相似性，人建造和塑造着茶馆，茶馆也塑造着人。文人笔下的北京茶馆就像一个大熔炉，是北京文化的万花筒，在这里能看到形形色色的人生、起起伏伏的历史。

多年前在茶馆和酒楼听传统戏曲是当时北京市民重要的文化生活，然而随着时代的变迁和全国各地甚至世界各地不同文化背景的人来到北京，新兴的大众休闲娱乐取向悄然发生变化，酒吧的流行逐渐在现代化的北京兴起。

---

① 张中行：《一溜河沿》，《张中行散文选集》，百花文艺出版社，2009年，第179—180页。

如今都市的夜空已离不开酒吧，都市人更离不开酒吧。老舍茶馆依旧是人们说起北京会想到的文化地标，但同时北京的酒吧文化也正如火如荼席卷年轻人的娱乐生活。酒吧的“吧”原是英文“Bar”，本身这个词就带有消费和娱乐的色彩。酒吧最初源于欧洲大陆，16世纪“Bar”一词指的是“卖饮料的柜台”。20世纪80年代改革开放进程中，外资的引入和外国人进入中国工作学习的扩大，酒吧文化也就随之进入我国，尤其是在大城市的发展进程中。如今，“吧”的表述在生活中随处可见：茶吧、网吧、影吧、书吧……“吧”取代了“馆”“楼”“坊”等古老的空间场所词汇，在语言表述上成为一种风靡空间的流行时尚。

北京是全国城市中酒吧最多的一个地方，三里屯、后海酒吧街便是其中的缩影。这样一个舶来的娱乐方式，正塑造着新的北京城市气质。酒吧展现着年轻北京的独特生存方式，似乎这和老北京的气质显得不太融合。但如今茶馆和酒吧的并存，反而给人值得品味的北京气质。繁华、儒雅、庄重的拐角就能找到时尚、喧嚣、灯红酒绿。酒吧不仅仅是简单的消费场所，更是展示一个城市文化、历史、时尚生动鲜活的所在。21世纪以来那些展现北京城市、书写北京故事、讲述北京生活的影视、文学作品中，酒吧似乎都是会提到的环境空间。

也许，茶馆是属于白天的休闲，酒吧是夜晚的笙箫之地。也或许，北京博大的容纳力和吸收力才是支撑这两者和谐共存的所在。老舍在《想北平》中说：“巴黎有许多地方使人疲乏，所以咖啡与酒是必要的，以便刺激；在北平，有温和的香片茶就够了。”①或许是萧乾过于沉醉在老北京喝茶的气定神闲的气质中，他未曾料到，咖啡与酒的气味在新世纪也逐渐在北京城弥漫开来。北京没有因为酒吧的笙歌乐韵而丢失温和与庄重，而是北京需要更多元更广泛的生活姿态和生活空间为这片土地上的人提供安抚的方式。这让人又回味起西川写下的话语：

① 老舍：《想北平》，《老舍全集》（第十四卷），人民文学出版社，2008年，第56页。

> 我只是在回味“北京”这个专有名词时，会幽幽然获得一种历史的纵深感，我因此而领会想象的乐趣，我因此思索我的天命所在。[①]

“北京”二字有太多书写和想象的空间，目之所及是北京的外貌，是北京的表面，定睛观察或许能觉察北京独特的细节。而对北京真正的感受，又只能置身其中。当北京已然在塑造你的时候，也许北京真正的气质才让人感受到一二。这座城市的博大，已有无数文人作家挥笔泼墨。这座城市的新奇活力，也不断吸引着更多的人着力描绘。这里的故事未完待续，而每一个在北京生活的人，都书写着北京文化的点滴，以至于对未来的北京，想象或许都会乏力。

① 西川：《想象我居住的城市》，《水渍》，百花文艺出版社，2001年，第60页。

二、学府中的似水年华

1927年宁汉合流后，南京国民政府成立。中国政治中心南下，国民政府定都南京，1928年北京改为北平，失去了首都的地位。然而，北京虽然不再是首都，却依然保留了自己的风采。众多著名的大学在此建立，并给北京这个城市增添了底蕴和光彩。作为世界闻名的古都和文化名城，北京荟萃了中国灿烂的文化，也蕴含着中国教育之精华。众多的高校和学府支撑和发展了北京的文化命脉，成就了北京作为文化教育中心的特有价值。北京拥有众多历史悠久、底蕴深厚、特色突出的学府，这些学府不但根植于民族的土壤，而且与世界文化有着千丝万缕的联系。由于历史上曾受西方教会的支持与资助，京城学府始终站在世界的舞台，见证了中国教育发展的足迹，也记录了一代代名人大师的探索、奋斗的身影。京城学府以深沉、博大的气度和别具魅力的风姿，孕育和拓展了北京这座历史名都的精神内核，成为中华文化赖以生存的智慧家园。在文人的作品中，大学校园的学习和生活始终是萦绕在心头的最深刻、最美好、最生动的历史印记，多位著名文人和学者都曾对自己的大学展开深情而隽美的书写。

从古至今，多位中西名人都曾对北京的学府展开过详细动人的书写，笔墨最多的当数北京大学和清华大学。这些历史名人对自己的母校有着说不完道不尽的情愫与遐想，并在自己的写作中抒发了对母校浓浓的深情。大学的时光珍贵而美好，记录着青春激情的足迹，描绘着学子们飞扬的想象。在这里的所学、所想、所感，为一个人未来的思想方向和人生轨迹奠定重要的基础。回忆和记录中西名人对北京学府的描写为我们提供了一幅幅生动有趣的青春图景，汇聚成一卷卷饱含深情的学府回忆录。

1. 古朴典雅的北京大学

作为中国近代最早创办的高等学府，北京大学创办于1898年维新变法之际，初名为“京师大学堂”，是中国第一所国立综合性大学。历史上众多文化名人都曾就读或工作于此，如李大钊、沈从文、蔡元培、朱自清、徐志摩、闻一多、郁达夫、林语堂、叶圣陶、胡适、严复等，可谓“众星云集，群星闪耀”。1905年北大承接了已停办国子监的部分学生，并将校址迁到燕京大学原址，赋予了北大校园的“燕园风貌”。原来的燕园建筑风格秀美雅致，房屋内设却颇具现代气息。毕业于北大中文系的学者邓云乡在《文化古城旧事》中记载了抗战爆发前十年对北平的回忆。书中《燕园秋色》一篇记录了当时燕园校舍的设计原貌：

> 燕园的房屋，外面看上去全是中国式的宫殿建筑，画栋重檐，游廊广厦，但里面却是当时最新式的西式设备，电灯、电话、电扇、水汀等自然是应有尽有。连体育馆的柚木打蜡地板，各个厕所的抽水马桶都是最新式的舶来品。当时曾有人说：如果谁嫌城里北京饭店的卫生设备不好，那就请到燕园来用，包您满意。当然这是笑话，但也足见燕园设备之好了。①

燕园楼房古朴典雅，屋内设备却时尚前卫。这种建筑样式为北大校园的整体面貌设定了中西合璧的美感与节奏，同时结合后期自然景观的开发和拓建，使北大校园整体呈现出京城皇家园林的优雅气韵，让众多北大学子魂牵梦绕，记忆深刻。

说起北大的精神，首先在于一个“新”字。1916年至1927年间，蔡元培任北大校长，主张革新北大，开“学术”与“自由”之风。在他的文章《我在北京大学的经历》中，率先提出了一系列改革举措。他认为大学生应以研究学术为职责，不能把大学当成升官发财之路。此外，他还针对教员的培养、学科的建立、男女平等入学、美育

① 邓云乡：《文化古城旧事》，河北教育出版社，2004年，第395页。

图 63　北大燕园正门

和军训等方面，提出了卓有见地的想法和建议。① 蔡元培是中国文化教育界的领袖和先驱，他主张的“思想自由，兼容并包”的学术传统使北大从长期暮气沉沉的阴影中摆脱出来，找到光明的方向，成为新文化运动的阵地。一大批具有世界眼光、思想活跃的知识分子陆续进入北大学习或任教，并成长为中国近代社会建设和发展的中坚力量。

中国国民党革命委员会原中央主席王昆仑曾就读于北大哲学系。蔡元培先生诞辰40周年之际，他曾发文回忆当时北大的学术环境：

> 蔡先生在北大时，主张百家争鸣，所以会有两位教授唱对台戏的情况，这不仅充分表现了学术民主，而且能启发学生的思路，培养独立思考、探索真理的兴趣与能力。我那时

① 蔡元培：《我在北京大学的经历》，《东方杂志》，1934年第1期。

在文科学习，选修文字学。教文字学的有两位老师，一位是新派钱玄同，一位是老派黄侃。我选的是钱玄同的课。一天，我正在课堂听钱老师讲课，不料对面教室里正在讲课的黄侃大声地骂起钱玄同来了。钱听了也满不在乎，照样讲课。这种情况并非罕见，它生动地反映当时的北大，在蔡先生的领导下，“兼容并包”百家争鸣学术民主的气氛。①

北大的盛名在于它代表了一种别样的气质，一种深藏在内的强大动力。这里总有新思想、新理念在生长、碰撞、融合，凝聚成北大学人一种特有的精神面貌。1925年北京大学建校27年之际，应北大学生会邀请，鲁迅写了一篇《我观北大》的小短文，表达了他心目中的北大精神：

第一，北大是常为新的，改进的运动的先锋，要使中国向着好的，往上的道路走。虽然很中了许多暗箭，背了许多谣言；教授和学生也都逐年地有些改换了，而那向上的精神还是始终一贯，不见得弛懈。自然，偶尔也免不了有些很想勒转马头的，可是这也无伤大体，“万众一心”，原不过是书本上的冠冕话。

第二，北大是常与黑暗势力抗战的，即使只有自己。自从章士钊提了“整顿学风”的招牌来“作之师”，并且分送金款以来，北大却还是给他一个依照彭允彝的待遇。现在章士钊虽然还伏在暗地里做总长，本相却已显露了；而北大的校格也就愈明白。那时固然也曾显出一角灰色，但其无伤大体，也和第一条所说相同。②

① 王昆仑:《蔡元培先生二三事》,《王昆仑文集》, 团结出版社，1988年，第302—303页。

② 鲁迅:《我观北大》,《鲁迅全集》(第三卷), 人民文学出版社，2005年，第167页。

在鲁迅看来，北大是“活的，而且还在生长的。凡活的而且在生长着，总有着希望的前途”。成长中的北大参与并见证了中国近代腥风血雨的抗争史，在痛苦的磨难中不断孕育出新的希望。一所高校的命运跟所在城市和国家的兴衰荣辱紧密相连，它不仅以城市的发展为依托，同时也为这座城市提供源源不断的精神资源和智力支撑。北大蕴藏了北京作为千年古都的历史积淀和文化精华，从承继中不断创新，为北京这座城市传递时代声音，输送全球的智慧养料。中央教育科学研究院的储朝晖撰文说到北大精神时提出“多样之苗”的概念：

> 北大精神蕴含着悠久的历史传统和独特的时代特征，若将前者称为根，后者则为苗，人们常对根与苗不加区分，以致混淆；常以此苗非彼苗，以致歧义。顺着苗的痕迹，更能确认其根为何；确认了共同的根基，方能理解并认可苗的多样性。北大精神之苗诸多，主要有：
>
> 1. 思想自由，兼容并包……
> 2. 教授治校……
> 3. 民主与科学……
> 4. 创新与中庸……
>
> 北大精神之苗应该还有许多，然而终归是“士志于道，明道济世”精神的体现，“思想自由，兼容并包”一方面是为探明“道”准备必要的条件；另一方面作为维护“道”免受“势”的倾轧的护栏，旨在“尊道抑势”。然而仅有理念层面是不够的，教授治校便是这一精神在制度层面的体现及保障。民主与科学是当时特定时代“士志于道，明道济世”的内涵；创新与中庸则是“士志于道，明道济世”在特定时期所体现出的行为风格。[①]

① 储朝晖：《北大精神多样之苗》，吴丕、刘镇杰编著：《北大精神》，现代出版社，2015年，第263—264页。

储朝晖以“士志于道，明道济世”为治学宗旨，认为无论是思想自由之风还是民主科学之气，都以“道”为精神旨归和实质，以“济世”为人生价值所向。而这“独特之苗”也根植在万物本原的“道”之中，以待破土而出，开花结果。

关于北大精神，陈平原教授以“灵动变幻”四字来诠释。在他看来，北大精神是不断更新变化的，不一样的视角其解读方式各有千秋，可以用“大象无形”来概括。

至于什么是“北大精神”，历来众说纷纭，最表面的一点是，北大人推崇个性与气质，在专业成就之外，颇有刻意追求“特立独行”的倾向。这既是其优势所在，也留下不小的隐患——起码容易给人“不合群”的印象。

面对众多有关北大人“眼高手低”的讥评，我从不申辩，因这大致符合事实，但又不便“有则改之”。“心高气傲”和“志向远大”，其实很难截然分清。锉钝了北大人的锋芒，你还能指望其“铁肩担道义”？抑制了北大人的狂放，又哪儿来科学研究中不时突发的奇思妙想？①

北大哲学系始建于1914年，是中国高等学府最早成立的哲学系，被称为“中国哲学门”，引领和推动了中国高等学府的整体思想。历史上著名学者胡适、蒋梦麟、梁漱溟、熊十力、金岳霖、冯友兰、宗白华、朱光潜等都在这里执教和学习，成为现代中国哲学的摇篮。曾就职于北大哲学系的梁漱溟在《五四运动前后的北京大学》一文中，描述了当时北大哲学系的建设：

蔡先生曾创立以美育代宗教的学说，又尝在校自己讲授

① 陈平原：《北大人的精气神儿》，《北京记忆与记忆北京》，生活·读书·新知三联书店，2008年，第164—165页。

过美学……由蔡先生的哲学兴趣，又请了一些有哲学兴趣的教员，便开发了学生们的哲学兴趣。哲学系在当时始终为最重要的一个学系，估量比其他任何学系的学生都多。①

学府的声望和地位基于师生整体的精神气质，也基于所拥有学科在学术界的引领性和示范性。哲学是众多学科发展之源头，是一切问题思维方法之根基和本源。蔡元培率先发展哲学系，邀请国内外知名前辈前来授道解惑，其目的在于培养学生哲理性的思辨与创新能力。这在很大程度上纠正了以往看待问题浮于表面的思维流弊，讲究从事物本原出发，辩证客观地审视问题。“北大哲学门”成为时代的晴雨表、风向标，与20世纪中国政权更迭、意识形态变迁紧密地联系在一起，成为引领中国社会新思潮的发源地。名校其“名”在于拥有的大师和名师，教师的知识底蕴和研究能力奠定了学校的根基和命脉。北大教师勇于突破、吐故纳新，滋养着一代代的青年学子。蔡元培在任期间曾推行“教授治校”的管理方式，要求大学教师不仅在研究上起先锋引领作用，也要担负学校管理的责任和使命。哲学大师冯友兰在《我在北京大学当学生的时候》文章中曾回忆道：

“教授治校”，这也是蔡元培到北大后所推行的措施之一。其目的也是调动教授们的积极性，叫他们在大学中有当家作主的主人翁之感。当时的具体办法之一，是民主选举教务长。照当时的制度，校长之下，有两个长：一个是总务长，管理学校的一般行政事务；一个是教务长，管理教学科研方面的事务。蔡元培规定，教务长由教授选举，每两年改选一次。我在北大的时候，以学生的地位，不很了解所谓

① 梁漱溟：《五四运动前后的北京大学》，《梁漱溟全集》（第七卷），山东人民出版社，2005年，第189—190页。

“教授治校”究竟是怎么个治法。后来到了清华，以教授的地位，才进一步了解所谓“教授治校”的精神。[①]

“教授治校”的管理方式后被清华大学等多所大学沿用至今，为中国高校走上稳定发展的轨道提供组织和制度上的保证。

多年的学习和生活使北大师生对母校充满了浓浓的依恋之情。正如现代作家冯至在《“但开风气不为师”——记我在北大受到的教育》中生动地描绘了他对北大的记忆：

> 我经常怀念的是在简陋的校舍里学习的那6年，因为那时，在北大独特的风景与民主气氛的熏陶下，我的思想渐渐有了雏形，并且从那里起始了我一生所走的道路。雏形也许是不健全的，道路也许是错误的，但我却从来没有后悔过，只要提起北大的彼时彼地，便好像感到一种回味无穷的“乡愁”。[②]

北大校园古朴典雅，中式建筑融合自然美景，使天然与人工完美融合。未名湖是北大的象征，众多知识分子将它写进了自己的生命笔记，讲述了他们在北大的心灵故事。当代作家贾平凹在《未名湖》中以细腻描写雨后独自游览未名湖的动人体验，将美丽的未名湖在静谧的夜晚凸显出犹如少女般婀娜秀丽的景观：

> 我第一次领会了夜的真正本色。先是隐隐约约看见一层微亮，后又不可复辨，眼睛完全地无用了，这种坠入深渊般的境界只过了一刻，便出现了一种漆光，眼睛依然无用，身心却感应了。我明白这是黑的极致，黑是无光的，黑得发漆

① 冯友兰：《我在北京大学当学生的时候》，《那时的大学》，国际文化出版公司，2015年，第3页。

② 冯至：《“但开风气不为师”——记我在北大受到的教育》，《白发生黑丝：冯至散文随笔选集》，中央编译出版社，2005年，第209页。

却有了光泽。湖的边沿在哪里？是圆形的，还是方形的？触摸着身边的栏杆，认作是一座汉白玉的建筑，腻得有如人脸和玻璃的紧贴，或者是少女的肌肤。身后的滴雨滑动下来，声响微妙，想象得见这滑动了很长的路线，无疑是从垂柳上下来的。夜原是为情人准备的。但今夜没有星月，树丛里也没有绰约的路灯，幻不出天的朦胧水的朦胧，又等不及漆光，爱情也觉不宜，所以已经没有一个人在这里。这倒恰好，窃喜我来得是时候。我面朝着湖的方向，回忆着某杂志上一篇关于此湖的文章，说湖中是有一个岛的，湖东是有一座塔的，但现在岛上的树和东边的塔认不出，全在漆光里。这漆光似乎很低，又似乎很高，离我很远，离我又很近，湖显得非常大。在黑色里往前走，硬硬的就是路，软软的就是路边的草，草也潮润得温柔，踏着没一点声音。一种难得的气息拂过来，其实并不可称作拂，是散发着的，口鼻受用的，身上每一处皮肤每一根汗毛也在受用。我真感动着这一夜眼睛是多余的，心、口、鼻、耳却生生动动地受活，倒担心突然间树丛中某一处亮一点灯，或远远的地方谁划着了一根火柴。

我度过了三十年的夜，也到过许许多多的湖，却全没有今夜如此让我恋爱这湖。未名湖，多好的湖，名儿也起得好，是为夜而起的，夜才使它体现了好处。世上的事物都不该用名分固定，它留给人的就是更多的体验吗？我轻轻地又返回到汉白玉的建筑上，再作一番细腻的触摸，在沉静里让感觉愈发饱溢；十分地满足了，就退身而去。

穿过校园，北大的门口灯火辉煌，我谁也不认识，谁也不认识我，悄悄地来了，悄悄地走了。①

---

① 贾平凹：《未名湖》，《贾平凹文集》（第十二卷），陕西人民出版社，1998年，第98—99页。

图 64　北大未名湖

2. 清新俊逸的水木清华

如果说北大是秀美雅致的代名词，那清华大学更以其清新自由之气与之遥相呼应，成为一辈辈文化名人共同的学府记忆。清华大学始建于1911年，早期是清政府设立的“留美预备学校”，1928年更名为“国立清华大学”。清华园前身为“熙春园”，曾经是皇家御园的一部分，分为东西两处。1913年西部的近春园遗址纳入了校园范围并沿用至今。清华园保存了清代的主体建筑，园中连以游廊，山石堆叠。工字厅北临一湾池水，环池布置一排排湖石，景色绝佳，正是朱自清先生笔下著名的“荷塘月色”佳景。

《荷塘月色》是深受读者喜爱的散文名作，写于1927年。那时的朱自清就读于清华大学，他用饱含诗意的语言把清华园的荷塘与月色自然地融为一体，营造出素淡迷人的优美意境。

曲曲折折的荷塘上面，弥望的是田田的叶子。叶子出水很高，像亭亭的舞女的裙。层层的叶子中间，零星地点缀着些白花，有袅娜地开着的，有羞涩地打着朵儿的；正如一粒

图 65　清华园

粒的明珠，又如碧天里的星星，又如刚出浴的美人。微风过处，送来缕缕清香，仿佛远处高楼上渺茫的歌声似的。这时候叶子与花也有一丝的颤动，像闪电般，霎时传过荷塘的那边去了。叶子本是肩并肩密密地挨着，这便宛然有了一道凝碧的波痕。叶子底下是脉脉的流水，遮住了，不能见一些颜色；而叶子却更见风致了。[①]

他的文字安静、丰富，描绘了荷塘美轮美奂的画面艺术境界，让读者一起融入了朱自清的艺术世界。除此以外，文章以含蓄而委婉的笔法表达了作者渴望自由、超脱现实的期望，寄托了朱自清对未来中国政治道路的构想和希望。

清华园的美景在众多名人的作品中都曾生动翔实地记录过。现代文学家梁实秋在《清华七十》中记录了清华园中的小河趣事：

---

① 朱自清：《荷塘月色》，《朱自清全集　散文编》（第一卷），江苏教育出版社，1988年，第70页。

清华园以西是一片榛莽未除的荒地，也有围墙圈起，中间有一小土山耸立，我们称之为西园。小河经过处有一豁口，可以走进沿墙巡视一周，只见一片片“蕉苇被渚，蓼苹抽涯”，好像是置身于陶然亭畔。有一回我同翟桓赴西园闲步，水闸处闻泼剌声，俯视之有大鱼盈尺在石板上翻跃，乃率蹇裳跣足，合力捕获之，急送厨房，烹而食之，大膏馋吻。①

梁实秋笔下的清华园具有世外桃源般的雅致和生趣，带给人无限的憧憬与想象。沉浸于校园美景中，使人顿时神清气爽、怡然自得。

清华园的“美”和“趣”孕育了无数学者和艺术家的思想和智慧，给予他们一生享用不尽的艺术养料。现代作家曹禺在大学期间，每天泡在图书馆里，如饥似渴地阅读戏剧理论和莎士比亚原著，还在清华大礼堂中欣赏贝多芬、莫扎特等古典音乐。1933年还是学生的曹禺创作了经典话剧《雷雨》，标志着中国话剧从发展走向成熟。不得不说，清华园是曹禺的灵感园地，为他的创作奠定了重要的艺术基础。曹禺曾在《“水木清华”与〈雷雨〉》中讲述道：

我感激“水木清华”这美妙无比大花园里的花花草草。在想到头痛欲裂的时候，我走出图书馆才觉得春风、杨柳、浅溪、白石、水波上浮荡的黄嘴雏鸭，感到韶华青春，自由的气息迎面而来。奇怪，有时写得太舒畅了，又要跑出图书馆，爬上不远的土坡，在清凉的绿草上躺着，呆望着蓝天白云，一回头又张望暮霭中忽紫忽青忽而粉红的远山石塔，在迷雾中消失。②

---

① 梁实秋：《清华七十》，《梁实秋文集》（第四卷），鹭江出版社，2002年，第527页。

② 曹禺：《“水木清华”与〈雷雨〉》，《曹禺自传》，江苏文艺出版社，1996年，第69页。

清华园的美，像一位充满道学气长者，用他的睿智和从容为躁动不安的灵魂提供一个栖息之地，成为作家和学者一生值得回味的美好记忆。当代作家宗璞以独有的知识女性的才情和儒雅，博得了读者的仰慕。1948年宗璞转入清华大学外文系，在她的文章《那青草覆盖的地方》中曾回忆道：

> 那青草覆盖的地方，藏着一段历史和我一生中最美好的记忆。
>
> 清华园内工字厅西南，有一座小树林。幼时觉得树高草密。一条小径弯曲通过，很是深幽，是捉迷藏的好地方。树林的西南有三座房屋，当时称为甲、乙、丙三所。甲所是校长住宅。最靠近树林的是乙所。乙所东、北两面都是树林，南面与甲所相邻，西边有一条小溪，溪水潺潺，流往工字厅后的荷花池。我们曾把折好的纸船涂上蜡，放进小溪，再跑到荷花池等候，但从没有一只船到达。[①]

正如国学大师季羡林用“清新俊逸”四个字描述清华的别样风情，在他的心中清华园美得像一首诗，久久不能忘怀：

> 清华园这名称本身就充满了诗意。它的自然风光又是无限的美妙。每当严冬初过，春的信息，在清华园要比别的地方来的早，阳光似乎比别的地方多。这里的青草从融化过的雪地里探出头来，我们就知道：春天已经悄悄地来了。过不了多久，满园就开满了繁花，形成了花山、花海。再一转眼，就听到满园蝉声，荷香飘溢。等到蝉声消逝，荷花凋零，红叶又代替了红花，“霜叶红于二月花”。明月之夜，散

① 宗璞：《那青草覆盖的地方》，《二十四番花信》，江苏文艺出版社，2010年，第144页。

> 步荷塘边上，充分享受朱自清先生所特别欣赏的“荷塘月色”。待到红叶落尽，白雪渐飘，满园就成了银装玉塑，“既然冬天已经到了，春天还会远吗？”我们就盼望春天的来临了。在这四时变换、景色随时改变的情况下，有一个永远不变的背景，那就是西山的紫气。“烟光凝而暮山紫”，唐朝王勃已在1000多年以前赞美过这美妙绝伦的紫色了。[1]

秀美清新的清华美景给莘莘学子的心中镌刻了永恒不朽的图景，而这清新自由之风吹遍了无数躁动不安的心灵，激励他们为登上心中的“珠峰”而“自强不息”。梁启超曾用“自强不息，厚德载物”来描述清华精神，以此来激励和鞭策学生。这八个字沿用至今，成为清华的校训和传统，影响和哺育了清华人抛开束缚，放飞心灵，

图66　清华校训石

① 季羡林：《清华颂》，《季羡林全集》（第一卷），外语教学与研究出版社，2009年，第403页。

追逐梦想。

清华人奋发自强，同时宽广博大。当现代性的脚步带来了西方“赛先生”与“德先生”，清华以“清新、活泼、民主、向上”的校风承续了这一传统，并从实践中发扬光大。季羡林在《梦萦水木清华》中曾提起几个实例：

> 我只举几个小例子。新生入学，第一关就是“拖尸”，这是英文字toss的音译。意思是，新生在报到前必须先到体育馆，旧生好事者列队在那里对新生进行“拖尸”。办法是，几个彪形大汉把新生的两手、两脚抓住，举了起来，在空中摇晃几次，然后抛到垫子上，这就算是完成了手续，颇有点像《水浒传》上提到的杀威棍。墙上贴着大字标语：“反抗者入水！”游泳池的门确实在敞开着。我因为有同乡大学篮球队长许振德保驾，没有被“拖尸”。至今回想起来，颇以为憾：这个终生难遇的机会轻轻放过，以后想补课也不行了。
>
> 这个从美国输入的“舶来品”，是不是表示旧生“虐待”新生呢？我不认为是这样。我觉得，这里面并无一点敌意，只不过是对新伙伴开一点玩笑，其实是充满了友情的。这种表示友情的美国方式，也许有人看不惯，觉得洋里洋气的。我的看法正相反。我上面说到清华校风清新和活泼，就是指的这种“拖尸”，还有其他一些行动。
>
> 我为什么说清华校风民主呢？我也举一个小例子。当时教授与学生之间有一条鸿沟，不可逾越。教授每月薪金高达三四百元大洋，可以购买面粉二百多袋，鸡蛋三四万个。他们的社会地位极高，往往目空一切，自视高人一等。学生接近他们比较困难。但这并不妨碍学生开教授的玩笑，开玩笑几乎都在《清华周刊》上。这是一份由学生主编的刊物，文章生动活泼，而且图文并茂。现在著名的戏剧家孙浩然同志，就常用“古巴”的笔名在《周刊》上发表漫画。有一

天，俞平伯先生忽然大发豪兴，把脑袋剃了个净光，大摇大摆，走上讲台，全堂为之愕然。几天以后，《周刊》上就登出了文章，讽刺俞先生要出家当和尚。[①]

清华大学的朝气与灵动，使众多毕业生在回忆母校时流露出无穷的眷恋与遐想。然而，在治学管理方面，清华大学却严谨有序。现代哲学家张岱年在《回忆在清华的岁月》中描述了所谓的“清华学派”：

清华学派又分为两支，一支是文史方面的清华学派，以陈寅恪、冯友兰、朱自清为主要代表；一支是哲学方面的清华学派，以金岳霖、冯友兰为主要代表。哲学方面的清华学派以注重分析为特点。金岳霖先生用逻辑分析方法写论文多篇，分析深细，达到很高的水平。冯友兰先生用分析方法研究中国哲学史，达到很高的成就。张申府在清华大学任教虽仅五年，也属于清华学派。张申府推崇辩证唯物论，又赞同罗素的分析哲学，认为两者是并行不悖，相辅相成的。注重分析，运用分析方法研究哲学理论问题是清华学派的特点。[②]

实事求是、严谨求实、注重实干是科学精神的重要内涵，也是清华精神的突出特色。在清华“行胜于言”的校风中，“严谨、勤奋、求实、创新”等都是其突出的特点。清华大学人文社会科学学院徐葆耕教授在《大学精神与清华精神》中提到清华“科学”与“实干”的精神本色：一是耻不如人；二是讲究科学；三是重视实干。纵观清华九十年的历史发展，他认为“拯救民族的集体尊严意识是清华发展的一个基本动力源。清华人的个性主体意识是很强的，以致给人以‘高

① 季羡林：《梦萦水木清华》，《季羡林全集》（第二卷），外语教学与研究出版社，2009年，第146—147页。

② 张岱年：《回忆在清华的岁月》，《师道师说：张岱年卷》，东方出版社，2013年，350页。

傲’的印象。但这种个人意识总是和民族尊严联在一起，而且对于那些最优秀的清华人来说：民族尊严感是他们个性中最重要的、最顽强的部分（闻一多是突出代表）”[①]。

清华大学站在广阔的国际视野中审视自我，用冷静客观的学理性思维分析利弊，成为中华民族传承文明、创造希望的学术殿堂。

在诸多文化名人的记录中，我们看到了“古朴”“常为新”的北大，“俊美”“严谨”的清华，看到了京城学府崇实精进的学风，看到了汇通中西古今、博采众长的莘莘学子，更看到了中国的先锋思想如何在那个动荡的时代之下依旧艰难而茁壮地发展。

3. 京城学府的别样风姿

北京城学府众多，除北大清华以外，还汇集了中国各学科的顶尖院校与学术机构。20世纪初北京学界就有一句俗话：“北大老，师大穷，唯有清华好通融。”其意思是北大学生学究气重，师大学生都是穷人子弟，只有清华的毕业生家庭富足，作风洋气，受姑娘们的欢迎。师大当时的收入靠国民政府的少量教育拨款支撑，不收学费，还要支付学生的伙食费与住宿费，自然无法与清华的经济实力相比。中华全国体育总会前副主席王耀东提起母校的“穷”曾说道：

> 那时候，在北京流行一句话“北大老，师大穷”，这话不虚，师大之穷我是有体会的。就体育设施而言，只有一个小操场，沿周边跑一圈，仅200米，中间是狭窄的足球场，长宽都不够尺寸，守门员开球，一脚就能踢到对方球门区。还有两个篮球场，一个排球场，另外有一个供练习武术的风雨棚。[②]

操场虽小，但却因当年鲁迅的演讲火了一把。1932年鲁迅在师

① 徐葆耕：《大学精神与清华精神》，《紫色清华》，民族出版社，2001年，第1页。

② 王耀东：《我是北师大一名老学生》，刘锡庆主编：《我与北师大：北师大百年校庆征文》，北京师范大学出版社，2002年，第6页。

范大学做了一次演讲，原本打算在“风雨棚”，后因人数过多改到露天操场。当时没有音响，学生人数众多，鲁迅只能提高声音“吼”着讲。现代作家王志之回忆道：“屋里的群众实在要暴动了，无数的激流往外面冲，门和窗户霎时在这一阵剧烈的恶浪汹涌中被摧毁了。”[①]

相比于北大、清华占据皇家园林的地理优势，师大的校舍较为局促。但是，对于外地贫困的学生来讲，师大“管吃、管住、管读书”这一点还是很有吸引力的。由于早期的京师大学堂师范馆重在培养清廷官员，食宿水准自然不会太差。现今北京四中的创办人王道元曾是京师大学堂的首届毕业生，他回忆了学校的餐食情况：

> 早餐是粥和面食，午晚两餐，每桌八人，六菜一汤。冬季四菜一火锅，荤腥俱全。如提调舍监，事务科长，诸高级职员和学生一道吃饭，需坐在主座。这颇合古语所说的国以“大烹养士”了。[②]

早期的京师大学堂集现代学校和传统书院于一体，1902年师范馆设立之初，其日本教习和中国教师就各占一半。教员的素养和水平也属全国一流，都是各界的名流和大师。现代化学教育家俞同奎在《四十六年前我考进母校的经验》中谈到学校的师资状况：

> 国学有桐城派大师吴挚甫先生主持，讲学之风，盛极一时。吴先生不久病故，由其弟子张鹤龄先生代替。其他杨仁山、屠敬山、王舟瑶诸先生，都是当时颇有名的人物。职员中如于式枚，如蒋惺甫，如李家驹，如王仪通，如袁励准亦

---

① 王志之：《鲁迅印象记》，四川人民出版社，1980年，第24页。

② 王道元：《前京师大学堂师范馆优级师范概况》，《人民教师的摇篮：北京师范大学》，北京师范大学出版社，1980年，第51页。

都是积学之士。[①]

不难看出，当年的师大从师资质量到人才培养都颇具实力。1912年，北京高等师范学校建立，学术气氛相比于当年的京师大学堂更加浓厚，教师的教学风格也更加宽松自由。张岱年在1928年考入师大教育系，他对学校的老师和学风印象深刻：

> 当时北师大的学风受北京大学蔡元培先生所提倡的学风的影响，也推崇思想自由，实行兼容并包。延聘教师以学术成就为主，不论政治观点。北师大采取学分制，学分够了即可毕业；学分不够，则须补修学分，然后才能毕业。学生自己选课，不须系主任批准。北师大的特点是比较宽松，既不设大一国文，也不设大一英语。我在听教育系课程之外也听国文系课程。当时最感兴趣的是邱椿先生讲的教育心理学与钱玄同先生讲的经学史。邱先生综述权威的学说，内容丰富，深入浅出，引起学生的兴趣。钱玄同先生讲课时边走边讲，自由发挥，可惜他讲的具体内容现在都忘记了。[②]

北师大学风自由开放，使学生和教师都能基于所学而施展自己的才能，不受外界的束缚。学生都有自主学习的习惯，注重自我思维体系的形成。曾在北师大任教的钱玄同强调启发式的教学和培养方法：

> 高等师范，所以造就将来之中学教师。是以学生自预科始，于听受而外尤贵能自己讲解。且程度较高，尤宜启发其自觉心，不当专以注入为主义。教师任指数人，各令讲解一节。讲毕，教师则奖其讲解明瞭者而摘其谬误者。其学生讲

① 俞同奎：《四十六年前我考进母校的经验》，毛子水、胡适、曹建等编：《学府纪闻：国立北平师范大学》，南京出版有限公司，1981年，第139页。

② 张岱年：《我与北师大》，刘锡庆主编：《我与北师大：北师大百年校庆征文》，北京师范大学出版社，2002年，第11页。

图 67　北京师范大学海淀校区木铎

解忽略之处，则重申讲明之。①

从京师大学堂师范馆开始，中国的师范教育已经跨越百年。时至今日，“学为人师，行为世范”成为北师大人新时代的思想标杆和治学态度，“为人师表”的校训与“木铎金声”的风尚伴随着一代代师范学子登上人生的讲台。

北京城得天独厚的地理位置与人文精神吸引了无数学子到此求学，翻开北京地图，区区一个学院路云集了众多中国知名学府，成为北京最具文艺气息的建筑地标。今天当你走在宽阔的长安街上，路过银街东单时，在街北的不远处矗立着一座庄严古朴的大楼，这便是中国协和医科大学。当年的豫王府成为学校一部分——九号院。这座百

① 钱玄同、马裕藻：《高等师范学校预科国文教授法草案》，北京师范大学校史编写组编：《北京师范大学校史　1902—1982》，1984 年，第 29 页。

图 68　北京师范大学昌平校区木铎

年王府有其自身的建筑特色：坐北朝南，台阶上平铺汉白玉的九龙图，门口矗立着两个大石狮子。可以说，九号院见证了近一个世纪协和医大的巨大变迁与发展。现今的协和医大在医学教育领域具有独特的地位与价值，临床医院——北京协和医院也成为亚洲知名的医疗中心。1912年协和医学院开幕典礼之时，出席庆祝活动的洛克菲勒基金会董事会秘书布瑞（Edwin R. Embree）感慨道：

初秋的北京分外美丽。胡同里不像平日那样尘土飞扬。街道上开张的店铺生动如画，来回兜售的小贩和乞丐的叫喊听起来也很和谐，出殡队伍和迎亲队伍展示着其铺陈庞大的设计。透过明朗的空气，远处的西山山色如黛，近处的景山则点缀着玲珑小亭。还有皇城那巨大的城门，金色屋顶的紫禁城。与这些相比毫不逊色的是，绿色琉璃屋顶的豫王府，那是我们的新医学院和医院。这个迷人的秋天，来自日本、英国、爪哇、朝鲜、菲律宾、加拿大、法国、美国和中国各重要省份的科学家和代表，一起来参观和庆祝PUMC。9月19日，由这些注明来访者组成的学术阵容，更是引人注目。来自东方和西方的科学家身穿西洋学院制服，列队前进。在绿色琉璃屋顶下，有设备先进的实验室和上了年纪的大水车，有成队的西医医学生、街上晃悠的苦力小工、常常可见到的乞丐。街上手艺人的叫唱混合着由新管风琴奏出的进行曲，它们送着纵队缓缓进入美丽的协和中式大礼堂。①

协和医学院在当时的建立意义非凡，它不仅在学术上领先于国内医学院校，其在硬件投入和师资水平上也是国内首屈一指。胡适也参加了此次开幕式，他在日记中也提到了开幕典礼的盛大规模：

是日典礼极严肃，颇似欧美大学举行毕业式时。是日着

图69　北京协和医院

① 讴歌编著：《协和医事》，生活·读书·新知三联书店，2016年，第43页。

学位制服参加队列者，约有一百余人，大多数皆博士服，欧洲各大学之博士服更浓丽壮观，自有北京以来，不曾有这样一个庄严仪式。[①]

协和医学院在建造上可谓世界一流，其师资力量、学生待遇、教学环境也是无可挑剔，首屈一指。可以说，协和医学院从开幕的那一天起就站在了中国现代医学的最高峰，引领中国医学走向更加辉煌的未来。

中西诸多名人都曾就读或执教于北京的学府，从他们的笔下我们窥见京城学府的别样风姿和历史足迹，也能从中浏览一段段饱含深情的青春故事。北京的学府虽不像长城、故宫等古迹那么声名显赫，受人瞩目，但其浓厚的人文气息和恰同学少年的风华正茂，给人以无限的遐想和回味，仿佛是一本博大而精深的经典著作，时时刻刻启迪着人的灵魂。

---

① 张霞：《1921年北京协和医学院开幕典礼》，《中华医史杂志》，2011年第1期。

三、胡同里的百味人生

提起北京地标，首先想到的是天安门、故宫。但是，要想真正了解老北京人的生活和文化，最应该逛逛的却是那一条条蜿蜒古旧的老北京胡同。在历代文化名人笔下，胡同的形象是古朴的，是传统的，是最有“京味儿”的，也是最有历史韵味的。

图 70　南锣鼓巷里的胡同

1. “乡土味”的称呼与命名

胡同是北京的“特产”。然而在八百年前的老北京，人们并不曾听说过“胡同”这个词。这是什么原因呢？北京市社会科学院研究员姜纬堂曾经讲过这一段历史：

> 只因为七百多年前蒙古族建立的元朝，以今天的北京为首都，统治全中国，胡同这个蒙古名词儿，才被移植到北京来。其实，它只是用汉字记蒙古语的音，所以很长一段时间，或写作“衚衕”，或写作“胡洞”，或写作“衚通”，或写作“胡同”，并无一定，后世为了求简单，才逐渐统一写作“胡同”。至于它在蒙古语中的本义，是指水井。[①]

① 姜纬堂：《旧京述闻》，山西人民出版社，2002年，第24页。

“巷”怎么会和“水井”扯到一块儿去了呢？这个问题邓友梅在《陋巷旧闻录》中做出了解答：

> 没错儿，从元世祖建大都就有了胡同。大都城是按设计图建设的：东南西北四面城门相对，城门之间以二十四步宽的大道相连。（也怪了，明明有尺，皇上偏要迈步量地！）大道与大道之间以十二步宽的小街相通。大道小街把北京城划成许多方格子，方格中每隔五十步再开一条六步宽小夹道。用以左右联络。大道小街好比动脉静脉，小夹道就是毛细血管。毛细血管里住人，人要打井喝水，蒙古人就管“井”叫“胡同”。北京到底有多少胡同？邻居二大妈说是：“有名的胡同九百六，没名的胡同赛牛毛！”不过这只是“大形势”，实际上胡同之外也有几条不叫胡同的小巷。比如曾国藩曾大人住过的“果子巷”，赛金花小姐住的“陕西巷”，名气一点不小。[①]

由此可见，胡同早在元代就已出现。尽管胡同的数量如此庞大，但是它们的命名却各有特色，蕴含着丰富的文化内容。有的胡同名称简单直白，直接按照所在方位命名，如东四八条胡同、东四十二条胡同等；有的名字生动形象，以其形状特点命名，如羊肠胡同、梯子胡同等；有的胡同是以人名或职业来命名，如文丞相胡同就是以南宋丞相、爱国诗人文天祥来命名的，以此命名的胡同非常多，数量多达上百个。近代诗人朱湘就曾在散文《胡同》中指出老北京胡同的命名富有地域色彩与暗示，甚至可以从名字中看出命名的原因，追溯其历史的渊源：

> 苏州胡同是京人替住有南方人不管他们的籍贯是杭州或

① 邓友梅：《陋巷旧闻录》，《小说选刊》，2000年第11期。

是无锡的街巷取的名字，弓弦胡同是与弓背胡同相对而定的象形的名称，以后我们便会觉得这些名字是多么有色彩，是多么胜似纽约的那些单调的什么 Fifth Avenue，Fourteenth Street，以及上海的侮辱我国的按通商五口取名的什么南京路、九江路。①

图 71　别有特色的胡同名称

现代作家林语堂也从地域性的角度，将胡同的名称加以划分。他在《辉煌的北京》中提到：

胡同的名称最能体现其具有乡土气息的特色与风格。它们的名称多由当地居民所起，因此总是那么生动形象。名字用词全是方言土语，并不求风雅。如“羊尾巴胡同”，不用文绉绉的“羊尾”而用“羊尾巴”。“马尾巴胡同”“牛犄角胡同”以及“弓背胡同”“弓弦胡同”等等，这些名字得

① 朱湘：《胡同》，《朱湘全集》（散文卷），安徽文艺出版社，2017年，第36页。

自胡同的形状。其他一些名字也同样简单，如“甜井”“奶妈”“竹竿”“小哑巴”“大哑巴”等等。但这些名称的写法多少经过了一点儿加工，用了一些同音异义字。如“大哑巴胡同”写成了“大雅珍巷”，关键的词用同音字替换了。外国公使聚居的“东河米巷”则改成了“东交民巷”。“干鱼胡同”写成了“甘雨胡同”，发音完全一样。还有一些名称得自行业或以某种货品出名的店铺，如“赵氏锥子巷”“灯市”等等。[①]

朱湘发现胡同还有一个突出的特点，就是很多名称都是重复的。有的是因为胡同的样子，有的是因为胡同中有特色的店铺，起的名字会相似或一样。这使很多初来乍到的外乡人深陷其中感到不解：

京中的胡同有一点最引人注意，这便是名称的重复：口袋胡同、苏州胡同、梯子胡同、马神庙、弓弦胡同，到处都是，与王麻子、乐家老铺之多一样，令初来京中的人，极其感到不便，然而等我们知道了口袋胡同是此路不通的死胡同，与“闷葫芦瓜儿”“蒙福禄馆”是一件东西。[②]

胡同名称看似通俗普通，却蕴含着丰富的历史和故事。例如，萧乾曾在《北京城杂忆》中提及：

有些很平常的地名儿，来历不平常。拿府右街的达子营来说吧。据说乾隆把香妃从新疆接回来之后，她成天愁眉不展，什么荣华富贵也解不了她的乡愁。那时候皇帝办事可真便当！他居然就在皇城外头搭了这么个地方，带有浓厚的维

① 林语堂：《辉煌的北京》，《林语堂名著全集》（第二十五卷），赵沛林、张钧、陈亚珂、周允成译，东北师范大学出版社，1994年，第211页。

② 朱湘：《胡同》，《朱湘全集》（散文卷），安徽文艺出版社，2017年，第36页。

族色彩。香妃一想家，就请她站在皇城墙上眺望。也不知道那个“人工故乡”，可曾解了她的乡愁！①

胡同这些有趣的名字至今留存下来，成为历史上老北京人生活足迹的见证，也鲜活地记录了北京发展的历史镜像，为后代遗留下了真实而宝贵的文化矿藏。

2. 胡同深处的宁静与喧闹

居住在胡同里的人祥和安逸地生活，赋予了胡同宁静与悠长的特色。张恨水曾在《五月的北平》里提到：“在古老的胡同里，四五株高槐，映带着平整的土路，低矮的粉墙，行人很少，在白天就让人觉得其意幽深，更勿论月下了。”② 寥寥几句，勾勒出古雅静穆的胡同形象。在江苏人、当代作家苏童的眼里，胡同不仅是幽静之所，更是安逸闲适的养生之地：

> 适宜漫步的是东城西城那些僻静而整洁的胡同，当然是在没有风沙和寒冷的夏秋之季，偶尔地你看见一个卖糖葫芦的推着车一路叫卖，看见一些未经改造破坏的四合院门墙在阳光下闪着朴拙而古老的色泽，听见某个门洞里传来老人聊天的声音（老北京人说话尤见韵味和美感），你会觉得北京其实也是安逸闲适的养生之地。③

胡同虽然幽静，但也不乏喧哗与热闹。夜晚的静谧与白天的喧闹形成鲜明对比。胡同特有的吆喝叫卖声，如此充满生机和活力，为老北京人的儿时记忆涂上了生动绚丽的色彩。曹禺曾在三幕剧《北京

① 萧乾：《北京城杂忆》，《萧乾文集》（第四卷），浙江文艺出版社，1998年，第431页。

② 张恨水：《五月的北平》，《子曰丛刊》，1948年第2期。

③ 苏童：《北京胡同》，《寻找灯绳》，江苏文艺出版社，1995年，第43页。

人》中绘声绘色地展现了老北京胡同里卖酸梅汤的情景：

> 远远在墙外卖凉货的小贩，敲着冰盏——那是一对小酒杯似的黄晶晶的铜器。垒在掌中，可互击作响——丁零有声，清圆而嘹亮，那声节是“叮嚓，叮嚓，叮叮嚓，嚓嚓叮嚓”，接着清脆的北平口音，似乎非常愉快地喊卖着：“又解渴，又带凉，又加玫瑰，又加糖，不信你就闹碗尝一尝！”“酸梅的汤儿来哎。另一个味的呀！”冰盏又继续簸弄着：“叮嚓嚓，叮嚓嚓，嚓嚓叮叮嚓！”[①]

图 72　胡同里的小贩吆喝场景

通过“叮嚓，叮嚓，叮叮嚓，嚓嚓叮嚓”等声情并茂的语言，仿佛这样生动清脆的声音在我们的耳畔回响。萧乾也在《老北京的小胡

① 曹禺：《北京人》，《曹禺戏剧全集》（第三卷），人民文学出版社，2014年，第18—19页。

同》中描述道：

> 啊，胡同里从早到晚是一曲动人的交响乐。大清早就是一阵接一阵的叫卖声。挑子两头是“芹菜辣青椒，韭菜黄瓜”，碧绿的叶子上还滴着水珠。过一会儿，卖“江米小枣年糕”的车子推过来了。然后是叮叮当当的“锔盆锔碗”的。最动人心弦的是街头理发师手里那把铁玩意儿，“瞰啦”一声就把空气荡出漾漾花纹。①

的确，胡同里一年四季、不分昼夜的叫卖声极具特色，陪伴着北京人的成长步调，赋予了胡同生活特有的韵味，让人印象深刻。晚年的梁实秋虽移居在台北，但仍忘不了北平零食小贩的呼声，认为“其抑扬顿挫，变化颇多，有的豪放如唱大花脸，有的沉闷如黑头，又有的清脆如生旦”②，好似京剧的唱腔，为胡同增添了独特的韵味。林海音也在文章中描述了胡同内抑扬顿挫的叫卖声，悦耳动听，妙趣横生：

> 胡同里虽然时有叫卖声，但是一点儿也不吵人，而且北平的叫卖声，各有其抑扬顿挫，现在回想起来，非常好听。比如夏日卖甜瓜的过来了，他搁下挑子，站在那儿，准备好了，就仰起头来，一手自耳朵后捂着，音乐般的喊着：“ei——卖暖好吃dei——苹果青的脆甜瓜咧——”他为什么半捂着耳朵，是为了当喊出去的时候，也可以收听自己的叫喊声是否够味儿吧！上午在胡同里出现的，有卖菜的，卖花的，换绿盆儿的，换取灯儿的，送水的，倒土的，掏茅房

---

① 萧乾：《老北京的小胡同》，《萧乾全集》（第四卷），湖北人民出版社，2005年，第753页。

② 梁实秋：《北平的零食小贩》，《梁实秋文集》（第二卷），鹭江出版社，2002年，第423页。

的……都是每天胡同生活的情景。①

广东顺德作家黄秋耘也曾在《京华旧忆》中将吆喝声编成了一首歌谣，食物名字在小贩的歌声中显得尤为亲切动人，让人垂涎欲滴：

旧日京华的遗迹，给予我最深刻印象的，恐怕是响彻胡同深处的吆喝叫卖：

赛梨啊，心里美……萝卜！
硬面……饽饽！
大串……冰糖葫芦儿啊！
滚烫的杏仁茶啊！
冰镇的酸梅汤啊！
五香肥驴肉啊！
半空儿花生啊！
开锅的炸豆腐啊！……②

胡同的商业气息浓厚，老北京的孩子们在这里尝到了新鲜美味的小吃和饮料，但凡耳边传来那悠远绵长的吆喝声，嘴边便不由自主地泛起一丝丝的“馋”意。感官上的满足不仅限于味觉，胡同小贩也会带给你一场视听盛宴。这种“惊喜”使这商业气息浓重的街道瞬间变成了孩童们的游乐场。北京当代作家于润琦在《胡同情结》中描述了胡同的耍猴表演：

小时候，最让我开心的事，就是看耍猴儿。只要一听胡同里的锣声（耍猴的一进胡同先敲锣，为的是招揽看客），立刻就放下手里的一切，哪怕是在做功课，拔腿就往街

① 林海音：《在胡同里长大》，《林海音文集》（第二卷），江苏文艺出版社，2011年，第53页。

② 黄秋耘：《京华忆旧》，《寻梦记》，花城出版社，1991年，第34页。

上跑。

追上耍猴的，等他撂了地，盼望他马上开演（耍），可耍猴的沉得住气，非要等到人多了才开场。直等到人多了，耍猴的才张口说：“有钱的给个钱场，没钱的给个人场。”然后拿着笸箩敛钱，敛完钱后才开演。

小猴们穿着各种彩色官衣，红色、绿色、粉色、黄色都有，色彩艳丽。一般的猴儿都穿短款儿，上身是坎肩类，下身穿裤衩儿，四肢都露着，主要是为活动方便的缘故。也有穿长袍的（这种打扮的少）。穿长袍的猴儿会自己开箱取物（或面具），一会儿取出一顶带翅的官帽，一拐一拐地走一圈儿，再去取一顶瓜皮帽儿，戴在头上更是滑稽，这种表演会把我（们）逗得手舞足蹈。①

当然，胡同里的叫卖声并非都悦耳动听，张恨水就曾提及夜深时分卖硬面饽饽的人的凄惨尖厉的叫卖声，他在《市声拾趣》一文中写道：

当那万籁俱寂、漫天风雪的时候，屋子外的寒气，像尖刀那般割人。这位小贩，却在胡同遥远的深处，发出那漫长的声音：“硬面……饽饽哟……”我们在暖温的屋子里，听了这声音，觉得既凄凉，又惨厉，像深夜钟声那样动人，你不能不对穷苦者给予一个充分的同情。②

胡同的幽静和喧闹彼此并立却又互相融合。白日里是闹中取静，集市中的喧闹声在胡同口被阻断，小贩们的叫卖声、小孩子的嬉闹声交织在槐树成荫的胡同大院里，加深了胡同的宁静感。汪曾祺在《古

---

① 于润琦：《胡同情结》，《文人笔下的旧京风情》，中国文联出版社，2003年，第31—32页。

② 张恨水：《市声拾趣》，《新明报》（重庆），1945年1月16日。

都残梦——胡同》中曾描述过胡同的幽静：

> 胡同里是安静的。偶尔有磨剪子磨刀的“惊闺”（十来个铁片穿成一串，摇动作响）的声音，算命的盲人吹的短笛的声音，或卖硬面饽饽的苍老的吆唤一声：“硬面儿饽——阿饽！”“山静似太古，日长如小年”，时间在这里又似乎是不流动的。①

深夜里，四合院的人们入睡之后，空旷寂静的胡同里传来小贩的叫卖声，清晰而悠长，别有一番意境。现代女作家凤子在《胡同·小院·人家》里就提到了这种情趣：

> 我忘不了刚来到北京的时候。当年胡同像个垂暮的老人，深印在记忆中的是静。因为静，时时传来做小买卖人的叫卖声。当夜深人静时，特别增添了一点地方情趣，什么“硬面饽饽”“驴肉”。我们从未买过，听到这声音，似乎看到钟表一样，已是深夜了！②

老北京人享受着生活的惬意与祥和，聆听着清脆的吆喝，世世代代生活在这片皇城根儿的沃土上，颐养天年，安居乐业。

3. 老北京人血液中的“胡同基因”

作为北京历史的见证者，胡同可以说是北京城中最重要的历史舞台之一。例如总布胡同，它不仅见证了五四时期“火烧赵家楼”等一系列历史事件，更目睹了林徽因、梁思成、金岳霖等学者思想的碰撞。再如八大胡同，其由石头胡同、胭脂胡同等八个胡同组成，曾是

---

① 汪曾祺：《古都残梦——胡同》，《汪曾祺全集》（第六卷），人民文学出版社，2019年，第289页。

② 凤子：《胡同·小院·人家》，《人间海市》，上海文艺出版社，1998年，第207页。

烟花柳巷的代名词。它见证了蔡锷将军为摆脱袁世凯的控制，假意流连于八大胡同，从而结识小凤仙等风流韵事。还有著名的小羊圈胡同，则是著名作家老舍童年生活的场所，《四世同堂》等老舍的知名作品都是以小羊圈胡同为背景。正如现代戏剧家鲁彦周所说的那样，胡同就像是一部历史书籍：

> 我第一次领略北京胡同幽情是在五十年代。那时的北京胡同很像一部历史书籍并未被人篡改，深灰色的墙，浅黄色的路，黑色的门，红色的门楣和楹联，深绿和浅绿的老槐树、枣树，都还是原封不动地摆在那儿，我喜欢它的白天，明晃晃的阳光照在胡同里，有时有人，有时无人。有时有声，有时无声。我走进去仿佛走进历史，我连自己的脚步都放轻了，我怕惊醒我自己的幻梦。我更喜欢它的夜晚，我喜欢月光照在胡同里。一半明亮一半黑暗，我有时走进黑暗，有时走进光明，我走进槐树或是枣树的阴影里，我透过树叶的隙缝望着星空，我便自然地想起鲁迅的“窗外有一棵枣树，还有一棵也是枣树”。于是我的眼前便出现了着长袍的在北京胡同里的月光下走着的鲁迅，我便感觉到一种沉重的历史脚步声，这沉重使当时还年轻的我的年轻的心，也变得沉重起来了。①

“一方水土养一方人”，方方正正的胡同不仅是北京人特有的居住环境，也促成了他们性格中的共同特点。胡同正南正北、正东正西的严格布局，使北京人除了具有强烈的方位意识外，潜移默化中也形成一种严丝合缝、井然有序的行为方式；在自我管理上也体现出“安分守己”“保守顺从”的特征，就像京派作家汪曾祺在《胡同文化》中这样描述的老北京人：

① 鲁彦周：《胡同幽思》，《正堪回首》，上海文艺出版社，1997年，第175页。

北京胡同文化的精义是“忍”，安分守己、逆来顺受。老舍《茶馆》里的王利发说“我当了一辈子的顺民”，是大部分北京市民的心态。[①]

老北京人的“顺”体现出他们独特的人生哲学，顺应时代，顺应生活，也顺从自我。精致考究的烤鸭是一种生活，平凡普通的虾米皮白菜也是一种生活。老北京人对物质生活的要求并不高，所以一碗炸酱面也可以陪伴他们半生沉浮。胡同历史中沉淀的传统使人们仿佛生活在一种“心照不宣的规矩”之中，没有人会因此而感到不满或质疑。当代女作家薛燕平在《琉璃》中有这样一种体悟：

表面看着平静祥和的胡同，就像个巨大的蜘蛛网，住在胡同里的人，就是一只只被网住的小虫儿，喜怒哀乐早被控制了，你每挪动哪怕细小的一步，都被看个明白；事实是，你的言行举动早被规定好了，不按规定的路数走，不行，想倒行逆施，没门。这儿的规矩大了，没这些胡同的时候就有了规矩，或者说，胡同就是照着规矩建造的也未可知。[②]

常年生活在胡同和四合院里的人们有着特有的文化风气，邓友梅曾经这样描述这种风气：

深宅大院也好，破房漏屋也罢，出了大门都是胡同。不管长胡同短胡同，老北京人都是胡同里长大的孩子。不管是穷户是富户，除去各家特性外都要沾点胡同人的共性。几辈子人的胡同生活，造成胡同特有的文化和风习。胡同有自己的脉搏，有自己的节律。听见门外有人问：“早起来了您哪！”就知道

---

① 汪曾祺：《胡同文化——摄影艺术集〈胡同之没〉序》，《汪曾祺全集》（第十卷），人民文学出版社，2019年，第266页。

② 薛燕平：《琉璃》，北京时代华文书局，2016年，第81页。

隔壁四大爷在扫街，该起床了；一声“茄子辣青椒，买扁豆咧”明白已是半晌午，主妇们会开门买菜；静悄悄的夏日午后传来叮当冰盏，招来多少孩子们美语；寂寞的冬夜听到“硬面饽饽”叫卖，唤起几多老年人的叹息。二大爷没起早扫街，是不是病了？得看望一下，别让孤老头子一个人熬着；二大妈没出来买菜，八成送绣活没回来，得给买把茴香留着，明天是她孩子生日，别耽误催生饺子长寿面……①

4. 四合院的艺术世界

说到胡同，不能不提四合院。因为胡同和四合院本是一体。如果说胡同营造了老北京的地域气息，四合院则书写了老北京人的生活原貌。正如刘一达在《胡同味道》中所说：“胡同是北京人的根儿，四合院是北京城的魂儿。”② 北京的四合院历经三千多年的嬗变，承袭了中国传统庭院式住宅样貌，堪称中国汉族居民住宅的正宗典型。北京的四合院颇具京味儿特色，记载了老北京人最真实、最具特色的生存原貌，也从另一个角度折射出中国伦理家庭的风俗传统。正如清末民初学者王国维在《明堂庙寝通考》一文中曾说：

我国家族之制，古矣！一家之中有父子、有兄弟。而父子兄弟又各有匹偶焉。即就一男子而言，其贵者有一妻焉，有若干妾焉。一家之人，断非一室所能容，而堂与房，又非可居之地也。故穴居野处时，其情况余不敢知；其既为宫室焉，必使一家之人所居之室相距至近，而后情足以相亲焉，功足以相助焉。然欲诸室相接，非四阿之屋不可。四阿者，四栋也。为四栋之屋，使其各堂向东西南北于外，则四堂后之四室，亦自向东西南北而凑于中庭矣。此置室最近之法，

① 邓友梅：《闲居琐记》，中国友谊出版公司，1998年，第37页。

② 刘一达：《胡同味道》，中国华侨出版社，2011年，第3页。

图 73　四合院

图 74　大杂院

最利于用，而亦足以为观美。[①]

中国的家族人口众多，家庭观念很重，人作为家庭的一部分而存在。因此，只有像四合院这种“群居式”建筑才能与之相称。北京的四合院富有北方建筑深、厚、大的特点，与北京人爽快、豁达的性格一脉相承。上海红学界元老邓云乡在比较江南庭院与北京院落之不同时说：

江南根本不叫“院子”，而叫作“天井”，我在苏州、杭州这种老式房子都住过，我常常站在长满青苔的青石板的天井中，望着四面严丝合缝的房子，那高大的常常一年四季开着门窗，想象北方“四合院”的房子的院子，感到江南的庭院是幽静的，北京的院落是雍容的……其情调虽各有不同，但都能给人以思考，给人以舒畅的呼吸，但我现在每每感到，这都是往昔的事了。[②]

现代编辑家叶灵凤是江苏人，一直居住在上海，但他对北京有一种特殊的情感。来北京时他暂居朋友家中，亲身体会了四合院落中的“美”与“趣”，与上海的“市井生活”形成鲜明对比。在他的散文《北游漫笔》中，记录了他畅游京城时的所想所感，其中蕴藏了对北京四合院的独特领悟：

离去海甸搬到城内朋友的住处后，我才住着了纯粹北方式的房屋。环抱了院子矮矮的三楹，纸糊的窗格，竹的门帘，花纸的内壁和墙上自庙会时买来的几幅赝造的古画，都完全洗清了我南方的旧眼。天气虽热，然而你只要躲在屋内

① 王国维：《王国维手定观堂集林》，浙江教育出版社，2014年，第56—57页。
② 邓云乡：《北京四合院》，人民日报出版社，1990年，第8页。

便也不觉怎样。在屋内隔了竹帘看院中烈日下的几盆夹竹桃和几只瓦雀往返在地上争食的情形，实在是我那几日中最欣赏的一件乐事。入晚后在群星密布的天幕下，大家踞在藤椅上信口闲谈，听夜风掠过院中槐树枝的声音，我真咒诅这上海几年多度的市井的生活。[①]

北京的四合院大小各异，但无论大小，如果你身居其中，静静地回味其中的韵味和乐趣，会让你有种亲近、祥和之感。每个四合院都有自己的建筑特色和装修风格，但从总体上来讲，北京的四合院兼具历史的厚重与现代的便捷，渗透着浓浓的北京味儿。中国传统北方文人历来讲究对居住的房屋与自然美景的联结与汇通。屋内的装修与屋外的景物融为一体，互相映照。因此，老北京人也沿袭了这样的建筑习惯与审美风格，注重院内的景物设计。张恨水在散文《五月的北平》中曾描写四合院春意盎然的美景：

北平所谓大宅门，哪家不是七八上下十个院子？哪个院子里不是花果扶疏？这且不谈，就是中产之家，除了大院一个，总还有一两个小院相配合。这些院子里，除了石榴树、金鱼缸，到了春深，家家由屋里度过寒冬搬出来。而院子里的树木，如丁香、西府海棠、藤萝架、葡萄架、垂柳、洋槐、刺槐、枣树、榆树、山桃、珍珠粤、榆叶梅，也都成人家普通的栽植物，这时，都次第的开过花了。尤其槐树，不分大街小巷，不分何种人家，到处都栽着有。在五月里，你如登景山之巅，对北平城作个鸟瞰，你就看到北平市房全参差在绿海里，这绿海就大部分是槐树造成的。[②]

---

① 叶灵凤：《北游漫笔》，《叶灵凤散文》，浙江文艺出版社，2003年，第90—91页。
② 张恨水：《五月的北平》，《子曰丛刊》，1948年第2期。

相比于现在城市高楼林立的嘈杂与拥挤，四合院这种“抬眼望天，低头见土”的居住空间更能给人以遐想和趣味，也有一种雅静舒适之感。北京人除了对四合院的整体布局颇为讲究，对院子的位置也依照风俗做了限定。靳麟在《四合院》一文中写道：

> 从前，北京人住房的讲究很多，俗语说：“有钱不住东南房，冬不暖，夏不凉。”都乐意住路北的房子，四角齐整的院子，不喜欢倒下台阶，说那是进门跳坑。更忌讳带刀把形的院儿。既不愿四不靠，也腻味挨着庙，北京人有这样的四句话：“宁住庙前，不住庙后，宁住庙左，不住庙右。”
>
> 如果对过儿（北京俚语，意为对面）有什么高大的东西对着自己的大门或正房，便会认为是个镇物，对自己冲克，不吉利，就要立个“太公在此”、“吉星高照”或是“泰山石敢当”的石碣或木牌，用以镇邪驱魔。
>
> 院子里不能种松柏树和杨树，因为那都是阴宅中的树木。①

北京人对院子的位置和朝向颇有讲究，对院子的设计和装饰也十分考究。就拿门口来讲，老北京人的“宅子”门口，一定要请技艺高超的石匠师傅雕砌样式精美又坚固实用的基石，也叫“门墩儿”。邓云乡以周简段为笔名，创作了《神州轶闻录》一书。书中从节庆、市井生活等方面记录了北京的民俗风情，其中也讲到四合院门口的门墩儿。在他看来，门墩儿是宅府的象征，在北京古老的街道上展列着各式各样的门墩儿，徜徉其中有如逛博物馆，新奇而有趣：

① 靳麟：《四合院》，中国人民政治协商会议北京市委员会文史资料研究委员会编：《北京往事谈》，北京出版社，1988年，第50页。

旧京宅第的门墩儿，皆以青石雕刻，盖因其质地坚硬而延年也。其大小与高矮、图案复杂与简单，则因宅门等级而有明显区别。其轮廓亦有别：明清时老宅子的门墩儿，上圆而下方；民国以后维新派所盖宅子的门墩儿，通体则呈长方形，雕刻虽求精细，却缺乏古朴典雅的情调。彼时看虽不可取，如今亦成为十分珍贵的石雕艺术品。

老式的门墩儿，上部皆为石鼓形，两侧密排“帽钉”，匀称整齐，历历可数，仅此一点即见雕石技艺之精良。其上所刻之兽形，或狮，或虎，或麒麟，或獬豸；其态势，或卧，或坐，形神兼备，栩栩如生。门墩儿两侧及下面所刻之图案，或“云头”，或“绣球”，或“方胜”，或“盘长”，或“祥云锦”，或“如意头”，或“豹脚纹”，或“暗八仙”，或“花草拐子”，或“绳索拱璧”……真可谓千变万化，绝无雷同。至于其线条，清晰而流畅，立体感极强。老式门墩儿的雕刻艺术，内容与形式已臻高度统一的完美境界。①

图75 门墩儿

四合院记录和书写了世世代代老北京人的喜乐生活和艺术想象。当夕阳的霞光映照在一栋栋古雅灰白的宅院上，屋顶的瓦片覆盖了一层金黄的余晖，街道中回荡着一声声动人的吆喝，大人孩子们卸下行囊，踏进家门，

① 周简段：《老俗事》，新星出版社，2008年，第214页。

结束了繁忙又充实的一天，胡同又恢复了夜晚的宁静与安详。多年以后，漂泊在异乡的北京人回忆起家乡，依然挂念着这一栋栋美丽而典雅的四合院与大杂院，因为那是儿时最温暖、最甜美的梦想。

一座四合院，浮在秋天的花影里
夜晚，桂花香会沁入熟睡者的梦乡
周围，全是熟悉的亲人
——父亲、母亲、姐姐、妹妹
都在静静地安睡

那曾经是我作为一个游子
漂泊在异乡时最大的梦想①

① 李少君：《四合院》，《李少君自选集》，长江文艺出版社，2011年，第30页。

四、多重心态的都城居民

北京的城是迷人的，生活在这座城市里的北京人的风骨，更是动人的。他们处变不惊、气定神闲的精神气质、讲老理儿讲规矩“局气”的处世规则、隐忍和幽默并存的生活智慧，以及外来者的耕耘与收获、心酸与喜悦，都在文人墨客的笔下绽放出了别样的魅力。

1. 气定神闲：老北京人的精神气质

一座城市的动人之处，在于其地理风貌，更在于其精神气质。一方水土养一方人，北京城历经数百年朝代更迭、兴衰荣辱，皇城根儿下的老北京人耳濡目染，在世事的风云变幻里，孕育出一种特有的“做派”。这种做派，不是一手提笼架鸟，一手盘俩文玩核桃就能学了去的。北京人骨子里的气定神闲，是祖祖辈辈传下来的精气神儿。这种精气神儿，在老舍先生看来，和打太极拳相似，是动中有静、安适自然的。正如他所言：“巴黎有许多地方使人疲乏，所以咖啡与酒是必要的，以便刺激；在北平，有温和的香片茶就够了。”①

正红旗出身的老舍，擅长以独创的幽默笔法描写悲剧，这种“笑中有泪，泪中有笑”的创作风格正是源于北京八旗子弟的精神气质。清朝末年，八旗子弟生活得非常压抑和痛苦，为了稍获解脱而不能不着意练就愁里寻欢、苦中作乐的本事；到了民国初年，他们的社会地位更是一落千丈，更只得在戏谑调侃插科打诨间，求得暂时的心理安慰。长此以往，夹杂着几分玩世不恭的幽默天性便融入了京城旗人的骨血中。作为满族人的老舍，也继承了旗人的幽默天性，并将这种天性融入他的创作活动中，从而达到了悲剧主题的严肃性与艺术风格的幽默感水乳交融。可以说，老舍式的幽默格调，亦出于作家对京城满族文化的包容和提升。他在自传体长篇小说《正红旗下》中说道：

① 老舍：《想北平》，《老舍全集》（第十四卷），人民文学出版社，2008年，第56页。

"我们创造了一种独具风格的生活方式：有钱的真讲究，没钱的穷讲究。生命就这样沉浮在一汪有讲究的死水里。"[①] 甚至这种生活方式颇有玩物丧志的意味："他们在蛐蛐罐子、鸽铃，干炸丸子……等等上提高了文化，可是对天下大事一无所知。他们的一生像作着个细巧的，明白而有点糊涂的梦。"[②] 随着清朝的灭亡，这些曾经靠着祖上的军功闲散度日的纨绔子弟不得不自谋生路，可随遇而安的散漫已经融入了他们的骨血里。正如郑振铎在散文《北平》里说的那样："他们可以在这同一的水边，城墙下，溜达整个半天，天天如此，年年如此，除了刮大风，下大雪，天气过于寒冷的时候。你将永远猜想不出，他们是怎样过活的。"[③] 北京话里有个词语叫"老泡儿"（北京俚语中另有"老炮儿"一词，是对上了年纪的、年轻时性格暴烈、惹是生非的混混的一种含贬义的称呼），它最初的含义就是形容这些混迹于茶馆、澡堂、戏园等场合的无所事事的八旗子弟。汶川在他的文章《"老泡儿"不是"老炮儿"》中说：

> "老泡儿"这词儿自打民国就有了，那是照大清国的遗老遗少说的。朝廷没了，皇粮断了，个个脑袋上顶着辫子茬子也要撑个架势。不管到哪儿反正也是没事干，就"泡"起来！您瞧好喽，"老泡儿"不是大炮的"炮"，是"泡"。您听说过这话儿吧？——"今儿个我'凉水沏茶'，泡了！"泡茶馆、泡澡堂子、泡青楼、泡戏园子……
>
> 泡，就是一股劲儿，爱谁谁！一种自个儿泡出来的范儿，我就是我！说白了，是一种自恋陶醉的"爷"的状态。[④]

---

① 老舍：《正红旗下》，《老舍全集》（第八卷），人民文学出版社，2008年，第462页。

② 老舍：《正红旗下》，《老舍全集》（第八卷），人民文学出版社，2008年，第463页。

③ 郑振铎：《北平》，《郑振铎全集》（第二卷），花山文艺出版社，1998年，第534页。

④ 汶川：《"老泡儿"不是"老炮儿"》，《北京纪事》，2019年第1期。

不单是四九城里的王孙贵胄，贫苦的百姓身上也不乏这种“气定神闲”的精气神儿。朱光潜笔下《慈慧殿三号——北平杂写之一》里的车夫一家，日子虽然过得极为清贫，却也是悠闲自在：

> 慈慧殿三号的门楼右手只有两间这样三面墙的房子，五六个车子占了一间；在其余的一间里，车夫，车夫的妻子和猫狗进行他们的一切活动：做饭，吃饭，睡觉，养儿子，会客谈天等等。晚上回来，你总可以看见车夫和他的大肚子妻子“举案齐眉”式的蹲在地上用晚饭，房东的看门的老太婆捧着长烟杆，闭着眼睛，坐在旁边吸旱烟。有时他们围着那位精明强干的车夫听他演说时事或故事。虽无瓜架豆棚，却是乡村式的太平岁月。①

北京人的气定神闲源于“见过世面”。在这个史诗级的城市中，见过了朝代更迭的风云变幻，见过了“朝为田舍郎，暮登天子堂”，也见过了“陋室空堂，当年笏满床”，知命乐天的北京人，把心态打磨得如同超然世外的斑驳的老城墙一样从容。无论是多么恶劣的生存环境，北京人始终保持着处之泰然的风范。在烽火连天的战争年代里，猛烈的炮火亦不能驱散这种独有的精神气质。肖复兴在描述北京人的特点时说：

> 用老北京人的话来说，就是小日本的大炮在西直门外响了，城里缺粮少吃了，就是只有窝窝头和老咸菜疙瘩吃了，咱照样把咸菜疙瘩切成讲究的丝儿，没香油浇，也得用水洗得水灵灵的。②

---

① 朱光潜：《慈慧殿三号——北平杂写之一》，《欣慨室随笔集》，中华书局，2012年，第59页。

② 肖复兴：《北京的精气神儿就是“气定神闲”》，《北京晚报》，2011年11月2日。

“人生如月，盈亏有间”是北京人对世事的感悟。无论经历了多少磨难，都能用“宠辱不惊”这四字应付了去。只要粮店还卖棒子面，日子就过得下去。汪曾祺的小说《八月骄阳》里有这样一段对话：

> “还有个章法没有？我可是当了一辈子安善良民，从来奉公守法。这会儿，全乱了。我这眼面前就跟‘下黄土’似的，简直的，分不清东西南北了。”
>
> “您多余操这份儿心。粮店还卖不卖棒子面？”
>
> “卖！”
>
> “还是的。有棒子面就行。……”[①]

就是这样什么都看得开，什么都放得下的心态，使得民淳俗厚的北京更有着一份自在与宽容。正因为如此，外乡人周作人在1936年6月发表的《北平的好坏》一文中给予了北京中肯的褒奖：“北平的人情也好，至少总可以说是大方。大方，这是很不容易的，因为这里边包含着宽容与自由。”[②] 谢冰莹也很是欣赏这样没有统制、各行其是的氛围，她在散文《北平之恋》中说：

> 上面我已说过，北平民风淳朴，我们不论在那儿做事或者住家，随便你穿什么破旧衣裳，绝对没有人耻笑你；出门你尽管安步当车；回到家来，尽管你吃棒子面、窝窝头，也绝不会有人奚落你；因此每个到过北平的人，不论贫富没有

① 汪曾祺：《八月骄阳》，《汪曾祺全集》（第三卷），人民文学出版社，2019年，第54页。

② 周作人：《北平的好坏》，《周作人散文全集》（第七册），广西师范大学出版社，2009年，第269页。

不赞美她，留恋她的。[①]

北京人过日子不求轰轰烈烈，只图个逍遥自在，这种气定神闲的精气神儿，融汇在日常的生活里，常常被误解为“懒”。这种“懒”，在闻名全国的“葛优瘫”上体现得淋漓尽致。个头差不多的几个人坐在一起，北京人总比其他人要矮一截儿，这种半瘫半躺的慵懒坐姿，可以作为分辨北京人的“小窍门”。这种“懒”，也体现在让外地人听得一头雾水的京腔京韵上。北京人嘴巴里像含着一个光溜溜的泥鳅，一不留神整句话就“嗖”地滑了过去。假使一个外来者，能勉强猜出“冤潭”是玉渊潭，他无论如何也听不出“装垫儿台”是中央电视台吧。这种“懒”，也能反映在对食物的制作上。北京的特色面点“懒龙”，长条形的花卷夹着猪肉或牛肉大葱馅儿，这不就是包饺子嫌要擀皮蒸包子嫌要捏褶才出现的“不费事”的美味吗？这种“懒”，也表现在夏天北京大爷脚上趿拉的标配“片儿懒”上，一脚蹬进去，走路踩着后脚跟儿，就这么摇着蒲扇在胡同里溜达。这种“懒”透着舒坦、洒脱和自在，更像是北京人专注自己的生活，追求踏踏实实的日子。对光鲜亮丽的生活似乎没什么兴趣，他们眷恋着自己的家并怡然自得。正如汪曾祺在《胡同文化》中所说，即使居住的房屋非常残破了，“旧房檩，断砖墙。下雨天常是外面大下，屋里小下”[②]。可是“他们不舍得‘挪窝儿’——‘破家值万贯’”[③]。在陈建功20世纪90年代初期的小说《耍叉》中也写了北京人这种“恋家”的情怀：

① 谢冰莹：《北平之恋》，孙晔编：《北京四九城里的风流岁月》，北方文艺出版社，2016年，第328页。

② 汪曾祺：《胡同文化》，《汪曾祺全集》（第十卷），人民文学出版社，2019年，第265页。

③ 汪曾祺：《胡同文化》，《汪曾祺全集》（第十卷），人民文学出版社，2019年，第265页。

过去的北京人，好像还有点儿夜生活，不信找老北京问问，前门的夜市啦，戏园子的夜戏啦，都说得有滋有味儿，也不知从什么时候开始，北京人夜里变得没精打采了，早早儿的，关灯睡觉。这几年，当局一劲儿想辙，让北京人夜里欢，可还是欢不起来。有了电视，北京人窝在家里，更是踏踏实实的。老辈儿人不愿离开家，那是理直气壮的——哪儿比得上家好？吃喝拉撒，样样方便。守个电视，啥都见着了，谁没事天天晚上出去花钱买累受？年轻的呢，有的是不忍离开家——家里有老有小，你抛撇得开吗？家里也惦记着你呢，你能不管不顾天天晚上出去疯。有的是不敢离开家——把老的小的给扔家里，你们小两口出去欢？不让老辈儿的戳脊梁骨？因此，长亮广场吧，卡拉OK吧，这些洋派儿、南派儿的玩意儿，兴许能把北京人拽出来，新鲜几天。新鲜劲儿一过去，也没什么新鲜的了。就说新鲜这几天，也超不过十点去。十点一过，北京人就往家奔。①

这种“恋家”的情怀，正是北京人满足于自己有滋有味的小日子最好的证明。悠然自得的北京人，也善于把“哄自己玩儿”作为生活的增色剂。陈建功在《找乐》中说：

“找乐子”，是北京的俗话，也是北京人的“雅好”。北京人爱找乐子，善找乐子。这乐子也实在好找得很。养只靛颏儿是个乐子，放放风筝是个乐子。一碗酒加一头蒜也是个乐子。即便讲到死吧，人家不说“死”，喜欢说：“听蛐蛐叫去啦！”好像还能找出点儿乐儿来呢。②

① 陈建功：《耍叉》，《放生》，作家出版社，2009年，第210页。
② 陈建功：《找乐》，《放生》，作家出版社，2009年，第52页。

北京是一座有“底气”的城市。它的底蕴扎实而丰厚，它的人民恬淡又洒脱。正如陈建功所感悟的那样：“乐天知命，宽厚处世，转着圈儿理解别人、理解人生、理解时代，这就是北京滋味，这就是北京人。”①

2. 有里有面儿：“局气”的处世规矩

导演管虎执导的电影《老炮儿》开头有这么两个场景：

> 一个扒手偷了个钱包走进胡同，掏空了里面的现金后把钱包随手扔进了垃圾桶里，这一幕被曾经风光四九城的老炮儿六爷正好撞见。六爷要求扒手拿了钱要把钱包里的身份证寄给失主，在扒手无奈地同意之后，六爷评价了句：“讲究。”
>
> 一对骑着观光自行车逛胡同的情侣向六爷问路，年轻的男孩儿跨在自行车上嘴里塞满了食物含糊地说：“我问下新街口怎么走？”六爷冷冷地说：“你跟我说话呢？”男孩儿笑道：“这里又没有其他人了。”六爷不愿再搭理他们，抛下句“出门前，家里大人没教你怎么叫人呐”，便转身进了屋子里。

这两个片段刻画了北京人六爷鲜明的性格特点：重“义”重“礼”。凡事讲究个“义”字，哪怕是小偷也得坚持盗亦有道，拿了钱再扔了人身份证，就属于“办事不地道、不讲究”；为人处世得重礼数、善待人，问路的小伙儿对六爷连个称呼也没有，自然只能被斥责“不懂规矩”。

想来也能明白，皇城根儿下自然不比乡野田间自由，常言道“四九城里，规矩大礼儿多”，此话一点儿也不假。北京人看重

① 陈建功：《北京滋味》，《新湘评论》，2013年第10期。

的“礼”，自古就是出了名儿的一门学问。北京人常把“您”“劳驾”“谢谢”挂在嘴边，北京话中还有个称呼第三者的敬语“怹”（tān）。称呼长辈、上司或其他尊敬的人，不能直接说“他”，得恭恭敬敬地称“怹”。老北京的熟人大街上碰面，得先道吉祥后请安，要是哪家的愣头青打招呼不知道叫人，那得连同家里的大人一起被人看扁了去。1913年，当13岁的冰心随家人迁居到北京，自小就对北京没什么好感的她面对灰色厚重的城墙、尘土飞扬的街道、泥泞窄小的胡同，那种压抑得透不过气的感觉令她格外怀念在海阔天空的山东烟台和山清水秀的福建福州度过的童年时光。但这种厌恶北京的情绪，在她遇到房东齐老太太时便一扫而光了。她不由得感叹："我喜爱北京，是从接触北京的旗人开始的。"[①] 冰心在房东齐老太太的教导下，渐渐熟悉了北京待人接物的礼节。她在散文《我和北京》里对房东齐老太太的教导很是感谢：

> 她教给我许多有礼貌的语言，如对长辈或生客应当称“您”，踩人一脚应该快说“对不起”，请人做事或帮忙，别忘了说声“劳驾”，请人让道时，要说“借光”。这些话说和听起来都十分客气，清脆而悦耳。[②]

与冰心名字只有一字之差的中国现代作家、湖南“辣妹子”谢冰莹同样也对北京人的“礼”印象深刻。1947年的秋天，这位在烽火硝烟中戎马半生的女兵，在她的《北平之恋》里用俏皮而细腻的笔触，抒发出对礼貌热情的北京警察的赞美之情：

> 提起北平的警察，真是有口皆碑，谁都说他们是全国最

---

① 冰心：《我和北京》，《冰心全集　文学作品　1980—1986》（第六册），海峡文艺出版社，2012年，第488页。

② 冰心：《我和北京》，《冰心全集　文学作品　1980—1986》（第六册），海峡文艺出版社，2012年，第488页。

有礼貌，最热心服务的模范警察；不信，你且耐烦地去找一本初小的第五册国文常识课本来看，第十四课就是《警察是好朋友》，里面写着北平的警察如何客气，如何叫你不感觉麻烦。你向他询问道路时，他会用手仔细地指给你向东向西；甚至告诉你，走多少步，有一间卖香烟的小店；再往西拐，是一家理发店；再往南拐，穿过什么胡同，就是××胡同；倘若老太太向他问路，而且正遇着他不在站岗，他也许还要陪她走一段路，一直把她送到目的地为止。

至于他们查户口的时候，更有礼貌了。他们来到你的门口，轻轻地敲着门环，你没有听见，他再轻轻地敲几声，绝对不着急，不发脾气；他们进了你的院子，就站在那里微笑着向你问话；如果不是遇着大雨天，他绝不跑进你的客厅去的。你敬他香烟，他不抽；你给他倒茶，他也不喝，问完了他所要问的话，看完了他所要看的户口名簿册，主人盖好了章，他又谦恭地微笑着走了，临走时还像一个客人似的连声向主人说："打扰了！打扰了！"①

北京人生活中处处透露着为人处世的通透练达，邻里之间更是你来我往温情脉脉。尤其在老北京，有一种真挚的、令人难以割舍的感情，现在的人大概是无法体会了，但过去的人都懂，它叫"街坊"。街坊是数十年没有血缘的亲人，胡同和大杂院就是一个热闹的大家庭。汪曾祺在他的散文《胡同文化》里展现了这种老北京特殊的文化：

北京人也很讲究"处街坊"。"远亲不如近邻"。"街坊里道"的，谁家有点事，婚丧嫁娶，都得"随"一点"份子"，道个喜或道个恼，不这样就不合"礼数"。但是平常日

① 谢冰莹：《北平之恋》，孙晔编：《北京：四九城里的风流岁月》，北方文艺出版社，2016年，第325页。

子，过往不多，除了有的街坊是棋友，“杀”一盘；有的是酒友，到“大酒缸”（过去山西人开的酒铺，都没有桌子，在酒缸上放一块规成圆形的厚板以代酒桌）喝两“个”（大酒缸二两一杯，叫作“一个”）；或是鸟友，不约而同，各晃着鸟笼，到天坛城根、玉渊潭去“会鸟”（会鸟是把鸟笼挂在一处，既可让鸟互相学叫，也互相比赛），此外，“各人自扫门前雪，休管他人瓦上霜”。[①]

北京人讲老理儿讲规矩，凡事都得有里有面儿。就拿请客吃饭来说，里面也有大学问。刘一达在《邀请与提拉》一文中写道：

老北京人请客或者造访（拜访），讲究要打“提前量”，也就是提前告知。通常请客吃饭或者参加其他活动叫邀请，登门造访叫约访，重要访客或者长辈叫约拜。

为什么要提前告知呢？除了有让请客的人有所准备的因素以外，这也是一种礼仪，或者说礼数。

按北京的老规矩：三天为“邀”，两天为“请”，当天为“提（读di）拉”。既不能提前，也不能当天，以三天为好。

……

但是，您如果请客的当天才想起他来，那您最好就不要“请”人家了。当天“邀”人家，就不是“邀请”，而是“提拉”了。

“提拉”人等于寒碜人，给人添堵了。老北京人最忌讳请客“提拉”人。碰到这种“提拉”，不但不能去，还要给您两句：“干吗？您这儿凑数儿呢？都这会儿了，您想起我来了。留着您的饭菜，打发叫街门的（要饭的）吧！”

---

① 汪曾祺：《胡同文化》，《汪曾祺全集》（第十卷），人民文学出版社，2019年，第265页。

您瞧，这不是自讨没趣吗？所以，您请客的时候一定要记着这个老规矩。[①]

不仅如此，北京饭桌上的礼节也大了去了，大人要求小孩子从小吃饭就得守规矩。著名训诂学家陆宗达之孙，中国政法大学人文学院教授的陆昕在《说“规矩”》一文中写道：

我和这位网友刚好相反，是由老规矩管着，在不自由的环境中长大的。回想起来，这些规矩很多。如，夹菜时筷子不许在碗里扒拉；远处的菜，可以起身夹，不许把碗拉到自己近前；不许老吃同一种菜，要留给别人；盛饭时吃多少盛多少，碗里不许剩饭；掉在桌上的剩菜剩饭要捡起来吃掉；吃饭时身子要坐直，碗要端起来，不能捧着托着，绝对不能趴在桌上只用一只手往嘴里扒拉饭；不许在饭桌上大声说笑，更不用说吧唧嘴、挠头、挖耳、抠鼻子。喝汤时要用嘴抿，不能发出咕噜噜呼噜噜的声音。吃完饭，把自己用过的碗筷送到厨房。吃饭时间准时准点儿，不饿也得吃，否则就没得吃。[②]

北京人请客吃饭尽是规矩，在婚丧大典上更是要周到得体，不能让人挑了理儿去。老舍先生小说《正红旗下》里的“大姐”，就是这种极讲规矩的北京妇人，掌握着一种“恰到好处”“思虑周全”“左右逢源”的生活艺术：

这种生活艺术在家里得到经常的实践，以备特别加工，拿到较大的场合里去。亲友家给小孩办三天、满月，给男女

① 刘一达：《邀请与提拉》，《老北京规矩》，中华书局，2015年，第93页。

② 陆昕：《说“规矩”》，《博览群书》，2014年第2期。

作四十或五十整寿，都是这种艺术的表演竞赛大会。至于婚丧大典，那就更须表演的特别精采，连笑声的高低，与请安的深浅，都要恰到好处，有板眼，有分寸……同时，她还要委托几位负有重望的妇女，帮助她安排宾客们的席次，与入席的先后次序。安排得稍欠妥当，就有闹得天翻地覆的危险。她们必须知道谁是二姥姥的姑舅妹妹的干儿子的表姐，好来与谁的小姨子的公公的盟兄弟的寡嫂，作极细致的分析比较，使她们的席位各得其所，心服口服，吃个痛快。经过这样的研究，而两位客人是半斤八两，不差一厘，可怎么办呢？要不怎么，不但必须记住亲友们的生年月日，而且要记得落草儿的时辰呢！这样分量完全相同的客人，也许还是同年同月同日生的呀！可是二嫂恰好比六嫂早生了一点钟，这就解决了问题。当然，六嫂虽晚生了六十分钟，而丈夫是三品顶戴，比二嫂的丈夫高着两品，这就又须从长研究，另作安排了。[①]

北京人浑身透着的礼数与规矩里，恐怕是掺杂了几分四九城里"见过大世面"的傲气。正如崔岱远所概括的："在北京人身上，既可以感受到北方民族的粗犷，又能体会出宫廷文化的细腻；既蕴涵了宅门儿里的闲散，又渗透着官府式的规矩。"[②] 北京人好"面儿"，"爱面子"似乎已经浸入了他们的骨子里：

北京人注重体面，讲究礼貌，无论是有钱的没钱的，有地位的还是没地位的，都不能失了身份。天子脚下嘛，皇城根儿长大的主儿，有钱的，那是真讲究；没钱的，也都穷讲究。北京人闲适而安稳，散淡而追求品味，自尊而又有些自

① 老舍：《正红旗下》，《老舍全集》（第八卷），人民文学出版社，2008年，第463—464页。

② 崔岱远：《京味儿》，生活·读书·新知三联书店，2012年，第6页。

傲，用现在话儿说，叫作懂得享受生活。所以即使是卖力气干粗活儿的，也得拿出“爷”的份儿，尽管没钱，也得摆出有闲的谱儿。[①]

不论有钱没钱，也不论社会地位高低，在外都要挣个“体面”。“爱面子”在北京人身上不但没什么贬义的意味，反带着几分有趣与可爱。陈建功在《找乐》里生动形象地描绘了底层劳动人民的“大爷”范儿：

咱们北京的百姓们，素有讲个脸面的传统。“耗财买脸儿”，更是一个乐子啦，口袋里镚子儿没有呢，别着急，只管往“大酒缸”里泡就是了。别看不过都是扛窝脖儿的，打执事的，引车卖浆者流，那大爷的派头儿也足着哪。围在酒缸沿儿上，二两烧刀子下肚，哥儿几个便对着拔起脯儿来啦。这位只管说自己如何过五关、斩六将，那位尽管说他的长坂坡。如果素昧平生，刚刚相识，更来劲儿了，反正都是两眼一抹黑，加上一个个喝得红头涨脸，迷迷瞪瞪，只顾沉醉在自己的文韬武略之中，你就是说自己上过月亮，别人也会哼哈哼哈地应和。酒足饭饱之后，气宇轩昂地站起来，即便锦囊羞涩，也要端出一副腰缠万贯的神气，吩咐一声“抄”！伙计们赶忙清账，写水牌儿，道一声：“记上！”言犹未落，人已经高掌远蹠，雍容雅步，蹓将出去。[②]

北京人不但好“面儿”，也彼此尊重相互给“面儿”。比如北京独有的“爷文化”，甭管见了谁，老北京人都称呼“爷”：“张爷”“刘爷”“三爷”“五爷”满耳皆是，不知道姓甚名谁的能叫“胖

① 崔岱远：《京味儿》，生活·读书·新知三联书店，2012年，第6页。

② 陈建功：《找乐》，《放生》，作家出版社，2009年，第52—53页。

爷”“瘦爷”，甚至连窃贼也称为“佛爷”，这和身份、贫富并没什么关系。正如现代作家赵大年在《胡同文化的韵味》中说道：

> 好在北京人特宽厚，不论职位高低皆可称爷。小小年纪的贾宝玉是宝二爷，老妓女赛金花是赛二爷，二道贩子是倒爷，蹬平板三轮的是板爷，暴发户是款爷，和尚道士是陀爷，耍嘴皮子的是侃爷，连那背插小旗泥塑玩具也是兔儿爷。①

这一声声透着熟络与亲切的“爷”叫得人心里暖暖和和的，而和北京人交往愈深，便愈会钦佩北京人直率的性格。北京有家连锁餐厅名字叫作“局气”，初见此店的外地人肯定像丈二和尚摸不着头脑，搞不懂这两个字的含义。“局气”是北京方言，指做人公平、公正，守规矩、讲道理。说白了就是为人仗义，说话办事守规矩不耍赖，与人共事时既不怕自己吃亏，也绝不欺负别人。对此深有体会的陆昕在《北京爷》中就说道：

> 北京人直爽热情，重人情，孝敬父母，心里怎么想嘴里怎么说，不会曲里拐弯。得罪了谁，也在明面上。所以，和北京人打交道，简单明了，不用费心思左右绕、来回猜。而更重要的是，北京人敢担待，做错事说错话，不回避不推卸。和人有过过节也不记仇，事后一笑，一切如初。北京人的这种做派，或许就是他们包容性强的原因。②

若真问一个北京人，究竟什么叫“局气”，什么是“有里有面儿”，他可能自己也讲不清楚，恐怕任何细致入微的解释都不免显得苍白。可是北京人时时刻刻都在践行着这些处世规则，祖祖辈辈言传

---

① 赵大年：《胡同的韵味》，《人生漫记》，中国工人出版社，2003年，第204页。

② 陆昕：《北京爷》，《中外文摘》，2013年第8期。

身教，代代相承。在如今这样利己主义盛行、“人情味儿”稀缺的社会中，能够坚守“礼”与“义”，该是怎样的珍贵与幸福。

图 76　北京连锁餐厅“局气”内部装潢

3. 隐忍与幽默：小市民的大智慧

北京是一座古老又辉煌的城市，更是一座孕育英雄与伟人的城市。这座城市荡气回肠的故事和传说浩如烟海，跌宕起伏的历史与征途令人瞩目。无论是逐水草而居的蒙古人在这里停下了他们奔腾的马蹄开始修建宫殿府邸，还是来自黄土高原的农民战争领袖用熊熊烈火作为他和这座城市的告别仪式，抑或是新中国的领导人用他浓重的湖南口音部署：“今天是进京赶考的日子，我们决不当李自成，我们都希望考出个好成绩。”历史总是周而复始，每当有一个英雄黯然离去，就会有另一个英雄隆重登场。当人们探索它的目光仿佛早已习惯了它的恢宏与伟大，我们也不妨把视角聚焦到它看似平凡渺小实则参透了人生哲学并掌握着生活智慧的小人物——北京的平民。

生活在风云变幻的政治旋涡里，北京平民的一生也可能演绎着一场传奇。他们像是一粒尘埃随风飘荡，命运的轨迹很难掌握在自己手上。正因为如此，他们的经历才更为令人感慨。正如陈建功在《北京滋味》一文中说：

> 依我之好，倒更喜欢探访北京的平民。我发现这是藏龙卧虎，蕴含着丰沛的性格故事和人生感悟的地方。我曾经听过“最后一个太监”孙耀庭的采访录音，听他讲鹿钟麟“逼宫”时，太监们如何从紫禁城鱼贯而出，或投靠立马关帝庙栖身，或寻访自己的“命根儿”，以携回乡，为的是以后落葬时可以回归祖茔。芸芸众生的困顿悲凉同样可以催人泪下，感人肺腑。我也曾听过几位“八旗子弟”讲述自己家族人生的败落史，他们怎样沦落到天桥唱起了单弦岔曲。为了维护一点贵胄的尊严，怎样坐着洋车去，从书场正面上场，怎样气宇轩昂地宣称：“不过来玩儿玩儿子弟功夫罢啦！”怎样在献艺后又从正面下场，坐上洋车绝尘而去，回到家里却又五脊六兽地期盼着书场的掌柜登门送钱。我渐渐悟到，造就了北京的悲喜剧性格的，与其说是帝王将相、达官显贵，不如说是如此跌宕起伏的人生。就拿天桥来说，这老北京平民的游乐场，又怎样杂糅了平民百姓的悲酸与放达、落魄子弟的自尊与自嘲，北京人思考样式中独特的美学特征，或许正是从这里孕育而出的吧？[①]

飘忽不定的命运之手，此时还在含情脉脉地轻抚着你，下一刻就可能把你推向深渊。所以北京人练就了两门绝技来对抗这悲喜无定的

① 陈建功：《北京滋味》，《新湘评论》，2013年第10期。

人生：一为“隐忍”，二是“幽默”。“隐忍”与“幽默”，像是内心深处的支撑与慰藉，伴随着每一个普普通通的北京人挺过那些艰难而又漫长的岁月。北京平民隐忍坚韧的品格，被洋车上的林语堂尽收眼底，他在《动人的北平》中写道：

> 然而，北京最大的美点却是普通人，不是圣哲和教授们，而是拉人力车的人。从西城到颐和园去，距离大约五里，每次车资大约一块钱，你也许认为这是低廉的劳力；那是对的，可是，那是没有怨言的劳力呢。你对于那些车夫们的愉快心情要感到奇怪的，他们一路互相滔滔不绝地说笑和笑别人的倒运。
>
> 或是晚上你回家时，有时你偶然碰到一个年老的车夫，穿着褴褛，他会把自己的贫穷潦倒的命运向你诉说，然而说得很幽默，优妙，显出安贫乐命的样子。如果你认为他年纪太老不好拉车了，想走下车来，他一定坚持拉你回家；可是如果你跳下来，却意外地把车钱全数照样给了他，那时他便要感激涕零地向你再三道谢了。①

和洋车夫一样，面对生活与工作的种种不易，老舍笔下的巡警也只能是日复一日委曲求全地忍耐，不敢抱怨，更不敢赌气撂挑子。老舍在小说《我这一辈子》里写道：

> 是的，巡警们都知道自己怎样的委屈，可是风里雨里他得去巡街下夜，一点懒儿不敢偷；一偷懒就有被开除的危险；他委屈，可不敢抱怨，他劳苦，可不敢偷闲，他知道自己在这里混不出来什么，而不敢冒险搁下差事。这点差事扔

① 林语堂：《动人的北平》，《林语堂名著全集》（第十五卷），今文译，东北师范大学出版社，1994年，第55页。

了可惜，作着又没劲；这些人也就人儿似的先混过一天是一天，在没劲中要露出劲儿来，像打太极拳似的。[①]

面对欺侮，手无寸铁的北京老百姓，只能为民族尊严做着隐忍无声的抗争。梁实秋在《北平的街道》里非常入神地刻画了北京人这样的心理情感：

北平，不比十里洋场，人民的心理比较保守，沾染的洋习较少较慢。东交民巷是特殊区域，里面的马路特别平，里面的路灯特别亮，里面的楼房特别高，里面打扫得特别干净。但是望洋兴叹与鬼为邻的北平人却能视若无睹，见怪不怪。北平人并不对这一块自感优越的地方投以艳羡眼光，只有二毛子准洋鬼子才直眉瞪眼地往里面钻。地道的北平人提着笼子架着鸟，宁可到城根儿去溜达，也不肯轻易踱进那一块瞧着令人生气的地方。[②]

北京人安分守己、隐忍克制、不喜冲突。绝大部分的北京人只想踏踏实实做一个“顺”民。这个“顺”，不仅是逆来顺受、忍耐服从，也包含着北京人希望少惹麻烦、生活顺遂的期盼。汪曾祺在《胡同文化》中对北京人这种性格特点概括得非常准确：

北京人爱瞧热闹，但是不爱管闲事。他们总是置身事外，冷眼旁观。北京是民主运动的策源地，“民国”以来，常有学生运动。北京人管学生运动叫作“闹学生”。学生示威游行，叫作“过学生”。与他们无关。

北京胡同文化的精义是“忍”，安分守己、逆来顺受。

① 老舍：《我这一辈子》，《文学》，1937年第9卷第1号。

② 梁实秋：《北平的街道》，《梁实秋文集》（第二卷），鹭江出版社，2002年，第422页。

> 老舍《茶馆》里的王利发说“我当了一辈子的顺民”，是大部分北京市民的心态。[①]

不仅如此，面对生活中的矛盾，北京人也会选择隐忍。汪曾祺讲过这么一个小故事：居民楼里一个小伙子为了一点琐事打了开电梯的小姑娘一个嘴巴，汪老便想联合楼里另外两位上了年纪的老北京人主持公道，请小伙子当众跟小姑娘道歉。对此两位老北京人的反应却是：“叫他认错？门儿也没有！忍着吧！——‘穷忍着，富耐着，睡不着眯着’！”[②] 这个回答把北京人的“忍”文化表现得淋漓尽致。汪老更是不禁对“睡不着眯着”拍案叫绝：即使睡不着，也不能烦躁起急，得慢慢眯着，忍着。

除了“隐忍”之外，北京人生活的智慧还有“幽默”。如果说“隐忍”意味着克制，那么“幽默”则更像是一种释放。北京人的幽默是学不来的，因为它是原始的，是浑然天成的，是豪爽强悍的大地的儿女所特有的。林语堂在《辉煌的北京》中将北京人与上海人进行了对比：

> 北京人，有些是身高六英尺的满族人，强壮、纯朴，具有北方人土生的幽默感。他们与上海油腔滑调略带女人气的男子和娇弱的女子明显不同，与那座现代港口城市里近于野蛮的人力车夫也不一样。正因为如此，许多西方人认为只有参观北京才能了解真正的中国人。当然，实际上没有什么“真正的或纯粹的”中国人，但种族的差异总是存在的。我是东南沿海的福建人，但我对江南地区那种柔弱懒散的人们没有多大的好感，虽然他们的文化更为发达一些。对气质纯

---

① 汪曾祺：《胡同文化》，《汪曾祺全集》（第十卷），人民文学出版社，2019年，第266页。

② 汪曾祺：《胡同文化》，《汪曾祺全集》（第十卷），人民文学出版社，2019年，第266页。

正的北方人，我却充满了由衷的倾慕。北方的中国人也许得益于北方各种血统的融和，得益于汉人与来自蒙古人和鞑靼人的通婚。否则的话，这一族人的活力也许不会保存到今天。北方的文化虽然也有了一定程度的发展，但北方人基本上还是大地的儿女，强悍、豪爽，没受多大的腐蚀。①

正是这种原始的活力，成就了北京人幽默的根基。即使只是应对人情世故，或者哪怕发发牢骚，北京人特有的幽默感也能让人扑哧一乐。北京街道上跑的车，屁股后面常贴着这样的标语："着急您就飞吧！"公交车上乘客屡教不改地探出头去看风景，司机一急肯定说："车厢还放不下您脑袋啊！"初骑自行车的人大喊迎面的路人不要动，结果左歪右斜车轱辘恰好撞在人小腿上，路人也生气，可还得幽默地来一句："您这是在瞄准儿呢？"就连男人怕老婆也要幽默地表达出来：

北京男人出门在外，都神气活现，不是老虎就是武松，谁也不服谁。一回到家，满不是那么回事。老婆大人长，老婆大人短，但嘴里不能服输：自己做饭那叫"兴趣爱好"；躲在厕所抽烟，因为"只爱抽混合型"的；全月工资如数上交，那是"组织对咱的信任"；一下班就往家跑，那是"怕回家晚，路上遭女流氓劫"。②

北京人的幽默并不仅仅是逗乐，有时也蕴含着复杂的心理与情感。如果将北京人层出不穷的"金句"汇成一本书，那它绝不仅仅是一本供人消遣的《笑话大王》，而是富有哲理性的内涵，将给人

① 林语堂：《辉煌的北京》，《林语堂名著全集》（第二十五卷），赵沛林、张钧、陈亚珂、周允成译，东北师范大学出版社，1994年，第216—217页。

② 佚名：《北京爷们儿》，陈江编：《一网咸鱼》，天津社会科学院出版社，2003年，第63页。

警醒或启迪。现代剧作家、文学家苏叔阳在《北京人》中说：

> 北京人的幽默，有的出自于口，有的则以行为，甚至礼仪来表示。这其中有冷嘲，有热讽，有自嘲自慰，有的还包含许多哲理和人生的经验，足资别人回味。比如说，街上遇见位一走三哼哼的老人，您问他：“哟，怎么一个人上街？您老高寿了？”他回答：“还小呐，80。不一人儿上街怎么办？孩子都是祖宗。”这是幽默，满含着酸楚，却也盼着自己再多活几年。[①]

“隐忍”也好，“幽默”也罢，都是北京人生活的大智慧。它们分别代表着忍耐与克制、宣泄与释放，使得北京人的内心在这一收一放之间达到某种平衡，才能淡然直面这变化无常的人间岁月。

4. 外来者的梦想与彷徨

北京是一座承载着梦想与伟业的城市。千百年来，哪怕它只是缄默地站在原地，来自四方热烈的凝视足以证明它无可替代的地位与魅力。似乎所有的追梦人都想以它作为最终的归宿，仿佛任何伟大的事业都要经过它的检验。引无数英雄竞折腰，多少豪情壮志在这座城市里发酵，多少人雄心勃勃地以征服北京为目标，最后发现他们想要的，不过只是被这座城市宽容地接纳。故宫博物院的作家祝勇在《北京，永恒之城》中这样描述外来者眼中这一独特而又神圣的城市——北京：

> 在历史的各种必然与巧合中，有无数的英雄把它当作自己的征服目标——除此，似乎不可能再有更高的目标，北京，也因此成为他们勇气、意志与胆识的试金石。宫殿、城垣、战争、野心、爱恨，在岁月里沿袭下来，那些未完成的

---

① 苏叔阳：《北京人》，《生命的延续》，中国盲文出版社，2014年，第59—60页。

事情混迹其中，堆积、发酵、萌动、窃窃私语，发出各种暗示。它们像肥料一样滋补着这座城市，使它变得深沉、丰厚、强壮、有力。只有少数人对此心领神会。毛泽东把进京比喻为一次赶考，通不过这场考试，任何壮丽的事业都会中途夭折。从这个意义上说，北京不仅仅是一座城市，它代表着某种标准，或者说，它是一个路标，决定着所有伟业的长度。一场事业无论多么轰轰烈烈，最终都必须得到这座城市的认可，否则，它的存在资格将受到彻底质疑。因而，几乎没有一个历史人物，敢于对这座城市流露出轻慢的态度。当他们以胜利者的姿态进入北京的时候，他们或许会沮丧地发现，最终的征服者，不是他们自己，而是这座城市，这座庄严、瑰丽、不动声色的永恒之城。①

在外来者的眼中，北京是起点也是归宿，是脚踏实地奋斗的地方，也是心中遥远的梦想。这些外来者，给北京这座古老的皇城注入了新鲜的血液，无论是扎根于此的移民还是身如浮萍的“北漂”，都在这片创造希望的土地上努力播种，而慷慨的北京也毫不吝惜地让他们饱尝了收获的喜悦。

“移民”这两个字，对于北京这个城市而言并不陌生。这座文明古都的崛起与兴盛，都离不开移民的力量。1368年，当明朝开国统帅徐达率明军攻入元大都时，京畿地区已不复往日的繁华。北京（明为北平）成了一座空城，民生凋敝，郊野荒残。昔日百万人口的元大都，至1369年人丁仅剩一万余口。作为对抗“北元”的军事基地与防御性城市，从1368年起，有组织、大规模的移民运动使得大量人口拥入北京。这次大移民之后，经历铁蹄践踏与摧残的北京经济有所复苏、有了新生的希望。今天在北京大兴区东部和顺义区的西北部，

① 祝勇：《北京，永恒之城》，《北方：奔跑的大陆》，中国文联出版社，2009年，第4页。

还存在着像大同营、屯留营、长子营、潞城营、夏县营、稷山营等这些和山西省的某些县、区级行政区名称相同的地方。当代作家毕坚在他的著作《中国旅游胜迹传说故事》里解释了这一现象的历史缘由，这些地名的印记比史书更加鲜活地记录着当年移民的来路与征途：

> 明朝开国初期，为了保卫北京边防，继续征讨元军残余，充实北京（明为北平）地区人口，解决巨额粮饷问题，便作出了从外地向北京移民的决定。政府先把北京山后的居民移到北京地区安置屯垦，随后就有组织、有计划地从山西省向北京移民。从明洪武二十一年（1388）到永乐十四年（1416），先后由山西等地移民七次，每次都有近万户人口。据文献上记载，永乐二年从山西省迁到北京的移民被安置在今北京市大兴县凤河两岸，共立五十八营。俗传七十二连营。移到这儿的新居民由于对故乡的怀念，便很自然地把故土的地名作为新居住地的名字了。[①]

1403年，经过“靖难之役”称帝的明成祖朱棣决定将政治、经济重心由南方转移到他的势力中心北京并建造新的北京城。这一大变动，使得由南方向京畿地区大规模迁入军队、富户和工匠等人口。南京、浙江、广州等九省富民迁徙至北京定居，极大地促进了北京城市经济的发展。这座城市在移民的努力下焕发出耀眼的光芒。永乐年间官拜文渊阁大学士的金幼孜在《皇都大一统赋》中，曾描绘北京城“闾阎栉比，阛阓云簇。鳞鳞其瓦，盘盘其屋。马驰联辔，车行击毂。纷纭并驱，杂濧相逐。富商巨贾，道路相属。百货填委，丘积山蓄”[②]。金幼孜的描写，虽带有歌功颂德的夸张成分，但也反映了北京城在永乐朝后期繁盛的局面，与明建国初期的凋敝残破形成了鲜明对

① 毕坚：《中国旅游胜迹传说故事》，华夏出版社，1997年，第8页。

② ［明］金幼孜：《皇都大一统赋》，［清］于敏中等编纂：《日下旧闻考》，北京古籍出版社，1985年，第94页。

图 77　山西明代移民遗址

比，而这繁荣的景象与移民的功劳密不可分。

不仅古时如此，新中国成立后，北京作为新中国的首都，其得天独厚的政治地位和令人瞩目的经济文化发展活力引得越来越多的外乡人来此寻梦。他们中有的为了求学或是生活，背井离乡来到北京，在这座城市的土地上挥泪洒汗、昼夜不停。外来者为北京这座古老的都城注入了新鲜的活力。这个城市经济、文化、生活的方方面面都离不开他们的贡献。他们中的有些人在此落地生根，成家立业，成了新一代的北京人。北京，这座承载着“移民”和“外乡者”梦想的城市，是那样的诱人。她展开她温暖的怀抱接纳这些寻梦者，用无数的事实告诉他们：在这里，只要肯努力，一定会有回报。这里充满着无限可能性。

第四章

北京的俗与趣

北京，在中国人心中占有特殊的地位，古往今来，这座城市的每一个细节都被文人反复书写，凝结成人们心中永恒的记忆。北京，是一座雅俗共赏的城市，既有着皇家恢宏大气的典雅气质，又散发着平民阶层浓浓的生活气息，同时还蕴蓄着文人墨客的浪漫情怀，在雅与俗的碰撞中，洋溢着浓厚的生活趣味。在这里，你能吃着北京传统的小吃，体会光阴里的老北京味道；在这里，你能沉浸在现代都市快节奏的生活中，体验到老北京的休闲情调；在这里，你能真切感受到经过岁月雕琢和历史洗礼而逐渐沉淀下来的独属于北京老字号的文化记忆。文人用他们生花的妙笔，将北京的俗与趣定格在时空中，延续着北京的时代精神和文化血脉。无论是雅趣还是俗趣，都打上了北京这座城市的烙印。

一、光阴里的老北京味道

俗话说："民以食为天。"无论走到哪里，吃都是老百姓心中一件大事。一座城市有一座城市的小吃，每个城市的小吃都与当地风俗习惯有关。以前，小吃被人形容为"鸡零狗碎不登堂，窄巷循声觅野香"。那小巷深处的香味，无不牵动着人们的味蕾。随着时代的发展，北京人的口味逐渐发生了变化，许多小吃也并不符合现代人的口味，但小吃作为北京留给世人的记忆而保留下来，成为北京文化记忆的一个符号，体现着老北京人的生活风俗和精神追求。让我们跟随文人的笔墨，去寻觅那光阴里的诱人味道。

1. 豆汁儿：乍见不欢，久处不厌

"喝一碗豆汁儿就一个焦圈，青花瓷罐滚着麦芽香的油渣"，就像《北京土著》里的歌词所描绘的那般，豆汁儿作为现代北京人生活中不可或缺的一部分早已融入老北京人的灵魂与血液，承载着北京这座厚重皇城的历史记忆，魂牵梦萦般地拉扯着在外漂泊的北京人。萧乾辗转飘零时，常忆起老北京的豆汁儿："回想我漂流在外的那些年月，北京最使我怀念的是什么？想喝豆汁儿，吃扒糕。"① 豆汁儿不仅仅是地道北京人家喻户晓的一种小吃，更是一种传承、一种文化、一种情怀。

在北京人的日常生活中，能否喝豆汁儿被作为是不是地道北京人的一个评判标准。从老北京胡同里走出来的武侠电影宗师胡金铨先生在《老舍和他的作品》中写道："要凭什么'资格'才能配谈老舍呢？依我看，先要能喝'豆汁儿'（与豆浆无关）"，"不能喝豆汁儿的人算不得是真正的北京人。"② 文人笔下的豆汁儿与北京有着千丝

① 萧乾：《北京城杂忆》，《萧乾文集》（第四卷），浙江文艺出版社，1998年，第434页。

② 胡金铨：《老舍和他的作品》，北京联合出版公司，2018年，第9、19页。

万缕的联系，以其独特的外观、极具辨识度的气味、特殊的口感，逐渐演变为北京这座皇城的标识之一。

豆汁儿不仅仅是所谓的众多名小吃之一，而且是存在于文人笔下跳跃的字符，不应处在脱于生活而存在的状态，而应是渗透于肌理的一种气息、一种生活状态的再现，无时无刻不向世人述说着跨越阶级的老北京人的共同趣味。《厂甸竹枝词》中曾对商铺里喝豆汁儿的场景做了较为生动的描绘："豆汁燕京素有名，临时设肆费经营。座中绿女红男满，一片喧哗笑语声。"①

豆汁儿味道的确特殊，"颜色灰里透着绿，闻起来酸中带些馊味，就是这其貌不扬、气味有些刺鼻的豆汁儿"②，初尝的人都因其显著的颜色以及泔水般的气味对其望而却步，但是只要尝了第一口就会有第二口、第三口，喝着喝着就有瘾了，令人欲罢不能。在人捏着鼻子怀着忐忑的心情尝试第一口、第二口的时候，豆汁儿的味道也由馊腐味逐渐转变为酸中有馊、馊中有甘、甘中有甜、甜中有酸，想想也着实有趣，别有一番风味。

豆汁儿已有三百多年的历史，辽宋时期盛行，在乾隆年间已经成为宫廷饮料，传承至今已经作为北京地域文化的一种书写。雅俗共赏性使其能够得以广为流传，富者不嫌其卑微，穷者不觉其价高。著名的京剧表演艺术家梅兰芳就热衷于喝豆汁儿，有钱的太太、小姐们也会让人买了回家喝。豆汁儿出身于市井，本是贫苦大众的吃食，如京剧《豆汁计》中所展示的旧时老北京那般，是丐头的桌上食，可是却跨越了世俗的限制，为北京人所喜爱。喜欢喝豆汁儿的人仅仅是因为喜欢喝豆汁儿，喜欢得纯粹而不是迫于外在的镣铐与束缚。豆汁儿的确具有非凡的魅力与感染力。梁实秋曾写道：

就是在北平，喝豆汁儿的人也是以北平城里的人为限，

① 雷梦水辑：《北京风俗杂咏续编》，北京古籍出版社，1987年，第154页。

② 刘锦鑫：《老北京的味道——豆汁儿》，《中国新时代》，2016年第9期，第103页。

城外乡间没有人喝豆汁儿，制作豆汁儿的原料是用以喂猪的。但是这种原料，加水熬煮，却成了城里人个个欢喜的食物。而且这与阶级无关。[①]

梁实秋笔下的豆汁儿区分了城里的北京人与城外的北京人，此时的豆汁儿仅仅只是北京城里的豆汁儿，别有一番滋味。在外地也有“豆汁”，此时的“豆汁”并不是北京城里的“豆汁儿”，而是豆浆，此时的“儿”字不仅仅是北京话的一种标志，更是一种民俗、一种风情、一种文化，将北京人的小吃、北京人的风骨、北京人的情怀融在了吃食之中，不着痕迹却又彰显得淋漓尽致。

谈起北京的风味小吃，豆汁儿自然而然地流入脑海中，但是不同的人对豆汁儿有不同的看法，林海音曾在北京生活过多年，后来回到了台湾，但每当她再回到北京仍然要冲到店铺去喝一碗豆汁儿，连店铺老板都觉得这个台湾客人比北京人还北京人。此时的豆汁儿不仅仅是一种北京小吃，而是一种习惯、一种文化，它沉淀在人们的一种文化习惯之中。北京作家赵刚曾在《来碗豆汁儿尝尝》中谈道：

说起北京的小吃，最有特色的还真算是豆汁儿。提起豆汁儿，算得上是北京的“京粹”（精粹）。话虽这样讲，可是，朋友来北京时，甭管是国内的哥儿们，还是外国的友人，我都不曾带他们品尝过豆汁儿。这倒不是我小家子气，不肯把最好的东西拿出来，而是喝豆汁儿的确是北京人的“专利”，一般国人都很难领教，更何况使刀叉用餐的老外了。为什么？就是闻不惯那股子“酸臭”味儿。据说，曾经有个外地人慕名到北京品尝风味小吃。于是有人就介绍了豆汁儿。这位仁兄也许是饥饿难挨，豆汁儿一上桌，端起碗来就是一口。未等下咽，就全给喷了出来，拍着桌子一个劲儿

① 梁实秋：《豆汁儿》，《梁实秋文集》（第五卷），鹭江出版社，2002年，第48页。

地吵嚷，要找经理问问，为什么堂堂首都还敢卖腐烂变质的食品，简直是没了王法！①

这显然描绘的就是初次品尝豆汁儿的外地人对豆汁儿的感受，豆汁儿的确是一种文化记忆里北京人的专利。但是，正如现代作家纪果轩在《北平的豆汁儿之类》中所提及的那样："一切生活趣味，都得慢慢地汲取，才能体会到那种异样的感觉。"② 豆汁儿给人的就是这种感觉，似老友似爱人，给人一种乍见不欢，久处不厌，甚至于后来的惺惺相惜之感，看似无趣，因而纪果轩随后又阐述道："我见了那绿油油的汁液，就有点头痛"③，可是一尝、二品、三恋，渐渐地汲取了豆汁儿的独特韵味，因而有了后来异样的感觉，而后的纪果轩进而"从此不到半月之久，一到太阳西沉，就要留心听那悠长的一声叫喊'酸，辣，——豆汁粥儿……'了"④。这似乎也是北京作为一座历史名城、文化古都所具有的文化同化力的一种表现，外来人生活在这皇城之中，体味不同的吃食、不同的风俗、不同的文化，而北京也毫不吝惜地向世人展示着她的美、她的韵味、她的风骨，让外来者渐渐沉溺在这种深厚的文化氛围、地域情怀之中。

过去的北京，每日午后小胡同里就会响起卖豆汁儿的吆喝声，过去卖豆汁儿的分为售生和售熟两种。卖生豆汁儿的常用手推木桶车，同麻豆腐一起卖。说起麻豆腐和豆汁儿，二者的制作流程极为相似。

麻豆腐和豆汁儿都源于绿豆经过浸泡、磨碎、发酵、提取淀粉后的下脚料，即所谓"生豆汁儿"。将之大火加热烧开，马上改小火，即成熟豆汁儿；继续旺火煮之，滤去水

---

① 赵刚：《来碗豆汁儿尝尝》，《人民日报》，2000年8月26日。
② 纪果轩：《北平的豆汁儿之类》，《宇宙风》，1936年第19期。
③ 纪果轩：《北平的豆汁儿之类》，《宇宙风》，1936年第19期。
④ 纪果轩：《北平的豆汁儿之类》，《宇宙风》，1936年第19期。

分，即成麻豆腐。[1]

而卖熟豆汁儿的常挑肩，一边放着豆汁儿，一边儿放着小料，焦圈、麻花、辣咸菜，带着简易的桌椅走街串巷，在充满生活气息的小胡同里，这一声声“豆汁儿粥”的吆喝声显得格外的引人注目。“果然那矮矮的卖豆汁儿人一进胡同口，就被好多孩子以及劳苦同胞围得风雨不透，且有许多邻家穿了高跟鞋的小姐们也端了碗来买”[2]，胡同里喜欢喝豆汁儿的住家听到吆喝声就自发出来，这似乎已经成为一件再寻常不过的事儿。

咸菜、焦圈常与豆汁儿搭配食用，这也已成为北京人喝豆汁儿的一种习惯，梁实秋曾写道：

> 豆汁儿之妙，一在酸，酸中带馊腐的怪味。二在烫，只能吸溜吸溜地喝，不能大口猛灌。三在咸菜的辣，辣得舌头发麻。越辣越喝，越喝越烫，最后是满头大汗。[3]

图 78　豆汁儿和焦圈

这与重庆人夏日吃火锅有着异曲同工之妙。重庆的7月闷热得令人头晕目眩，等到夜晚十点，热气微散，人们纷纷出来，钻进巷子里地道的火锅店，吃着又辣又热的火锅，好不快活！而北京的豆汁儿与辣咸菜的搭配也有这种趣味，成为北京人骨子里豪放、热情的一个缩影，彰显了北京人的性格。

而焦圈与豆汁儿的搭配却是北京文人豆汁儿情怀的凸显。文人的

---

① 朱振藩：《味外之味》，生活书店出版有限公司，2016年，第78页。

② 纪果轩：《北平的豆汁儿之类》，《宇宙风》，1936年第19期。

③ 梁实秋：《豆汁儿》，《梁实秋文集》（第五卷），鹭江出版社，2002年，第48页。

豆汁儿情早已渗透肌理，丝丝入缝，浑然一体。豆汁儿与文人的结合仿佛才是文人真实的写照，老舍、梁实秋等文人都对豆汁儿爱得深沉。北京文人的豆汁儿情怀早已刻在了骨子里，外在一股酸腐之气，但是骨子里却是一股子像焦圈一样的刚烈之气。此时此刻，品一碗豆汁儿，不在于驻足在舌尖上味蕾的跳动，而在于雨后江南浓墨淡彩的氛围般对北京文人情怀的一种体会。

2. 糖葫芦：京师应时之品也

一到冬季，老北京的街道胡同就会出现“糖葫芦，冰糖葫芦……”的吆喝声，卖糖葫芦的小贩便会扛着插满糖葫芦的芦苇把子走街串巷，这种吆喝声在小巷胡同里显得格外清脆悦耳，极具穿透力。此时，各家的小孩儿便会探出头来，眼馋地看着这红彤彤、圆滚滚的山楂球儿在温暖的阳光照耀下闪烁着晶莹剔透的光芒。

清富察敦崇曾在其著作《燕京岁时记》中记载：

> 冰糖葫芦乃用竹签，贯以葡萄、山药豆、海棠果、山里红等物，蘸以冰糖，甜脆而凉。冬夜食之，颇能去煤炭之气。温朴形如樱桃而坚实，以蜜渍之，既酸且甜，颇能下酒。皆京师应时之食品也。[①]

糖葫芦具有悠久的历史，相传起源于南宋绍熙年间，宋光宗的宠妃不思饮食、面黄肌瘦，御医束手无策，最后只好张榜寻医。一位江湖郎中揭榜进宫，为其制作冰糖与红果，不出半月，病果真好了。这就是早期冰糖葫芦的雏形，后来这种做法传到民间，就有了南宋集市上所说的“蜜弹弹”，发展为后来明朝的“糖堆儿”，明末清初时糖葫芦便正式问世，成为中华民族传统的小吃之一。

老北京售卖糖葫芦的方式主要有两种：坐商和行商。坐商主要指

① ［清］富察敦崇：《燕京岁时记》，北京出版社，1961年，第83页。

的是摆在茶馆、戏院、老字号里出售的糖葫芦，“那些冰糖葫芦会摆放在玻璃罩内的白瓷盘中，卖相精致，品类繁多，除了山楂还有荸荠、山药、橘子、白海棠等口味，搭配点缀的馅料则包括了豆沙、芝麻、瓜子仁、核桃仁等，食客可以尽情选择”①。旧时，老北京人一般认为糖葫芦做得最好的有两家，一家在东安市场，一家是琉璃厂的信远斋。逛了东安市场但是并未吃糖葫芦的人未免遗憾，对北京民俗市井文化有着较为深入研究的翟鸿起老师曾在其论著中提及：

> 晚间上百瓦的灯泡，照得如同白昼，玻璃阁子后面镶一块大玻璃镜，擦得锃亮。阁子里台阶式的插板上插着各色果子的葫芦。这家经营的糖葫芦果子个大，没有虫果，糖熬得合适，入口酥脆不粘牙。经营者约四十多岁，身穿白布上衣，系围裙，脸刮得干净，头发理得整齐，手拿一把硬毛甩头掸子，就这一手，使不明真相的主顾瞠目结舌。谁都明白，那糖葫芦要是熬得欠一点火候，用鸡毛掸一掸，那葫芦上岂不粘满了鸡毛？带毛的糖葫芦谁敢买呀？别看他拿着鸡毛掸子，可谁也没看见他用掸子掸那糖葫芦一下，这是专门给主顾看的，意思是告诉您他蘸的葫芦火候好，绝对不粘牙。据说他蘸的葫芦，扔在地面上不沾尘土。话这么说，谁买一串糖葫芦往地下扔啊！这就是广告，甭嚷嚷怎么怎么好，有这一手就使主顾信得过。吆喝：“葫芦儿——刚蘸得！”这么一来，他家的糖葫芦可就驰名北京城了，好像逛东安市场不买他一串葫芦吃，就总觉着缺点什么。②

透过文人笔下对东安市场糖葫芦的书写，我们似乎可以看见：农历十月刚过，熙熙攘攘的人群围绕着这个小摊儿，经营者拿着一把硬

① 墨非编著：《老北京的风味小吃和历史渊源》，中国华侨出版社，2015年，第43页。

② 翟鸿起：《老北京的街头巷尾》，中国书店，1997年，第52—53页。

图 79　糖葫芦

毛甩头掸子，以其独特的方式展现自己的糖葫芦和精良的制作工艺。通过时间的年轮，在那条充满历史感的街道充满着20世纪末的北京浓郁的生活气息。

和平门外东琉璃厂西口路南的信远斋的糖葫芦也一直被人认为是精品。梁实秋曾谈及糖葫芦："以信远斋所制为最精，不用竹签，每一颗山里红或海棠均单个独立，所用之果皆硕大无疵，而且干净，放在垫了油纸的纸盒中由客携去。"[①] 信远斋的糖葫芦以其糖墩儿的特色闻名京都，翟鸿起曾在《老北京的街头巷尾》中写道：

> 糖墩的制作很简单，但构思却了不起。一根两长的细竹签，穿一个大红果，蘸糖，成为独果的葫芦，因为是独果，就说不上葫芦了，就叫"墩"了。[②]

"糖墩儿"这个名儿在北京叫得并不多，只知道信远斋的糖葫芦有糖墩儿，在20世纪30年代颇负盛名，可是却始终没有流传开来。"糖墩"本是天津话，后来传到了北京，加上了儿化音，但始终体现的都是天津味儿。

此外，还有一种售卖糖葫芦的方式最为引人注目，那就是出现在庙会上的大糖葫芦。岁时逛庙会是惯例，而大糖葫芦则被作为是庙会

① 梁实秋：《酸梅汤与糖葫芦》，《梁实秋文集》（第五卷），鹭江出版社，2002年，第40—41页。

② 翟鸿起：《老北京的街头巷尾》，中国书店，1997年，第53页。

的标志之一，当代书画家何大齐曾在其著作《燕京往事》中提及：

> 老北京厂甸庙会上，有专卖大糖葫芦的小贩。大糖葫芦有一米多长，选大而红的山里红，用荆条串起来，然后蘸上或刷上糖饴，白里透红，十分好看。在顶端还插着彩色小旗子。逛厂甸的人大多买上一串，扛回家去，增加了过年的喜庆气氛。①

可人的冰糖葫芦出现在庙会象征着祥瑞。冰糖葫芦里虽然有一“冰”字，但是却没有令人退避三舍的冷若冰霜，反而薄薄的糖霜下包裹的却是似火般热情的山楂。在北京的严冬里，呼啸而过的来自北方的刺骨的寒风不知疲倦地疯狂咆哮着，而此时街道巷子里骑着车匆匆回家的行人的内心却是似山楂般火热。冰糖葫芦的外形似乎也是地道北京人性格的象征，外面裹着的是薄薄的冰冷的糖衣，但是内心却是火一般的热情。咬一口冰糖葫芦，耳听糖霜裂开的声音，入口的瞬间却是一阵寒凉，随即就是一股温暖，一直暖到心里。

糖葫芦原是宫廷食物，随后渐渐传入民间，为宅门人家与平苦百姓所喜爱，当代作家墨非曾在其著作《老北京的风味小吃和历史渊源》中提及：

> 在旧时的北京，冰糖葫芦是冬春之夜常见的消闲小吃。曾经的四合院里，那些宅门人家常在隆冬时自制以红果、山药豆等为原料的糖葫芦，放在庭院里冻着随吃随取。②

糖葫芦作为一种北京的特色小吃，它穿越了阶级的限制，成为宫廷、宅院与胡同小巷连接的桥梁，或许这正是其得以广为流传而历久

---

① 何大齐：《燕京往事》（上），知识产权出版社，2015年，第24页。

② 墨非编著：《老北京的风味小吃和历史渊源》，中国华侨出版社，2015年，第43页。

弥新的原因之一。同时，它也是北京生活的一个缩影，透过一串糖葫芦我们可以看到地道北京人的口味，看到他们的生活以及那融入其间而无法区分的北京人的特性与乐趣，进而更深地了解北京这座城与居住在这座城里的人。

糖葫芦对于地道的北京人来说似乎不仅仅是一种小吃，更多的是一种寄托、一种追逐、一种情怀，梁实秋曾提及：“离开北平就没吃过糖葫芦，实在想念。近有客自北平来，说起糖葫芦，据称在北平这种不属于任何一个阶级的食物几已绝迹。”① 此时的梁实秋已经不在北平，确是很久没有尝到糖葫芦的酸甜爽口，而此时的糖葫芦于他而言似乎仅仅是一种小吃，似乎却又不只是小吃，更多的是对糖葫芦遍地的那个时代的回忆以及对拥有自己独特记忆的北京那座城里的生活的一种怀念。

糖葫芦似乎是每一个曾居住在北京的人心中不可磨灭的那一道红霞，而离开之后却怎么也挥不去它的余光。糖葫芦就承载着李丽这位华裔作家对于北京的记忆：

> 湖水也结了一层厚厚的冰，在冰上欣喜玩耍的孩子们围在湖中央卖糖葫芦的小摊周围。泛着红光的糖葫芦映在白白的雪上，越发鲜红。回忆起在中国度过的日子总会不觉地想起这个场面。②

寒冷的冬天、结冰的湖面、玩耍的孩童、相衬托的糖葫芦与皑皑白雪，似一道挥之不去的温暖阳光照耀在心头，照耀着每一个思念在北京所度过的漫长岁月的旅人。

晶莹剔透的冰糖葫芦饱含着热情、象征着喜庆，承载着无数人的记忆与情怀。如今，虽然小巷胡同里的吆喝声已经远去，记忆中的那

---

① 梁实秋：《酸梅汤与糖葫芦》，《梁实秋文集》（第五卷），鹭江出版社，2002年，第41页。

② 李丽：《忆北京的冬天》，《我们在中国》，凤凰出版社，2012年，第58页。

些人、那些事或许已经消逝不见，但寒冬中灯火下那一串串红彤彤的糖葫芦，还是足以勾起人们对温暖岁月最美好的回忆。

3. 豌豆黄儿：味淡方知其香浓

豌豆黄儿是北京应时的特色小吃，以豌豆为制作原料，具有极高的食用价值。豌豆黄儿初春上市，一直供应到春末，按照传统北京的习俗，农历三月三庙会时要吃豌豆黄儿。关于豌豆黄儿历史渊源的探讨，当代作家冰清曾在其著作《美味人生》中写道：

> 据说，某一天，慈禧在静心斋歇凉，忽听大街上有铜锣声。慈禧问是干什么的，当差的回答说是卖豌豆黄、芸豆卷的。慈禧让当差的把那个人叫进来，那个人说：敬请老佛爷尝尝这豌豆黄、芸豆卷，香甜爽口，入口即化。慈禧尝过后说好吃。于是就把这个人留在宫中，专门为她做小吃。①

关于豌豆黄儿是如何走进大众视野的，历来说法不一，但是都与慈禧有着密不可分的关系。豌豆黄儿以其极具辨识度的口感，深得大众的喜爱，一度成为宫廷美食。墨非曾对其口感进行过详细的论述：

> 从白瓷小碟里夹起一块小巧玲珑，细腻温润，放进嘴里，只轻轻一抿，竟然如梦般化得不知去向，只留下唇齿间一缕清纯甘洌，伴随着若隐若现的清凉直沁心脾。记得那次饭后，去中山公园音乐堂听了出昆曲《牡丹亭》——《游园·惊梦》，清雅而委婉，细腻而精致，不由得令人心头一惊：呀！怎么竟和那豌豆黄异曲同工？②

① 冰清：《美味人生》，吉林出版集团有限责任公司，2011年，第9页。

② 墨非编著：《老北京的风味小吃和历史渊源》，中国华侨出版社，2015年，第36页。

图 80　豌豆黄儿

入口即化，唇齿留香是豌豆黄儿在唇齿与味蕾间留下的印记，在墨非的笔下这种绝妙的体会与昆曲《牡丹亭》给予墨非的触动有着异曲同工之妙：给人一种轻灵的感觉，轻灵而不失趣味，正如苏东坡的书法，沉着之处给人一种灵气的体验；不会给人以笨拙的触感，正像豌豆黄儿给人的触感那般，入口是可触及的实物，瞬间由实转虚；亦如豌豆黄儿出现的季节那般，伴随着春的出现而逐渐跳跃于大众的视野中，随着春的消散而渐渐退出属于它的舞台。

北京的豌豆黄儿主要分为粗、细两种，两种豌豆黄儿的用料、工艺、价格有天壤之别。细豌豆黄儿主要是依据粗豌豆黄儿改进的，是一种宫廷小吃。北京的豌豆黄儿有两种，一种是北海公园“仿膳”制作的所谓宫廷小吃，另一种是走街串巷的小贩出售的比较粗糙的豌豆黄儿。

细豌豆黄儿较为出名的是东安市场的老杜，“馋人”唐鲁孙曾对老杜的手艺这样论述：

> 老杜的买卖，以卖豌豆黄为主，每块约四寸见方，分带山楂糕、不带山楂糕两种。当时还没有电冰箱，他有自备白铁皮内放天然冰小冰箱一只，大约顶多搁二三十块，每天下午三四点钟摆摊，卖完就收。他的豌豆黄保证新鲜，没有隔夜货，豆泥滤得极细，吃到嘴里绝对没有沙棱棱的感觉。而且水分用得更是恰到好处，不干不稀，进嘴酥融。碰上老杜高兴，有时候也做几块绿豆黄来卖，绿豆黄做法虽然跟豌豆黄差不多，三伏天一块一块，绿莹莹的，冷香四逸，不但瞧着阴凉，夏天吃了还能却暑解毒。尤其每块上都嵌上一些枣

泥，枣香扑鼻，更觉得特别好吃。北平卖豌豆黄虽然不算稀奇，可是卖绿豆黄的，在北平老杜就得算头一份儿了。[①]

“中华谈吃第一人”唐鲁孙笔下的细豌豆黄儿随着时代的变迁不仅仅是宫廷饮食，逐渐从金碧辉煌的宫殿中走到了胡同小巷里，而口味也不仅仅局限于以前的不添加枣泥，粗豌豆糕与细豌豆糕的区分不再是一条显著的标准，正如宫廷饮食溯回若干年后的北京城与这座城里的人与人之间的界限一样。

粗豌豆黄儿是大众所喜闻乐食的食物，而大多走街串巷的豌豆黄儿都属于粗豌豆黄儿，墨非曾在其著作中写道：

“豌豆黄儿哎——大块的！”一声吆喝伴着小铜锣儿一敲，连槐树上的麻雀也停止了无休止的吵闹。一个瘦长的身影出现在胡同口，肩上挎着的几节圆笼，手里敲着小铜锣儿。看着孩子们都奔了过来，卖豌豆黄的小贩就势把圆笼放在石阶上。盛豌豆黄的圆笼用黄铜的钉子鉾紧；三层笼屉上下咬合紧密无缝儿；底层横穿一根铜条，两侧用上好牛筋固定。里头更有看头：有做好的大块的豌豆黄糕，成块卖。小贩张叔说他爷爷的手艺伺候过太后老佛爷，无法证实。但豌豆黄确实地道，保持了原料的清香，味道绵长、松糯、味儿厚，更合口。[②]

墨非笔下小巷胡同里豌豆黄儿的叫卖声伴随着瘦长的身影而出现，声音由远及近，伴随着声声吆喝声，那抹熟悉的身影出现在人们的视野中，孩童们激动地围着早已融入他们日常生活中的豌豆黄儿，

① 唐鲁孙：《北平的甜食》，孙晔编：《北京：四九城里的风流岁月》，北方文艺出版社，2016年，第185页。

② 墨非编著：《老北京的风味小吃和历史渊源》，中国华侨出版社，2015年，第34—35页。

而这似乎早已成为20世纪末的一种记忆，存在于太阳西斜的午后，孩童嬉戏的小胡同，炊烟袅袅的四合院和那一声声唤醒人们对过去回忆的吆喝声。时光的天轮快速旋转，拉扯着我们进入21世纪的今天，一切的一切都已经消失不见，如同幻影一般，将一切定格在黑白色调的20世纪末。

原籍苏州现居住在北京的作家车前子笔下，尝一块豌豆黄儿的心灵感悟甚于读一首诗，就像是心灵最深处在美的感悟中游荡一般，在其著作《豌豆黄与橘红糕》中进行了以下描绘：

> 我想，凡是好点心总是虚虚实实的，它的色泽首先就很诱人。点心的色泽不能诱人，就像没风情的女人，终究是隔一层的。我在北京城里吃豌豆黄，觉得如睹前朝故物，恍恍兮隔世之感。一位没落王爷，酒醉后唱起了《让徐州》，它还剩有些富贵气。这富贵气又雅致，真是难得。有风情，还有学问。豌豆黄品质酥软，犹鸭头新绿，柳梢嫩金。它是味美的。豌豆黄的味美，美就美在没什么味道，或者说味道很淡。一入口，一缕香气沁人心脾，而这沁人的香气，正是因为味淡了，香气才浓的。人淡意长，人淡泊了，才意味深长。味淡香浓，清淡的食品，才品得出它的香——本身的香。急于求成的阅读，使一个人的本性顿失；而廉价的香水，淹没了年少的体香。①

车前子笔下的豌豆黄儿的美在于“没什么味道”，入口时只有淡淡的清香，味道在消逝时香气渐渐变浓。“人淡意长，人淡泊了，才意味深长”，读书时保持着一颗淡然的心，疯狂地汲取营养，渐渐地沉淀下来，逐渐充实自己，这似乎也是北京这座皇城的写照。近代以来，北京经历了无数烽烟战火的洗礼，但是始终保持着超然物外的心

① 车前子：《豌豆黄与橘红糕》，《文苑》，2009年第9期。

境，保持着自己的本真，渐而逐步成长壮大。人生亦是如此，淡然地去沉淀，保持本真的心，淡泊了才能意味深长，味淡方知其香浓。

豌豆黄儿的存在对于大多数地道的北京人来说不仅仅是一种小吃，更多的是一个承载着记忆的时光储蓄盒。老舍笔下所描绘的日常生活中也渗透了孩子们心心念念的豌豆黄儿，众多的文人笔下也能窥探到豌豆黄儿的身影。从小在北京长大的海外美食作家冰清在移民美国后，对于儿时病中的豌豆黄儿有着深深的不舍与眷念之情，她曾写道：

> 到了美国之后，见惯了各国舶来的美食，却又想起了儿时病中的美食——豌豆黄。可是美国连两半的豌豆都不容易买到，又如何自己做呢？那一日，逛印度超市，看到一袋去皮绿豆，就拎了一袋回来。按照网上一些朋友的做法：把去皮绿豆加水和糖，熬煮成绿豆泥，加溶化的琼脂（也叫洋菜或者燕菜），放在模子里放冷。拿出来尝一尝，虽不太完美，还是有当年的味道了。我还自创加入桂花糖，或者撒上红莓果冻代替山楂糕，或者里面嵌些红枣，将家乡的小吃发扬光大了。[①]

是啊，冰清所寻找的当年的味道究竟是怎样的一种味道呢？是豌豆黄儿入口即化，唇齿留香的舌苔与味蕾的触感吗？还是那个午后，那条小巷，那声吆喝中的豌豆黄儿呢？一切我们无从得知，或者连冰清自己也不清楚，或许仅仅是海外游子对于家乡记忆搜索的一种怀念。

4. 茶汤：大铜壶里的故事

北京的冬天漫长且寒冷，马路上倒映着行色匆匆的人影在微弱的

① 冰清：《怀念豌豆黄》，《美味人生》，吉林出版集团有限责任公司，2011年，第9—10页。

路灯下显得格外萧瑟，岁月随着记忆的时光机后退，直到20世纪末的北京街道。那个世纪视野下的北京，没有霓虹灯的夺目也没有来往车辆的喧嚣，一切显得格外寂静。可是路灯下袅袅升起的白烟伴随着铜壶小摊上火炭燃烧和着滚水沸腾的交响曲却温暖着每一个走过的行客，这就是茶汤的魂之所在。

关于茶汤的由来，历来说法不一，但是普遍认可的说法是明朝已有茶汤，最早见于当时流传于北京的谚语："翰林院文章，太医院药方。光禄寺茶汤，武库司刀枪。"光禄寺作为专为庆典宴席而设立的厨房，茶汤的出现我们最晚可以推究至此，而此后茶汤渐渐由宫廷传入民间。

探讨至此，我们不禁疑惑茶汤是什么？茶汤是茶吗？是汤吗？关于这个问题的探讨，在当代作家张卉妍的著作《老北京的传说》中有诸多的讨论：

> 北京茶汤更是传统风味小吃，味道甜香醇，色泽杏黄，味道细腻耐品，因用龙头嘴的壶冲制，所以又叫龙茶。清嘉庆年间的《都门竹枝词》中有"清晨一碗甜浆粥，才吃茶汤又面茶"的诗句。这首诗句话出了旧北京街头小吃的多样化，从中也可见当时茶汤的流行。茶汤属于一种甜饮，和藕粉相似，原料也是糜子面，用开水冲食。①

图81　茶汤

旧时的茶汤在老北京随处可见。在北京居住多年的著名红学家邓云乡笔下老北京的茶汤主要有两种类型：

① 张卉妍编著：《老北京的传说》，中国华侨出版社，2015年，第288页。

茶汤分荤、素两种，素的又叫油炒面，用香油炒面粉，炒熟呈黄色，加熟核桃仁等，吃时先盛两勺干面，放点凉开水，调成浆，然后用滚开水冲成糊状，加红糖食之，像广东人吃的芝麻糊差不多。这是老北京人喜欢吃的食品，尤其喜欢买来喂小孩。这种食物有脂肪，富营养，易消化，吃起来方便，给儿童吃最相宜。又因它是素的，庙里的和尚也喜欢食。用来接待香客，也是极为方便的。

荤的则名为油茶，最好的是牛骨髓油茶，把牛骨中的油取出来，就是一般说的牛骨髓油了。用这种油炒面粉呈浅黄色，再加核桃仁、青丝、红丝、白糖混合起来，吃时也像调茶汤或调藕粉一样，调起来热乎乎的一碗，这就是牛骨髓油茶了。这比茶汤好吃得多，营养价值极高，北京天气冷，吃这种高热量的食物，具有明显的抗寒作用，也是十分耐饥的食品。老北京人常常整斤地买回去，天天早上冲了当早点吃。也有买了牛骨髓油自己炒的。炒这个并不难，把面粉倒在炒菜锅里，一边炒拌，一边加油，把面炒成略带黄色，把油加到扑鼻喷香就可以了。①

不同需求的人都能在茶汤里找到归属感，特别是漂泊在北京的外地人也总能在飘香的茶汤中，想起远方的故乡美食。茶汤似乎不仅仅是一个具有悠久历史的北京小吃，而像是北京本身所具有的包罗万象的一种温暖、一个缩影，让来自不同地域、不同民族的人都能在这座城市里找到归属感，这应该就是一座城市所具有的最迷人的魅力吧：让每一个在京的人都能在它温暖的怀抱里找到自己的位置。

而在老北京的茶汤里最受欢迎的当数八宝茶汤了，当代作家韩忆萍、崔墨卿曾在《新风旧俗话北京》中写道：

① 邓云乡：《云乡话食》，河北教育出版社，2004年，第114—115页。

北京的风味小吃茶汤，北京人反映最好的便是姓应的八宝茶汤。所谓“八宝”就是他的茶汤有八种果料，而且设备精良，器皿整洁考究。比如冲茶汤使用的大铜壶，以至勺碗等都比别的茶汤摊儿收拾得利落，叫吃主儿看着舒心，所以日而火之，便创出了牌子，号称茶汤应。①

茶汤对于北京人来说是一种吃食，但是茶汤的制作却是一套精良的工艺，经过五百多年历史的传承、岁月的洗礼至今仍然存在于北京的街头。漫步于北京街头与茶汤的制作来一场偶遇，不仅是一次舌尖与味蕾的愉快旅行，更像是一种视觉上的艺术冲击，给人深刻的艺术体验。周简段曾在《老滋味》中提及：

至于那冲茶汤的动作，简直是一种绝妙的艺术。侧曲着身子，左手端着玲珑的小碗，右手拿着壶把儿，将百余斤的铜壶拎起来。那滚烫的开水冒着白气，如同一条弧状的银柱儿，从距小碗儿两尺多高的壶嘴哗的一声砸进碗里。动作的准确、娴熟与优美，令人叹为观止。②

北京民俗专家袁树森也曾对茶汤的制作进行了生动、活泼的描写，更是对其制作过程提出了两个关键的技巧：

用开水冲茶汤有一套冲制的技巧，先把茶汤原料在碗内调好，放好白糖与桂花卤；然后再在高大、体重的铜壶中装满滚开的水。卖茶汤的一手执碗，一手扶壶柄，双脚撇开呈半蹲式，左手的碗正好等在壶嘴边，等水一冲出，碗要随时变换距离，以掌握开水适量来控制它的厚薄程度，并不使开

① 韩忆萍、崔墨卿：《新风旧俗话北京》，光明日报出版社，2007年，第212页。

② 周简段：《老滋味》，新星出版社，2008年，第192页。

水外溢，激出糖浆，这是技巧之一。右手要有足够的控制力量，水出得猛，开水一出壶口，正好注入碗内，要一次完成，才能冲熟茶汤，否则滴滴答答注水，茶汤就冲不熟了，这是技巧之二。卖茶汤的那些老手，开水出口，碗口和壶口距离有时在一二尺的地方，开水全部入碗，点滴不外溢，而且说止即止，一次冲熟，厚薄合乎要求。冲茶汤用的大铜壶金光锃亮，壶身铸有游龙，壶嘴是一个龙头的造型，龙头上面系着两朵丝绒花球，显示它的古雅。大铜壶肚膛内点煤炭，沿着肚膛盛水，茶汤就用烧得滚开的水直接冲入放有茶汤原料的碗内。盛水的大铜壶有40公斤重。茶汤原料也很讲究。它要用糜子面放在碗内，用热水调匀，然后用铜壶的开水冲入碗内冲熟，撒上一层红糖，中间放一撮白糖。它的质量要求是：冲得的茶汤把碗反过来朝下，立即下坠，挂在碗边，用手拍动，松软抖动，不能从碗内掉下。老北京讲究喝前门外的“聚元斋”和天桥的“茶汤李”的茶汤。[①]

图 82　天桥茶汤李店铺的牌匾

① 赵华川、赵成伟绘，袁树森配文：《吃喝玩乐》，文化艺术出版社，2015年，第17页。

茶汤的制作是一场妙笔生花的视觉盛宴，而卖茶汤却更能体会北京这座城所具有的独特的悠久历史，能够体会那个距今久远的年代老北京人的老北京生活：

> 昔日，北京的花市、鼓楼、大栅栏、东四牌楼、西四牌楼以及白塔寺、护国寺、厂甸等处庙会，到处都有茶汤铺或茶汤摊；至于走街串巷的茶汤挑子，更是不计其数。
>
> 凡卖茶汤者，都有一把擦得光亮的特大号红铜壶，二三尺高不等，壶把缠以藤皮，壶中央烧着红彤彤的炭火，壶里的水总是哗啦哗啦地开着，一股股白色的蒸汽不时地从壶口与壶嘴儿里冒出来，袅袅地飘向天空，与飘忽的炭香融合在一起，古朴、美妙，别有一番诗情画意，令人陶醉。[①]

图 83　用于制作茶汤的红铜壶

① 周简段：《老滋味》，新星出版社，2008年，第192页。

光亮的红铜壶，红通通的炭火，哗啦啦开着的水，具有浓烈的古朴美妙的生活气息，伴随着声声的吆喝声，是一场绝佳的穿越时光的听觉视觉享受，让我们能够淋漓尽致地体会20世纪80年代的北京胡同，儿童欢声笑语伴随着四合院里夫妻交谈的声音，以及升起的袅袅炊烟。偶尔两个骑着自行车路过的行人，一切都是最美好的老北京。

茶汤的售卖最具特色的当数庙会上卖茶汤的摊子了，充满喜庆氛围的日子里，熙熙攘攘的人群，各色的小吃，而茶汤则是以其独特的制作工艺夺得众人的关注：

> 在各大庙会的卖油茶的摊子上，中间空心可以坐在火炉上的大铜壶，有二尺高，直径最宽处也有二尺。壶柄在旁边很大，嘴壶又长又细；后面一搬壶柄，水就可以倒出，正好冲入碗中。这壶又名“搬壶”，擦得又明又亮，造型十分美丽，见过的人是很难忘记的呢。[①]

茶汤作为一种独具特色的京味儿小吃，以其兼容并包性得以满足众多人的需求，这一特点就像是北京这座古老的城所具有的独特魅力，它更像是指路人能够给众多漂泊在外的游子指一条温暖的回家之路。而其精良的制作工艺又像是一场极佳的视觉盛宴不断地给人带来视觉和听觉上的碰撞。

① 周简段：《京华感旧录》，吉林出版集团有限责任公司，2011年，第66页。

二、老北京的休闲情调

老北京的民俗及休闲文化至为珍贵，有历史和现实的双重价值，是北京文化中“俗”与“趣”的集中体现。由于北京的政治、文化中心地位，它对全国的文化发展必然产生辐射性的影响。人们逐渐认识到，以皇城为背景形成的内涵丰富、博大精深的老北京民俗及休闲文化，不仅是宝贵的精神财富，而且也能产生巨大的物质财富。

老北京的民俗及休闲活动主要体现出老北京的休闲情调，老北京人就喜爱这种闲适悠哉的生活方式。享受生活，彰显自我，是老北京民俗及休闲文化的精髓所在。文人墨客用他们的笔触生动形象地记录下了老北京的传统民俗及休闲文化，用文学作品的形式将此文化定格且传承至今。老北京的民俗及休闲活动非常丰富，淋漓尽致地将“俗”与“趣”结合在一起，比如遛鸟、逛庙会、泡澡堂子、抖空竹、溜冰、喝茶等数不胜数。下面就介绍几种大家熟悉的民俗及休闲活动，让我们在高速运转的“快”时代再来重温一下老北京的休闲情调。

1. 清晨的遛鸟一族

遛鸟是老北京人的一大爱好。清晨时分，提着鸟笼、踏着朝露、迎着晨曦，傍晚时分，伴着夕阳余晖、晚风徐徐，再邀三两好友，好不惬意！遛鸟这一休闲娱乐活动，在当代资深报人王继兴的诗中鲜活了起来：

图 84　悬挂在树上的鸟笼

清晨河畔小树林，画眉声声似弹琴。长髯老翁笑吟吟。风雨历程已成昨，夕阳年华享受今。鹤发童颜坐一群。①

诗中的遛鸟人是“鹤发童颜”的“老翁”，汪曾祺笔下对遛鸟人也进行了详细的描述：

养鸟本是清朝八旗子弟和太监们的爱好，“提笼架鸟”在过去是对游手好闲，不事生产的人的一种贬词。后来，这种爱好才传到一些辛苦忙碌的人中间，使他们能得到一些休息和安慰。我们常常可以在一个修鞋的、卖老豆腐的、钉马掌的摊前的小树上看到一笼鸟。这是他的伙伴。不过养鸟的还是以上岁数的较多，大都是从五十岁到八十岁的人，大部分是退休的职工，在职的稍少。近年在青年工人中也渐有养鸟的了。②

是人遛鸟其实也是鸟遛人，这体现了老北京遛鸟人有趣、闲适的生活，当代诗人岩泉曾在其诗歌中提及：

与其说人在遛鸟
不如说鸟在遛人
你在它眼里是一片荒漠
它在你心中就是风景
笼子里的歌不是歌
就像笛孔里的风
不是来自森林③

① 王继兴：《诗意人生——300个行当面面观》，海燕出版社，2013年，第76页。

② 汪曾祺：《北京人的遛鸟》，《汪曾祺全集》（第六卷），人民文学出版社，2019年，第358页。

③ 岩泉：《泣血的心韵》，百花洲文艺出版社，1997年，第10页。

遛鸟究竟遛的是什么呢？遛鸟又对鸟有什么好处呢？北京民俗专家袁树森曾提及：

> 一些已经初步驯服的鸟，在见着生人或变换不同环境时，常会突然发野，惊悸乱撞笼。而常遛鸟可以消除鸟儿突野，可增加鸟的稳定性。遛鸟常在早晨和黄昏，拿着鸟笼到野外公园林地，将鸟笼挂在树上，让鸟儿鸣唱竞唱，越遛就会越有性，鸟儿大唱不止，可以增加鸟儿的胆量，更能和野鸟竞鸣，也可以使鸟习惯环境变换，起到稳定鸟性的作用。①

图85　遛鸟

遛鸟人走过一段幽静的长路后，总会在一个地方停下来，此时笼里的鸟往往就会发出悦耳的声音，张明林曾提及：

① 赵华川、赵成伟绘，袁树森配文：《吃喝玩乐》，文化艺术出版社，2015年，第133页。

北京人养鸟的乐趣之一在于听鸟叫。鸟如何才能叫得悦耳动听，需要养鸟者对其进行严格的训练，称为“押音”，不押者称为“叫错”。各鸟押音，除天然真音以外，皆由养鸟者自押自排为乐，一般都以本色鸟押本色鸟之音为主。①

另外，遛鸟也是老北京人用于交流的途径之一，黄苗子曾写道：

北京人爱养鸟，养各种秋冬天鸣叫声不同的蝈蝈、金铃子，养蟋蟀。从前到老胡同附近的小茶馆、现在清晨到公园提着笼子“遛鸟”的老大爷们，多数是退休老工人，他们聚在一起把鸟笼挂在树上，一面欣赏鸟类交响乐，一面“莫谈国事”地谈点国事。②

每次途经什刹海时，总能看见几位老者，或步行或骑着自行车，或双手摆动或一步三摇，别小看这简简单单的遛鸟，里头的学问可大了！袁树森曾提及：

这遛鸟的讲究也大了去了！遛红子就得一步三晃，慢条斯理的。遛画眉可就得昂首挺胸，前后亮笼底。什么鸟就得有什么鸟的伺候方法。不是什么鸟都能遛，多数都是鸣禽，您要是提着一只牡丹鹦鹉遛一圈的话，非得让人家把大牙笑掉了！③

---

① 张明林主编：《礼乐歌诗——闲话礼俗中国》，北方文艺出版社，2007年，第51页。

② 黄苗子：《人文琐屑》，生活·读书·新知三联书店，2006年，第32页。

③ 赵华川、赵成伟绘，袁树森配文：《吃喝玩乐》，文化艺术出版社，2015年，第133页。

遛鸟看似是一件极为闲适的事儿，可并不是所有人都对其持有赞成的态度，大有一种“子非鱼，焉知鱼之哀”之感。作家叶捷新曾在随想录中提及遛鸟行为不顾鸟儿的感受，“己所不欲勿施于人”，这一着眼点也着实有趣。老舍作品《正红旗下》里有一位出生于胶东的老王掌柜，在他刚到北京的时候，对于旗人的规矩礼节、穿衣打扮、说话腔调，他都有些反感，既看不惯，也听不惯。他也看不上北京人逢节按令挑着样儿吃，赊账也得吃的讲究与作风，更看不上他们提笼架鸟、飘飘欲仙摇头晃脑的神气劲儿。可是，等到王掌柜过了30岁，他自己也开始玩上了百灵，而且经常和鸟友交换养鸟的经验，而且是越谈越深刻，越谈越亲热。只要在北京小住几年，即便是不爱鸟的人也会渐渐爱起鸟来，北京文化的同化力在遛鸟上也体现得淋漓尽致。提着鸟笼与鸟友一起侃侃家常与天下，这真是神仙般的日子啊。现今仍有许多北京人遛鸟，在生活节奏日渐加快的今天，听着鸟儿优美的叫声，的确是一种减压的好方式。

2. 老北京的澡堂子

老北京人都极爱泡澡堂子。什么是澡堂子？那就是除了洗澡，还能享受其他休闲娱乐活动的地方。比如约上三五“澡友”在澡堂泡澡，搓背，修脚，修面，按摩，理发，拉家常，吹大牛，评时事，嗑瓜子，喝茶，打牌，打麻将，听戏，唱戏，甚至斗蛐蛐等，只要你能想得到的休闲事儿，都可以在澡堂子一并享用了。说到这里，你是不是也想找个北京澡堂子泡个澡了？

让我们跟随当代作家邱竟竟的《北京拾遗》去泡个热水澡吧：客人刚进门，会有人热情澎湃地高声吆喝：“两位，里面请。”“来了您哪。”刚进澡堂子让人“有点喘不过气来的窒息感”，“客人太多，蒸汽太大”，“进去一会儿之后便会渐渐习惯”，“澡堂子的女部，算是简单而又文明的，多数是淋浴，少数是盆塘，且是个人独用的。男部则完全不同，是类似游泳池一样的巨大盆塘，老少爷们不论是高矮

图 86　老北京清华池

胖瘦统统浸在里面，只剩下脑袋或上半身浮在水面，然后让比我们那里烫得多的热水，将自己蒸泡成红通通油亮亮的‘大虾段’”。“在被热水浸泡足够时间后，身上的积垢开始松懈下来，这时候澡堂子的搓泥师傅便用毛巾在客人背部、前胸、胳膊、大腿等处用力地搓，一缕缕的黑泥便会排山倒海似的倾泻而下。”搓完以后“浑身舒坦，好像是卸下了很多分量似的”。这时“周身热血流畅，精神松弛，当然就有点昏昏欲睡了，披上毛巾，走到备好的床铺前，叫壶浓茶，细细品味，舒舒服服地小睡一会儿。起来后，再到池子里泡一会儿落落汗，这才慢悠悠地穿衣回家”。①

读到这里，我们如同和作者一起泡了一回北京澡堂子，舒服畅快，似乎一天的疲惫已通过扩张的毛孔散发出去，所以北京人喜爱澡堂子，就像每天必备的功课一样。除了爱干净讲卫生，更多的是为了放松身心，卸下烦恼，长此以往便形成了一种生活习惯——定期泡澡堂子。如果说邱竟竟的《北京拾遗》只是描述了泡澡的过程，那么中国社会科学院文学研究所研究员王学泰的《续“洗澡”》则让我们详

① 邱竟竟：《北京拾遗》，上海远东出版社，2010年，第81页。

尽地了解到北京澡堂子的当代发展史：

> 50年代以后的澡堂子有个从私营到公私合营，再到国营的转变过程。从经营上说日益规范，价格便宜（长期稳定在0.26元、0.23元），也不收小费了，也没有“爷”的称呼了，日益废除了唱收唱谢的习惯，扫荡了旧社会的遗迹。新社会强调浴池的单一的清洁卫生功能，为此许多澡堂增加了洗衣和熨衣（主要是衬衣衬裤）的服务，而且很便宜，洗一身内衣也就四五毛钱，为顾客提供了方便。澡堂还日渐淡化洗澡的休闲功能和娱乐功能，与此有关的服务项目减少了许多（如代买食品叫外卖、捏脚等）。另外一个措施就是限制洗澡的时间，平时一般是两个小时，如果是节假日仅一个小时。到时候就下逐客令，这在过去的服务业是绝对没有的事。有的澡堂子采取超过规定时间增加收费的办法。……三十年前北京的澡堂子有一百多家，本来各有名号，“文革”中“扫四旧，立四新”，扫去了旧的，多以所在地址命名，方便是方便了，一听名字，就知道在哪，可是原有的文化气没了。一百多澡堂子中最有名的当属“清华池”“清华园”“华清池”“东升平”“一品香”等等。①

著名相声名家马三立曾经和王凤山一起讲了个段子，他说自己是清华大学毕业的，王凤山问，清华大学在哪儿？马三立说，王府井八面槽。王凤山说这个地方是澡堂子。马先生说，是啊，清华池。其实，那不是清华池，而是清华园。再来看看王蒙在《活动变人形》中对北京澡堂子的描写：

① 王学泰：《续“洗澡”》，《王学泰自选集·岁月留声》，中国华侨出版社，2012年，第190页。

> 池子里的水是那样热，好可怕呀！怕不是煮人剥皮的场所？特别是“木床”上躺着的赤身裸体的人，正由另一个只在腰部系了一条毛巾的人摆布、揉搓，把全身擦得像胡萝卜一样的通红。倪藻不知道这叫作“搓澡”，他的感受倒像是正在进行屠宰解剖。……洗完澡倪藻只觉得神清气爽，身轻如燕，飘飘然如一步便可登天。父子俩在用了几次手巾把，喝了几次“高末”，剪了指甲趾甲梳了头以后，心满意足地离开了澡堂子。“洗澡真好！”倪藻赞道。①

这是倪藻眼中的澡堂子，也是王蒙眼中的北京澡堂子。由西安电影制片厂出品，张扬执导，姜武、朱旭、濮存昕主演的剧情片《洗澡》更加生动形象地再现了北京人对澡堂子的感情。这部影片以一个传统的北京澡堂子为故事背景，讲述了20世纪90年代北京的社会生活百态以及父子之情、兄弟亲情的感人故事。朱旭饰演的老刘苦苦经营了一辈子澡堂子，成为京城澡堂业的一把手。他早年丧偶，育有两个儿子。濮存昕饰演的长子刘大明离家南下多年，只有姜武饰演的智商低下的小儿子刘二明守在身边。老刘感到晚景凄凉，但幸好还有许多老主顾经常打交道。这群离不开澡堂子的老伙伴在一起惺惺相惜，使老刘的内心尚存些许的欣慰。后来长子刘大明回家开始接触澡堂子，才慢慢理解父亲，并渐渐对这一事业产生了发自内心的感动。

电影《洗澡》是一个原汁原味的澡堂子里的故事，在城市变迁的背景下，浓郁的老北京氛围里，底层老百姓的寻常生活中，简单、纯粹然而深情地铺展开来。影片以略显昏黄的色调呈现出一幅老北京澡堂子的温馨画面：“晌午刚过，胡同的老哥儿几个结伴走进这个叫‘清水池’的澡堂子，在热气腾腾的池子里泡得脊背发红，然后出来招呼伙计搓澡捶背，松软的是筋骨，放松的是心情，等泡美了

① 王蒙：《活动变人形》，作家出版社，2009年，第163页。

捶舒坦了，沏一壶小叶儿茶，哼着西皮二黄，或美美眯上一觉，或两两聚在一起下象棋；还有成群侃大山的，小到家长里短，大到国计民生，说得头头是道，争得面红耳赤，却转眼烟消云散，尽付笑谈中。”①

现如今澡堂子里的人依旧人来人往，虽然基本上每家每户都有浴室，但北京人还是习惯偶尔奢侈一把出去泡澡，享受这难得的放松与休闲。澡堂子已经不是单纯清洁身体的场所，而是北京人的精神乐园。北京澡堂子已经成为北京的文化符号，老北京那种浓浓的情意，达观的心态，悦耳的京腔，闲适的脚步，已经内化为北京人的精神气质。

3. 童年记忆里的兔儿爷

兔儿爷是北京市的地方传统手工艺品，属于中秋应节应令的儿童玩具。旧时北京东四牌楼一带，常有兔儿爷摊子，专售中秋祭月用的兔儿爷。说起兔儿爷，现在北京的年轻人已然有点陌生了，但在老北京城里，这位兔儿爷可是家喻户晓。只要一到中秋节，四九城随处可见卖兔儿爷的商贩。家里只要能揭开锅的，都会给孩子请个兔儿爷，拿回家摆着，应个景儿，也讨个吉利。

据说兔儿爷起源于明末。明人纪坤《花王阁剩稿》里讲道：“京师中秋节多以泥抟兔形，衣冠踞坐如人状，儿女祀而拜之。”② 到了清代，兔儿爷由祭月用品转变为过中秋时小孩子的玩具。其制作也日趋精致，有扮成武将头戴盔甲的，有身披戢袍的，有背插纸旗或纸伞的，有坐的也有站着的。兔儿爷之所以被称为“爷”，这是对神的尊称。玉兔也是神，不能够随便把玩，必须将这只称为“爷”的兔子恭恭敬敬地供起来。

---

① 李鸣春：《朱旭》，中国戏剧出版社，2016年，第147页。

② ［明］纪坤：《花王阁剩稿》，时勇编：《中国民间遗趣》，郑州大学出版社，2015年，第154页。

图 87　各式各样的兔儿爷

兔儿爷原始的做法，是用胶泥（即黏土）和纸糊（即用高丽纸和东昌浓纸浆）塑立体兔儿爷模型（两耳另塑），几经修改整理，晾干后涂一层漆，再在阴凉的地方晾干。这时候，便可做凹型模子了。凹型模子，仍用纸糊和泥拌匀制作，只是前后两片。模子做好等待干了取下来，用这个凹型模子，可以复制出许许多多的兔儿爷。用凹型模子翻兔儿爷，要分两次翻，翻一个前面，再翻一个后面，然后黏合在一起，经过修改整理，干了以后，涂彩色，描金，最后，上桐油。[①]

老舍对兔儿爷似乎情有独钟，在其作品中多次提到。在名著《四世同堂》里老舍描写到中秋节的场景，其中就提到了兔儿爷。除此之外，老舍还专门写有一篇载于1938年10月30日的《弹花》（半月刊）第二卷第一期的散文《兔儿爷》，后收入《老舍全集》。

> 我好静，故怕旅行。自然，到过的地方就不多了。到的地方少，看的东西自然也就少。就是对于兔儿爷这玩艺也没有看过多少种。稍为熟悉的只有北方几座城：北平，天津，济南和青岛。在这四个名城里，一到中秋，街上便摆出兔儿爷来，就是山东人称为兔子王的泥人。兔儿爷或兔子王都是泥作的。兔脸人身，有的背后还插上纸旗，头上罩着纸伞。种类多，作工细，要算北平。山东的兔子王样式既少，手工也很糙。泥人本有多种，可是因为不结实，所以作得都不太精细；给小儿女买玩艺儿，谁也不愿多花钱买一碰即碎的呀。兔儿爷虽也系泥人，但售出的时间只在八月节前的半个月左右。与月饼同为迎时当令的东西，故不妨作得精细一些。况且小儿女们每愿给兔儿爷上供，置之桌上，不像对待别种泥娃娃那么随便，于是也就略为减少碰碎的危险。这样，兔儿爷便获得较优越的地位，而能每年一度很漂亮的出现于街头。[②]

这里不是单纯地写兔儿爷，作者实际上是以物写人，揭露和讽刺那些像兔儿爷一样“粉墨登场”“粉饰太平”的“高等汉奸”。老舍写这篇文章的时候，北京已被日本人占领，自己热爱的家乡受到如此

① 白铁铮：《老北平的故古典儿》，百花文艺出版社，2010年，第219页。

② 老舍：《兔儿爷》，《老舍全集》（第十五卷），人民文学出版社，2008年，第357页。

灾难，老舍的字里行间充满着无尽的愤怒："粗粮也卖到一毛多一斤。谁还买得起兔儿爷呢？""因而就想到那些高等汉奸，到时候，他们就必出来。正如桂花一开，兔子王便上市。他们的脸很体面，油光水滑的，只可惜鼻下有个三瓣子嘴，而头上有一对长耳朵。他们的身上也花花绿绿，足下登起粉底高靴。身腔里可是空空的，脊背有个泥团儿，为插旗伞之用；旗伞都是纸作的。他们多体面，多空虚，多没有心肝呢！他们唯一的好处似乎只在有两个泥膝，跪下很方便……兔子王的寿命无论如何过不去中秋，我真想为那些粉墨登场的傀儡们落泪了。抗战建国须凭真实本领与浩然正气，只能迎时当令充兔子王的，不做汉奸，也是废物，那么我们不仅当北望平津，似乎也当自省一下吧？"[①] 老舍的悠悠爱国之心跃然纸上。

老北京关于兔儿爷的俏皮话儿（或者说"歇后语"）有很多，比如："兔儿爷戴纱帽——空心大老官儿（因为泥塑的兔儿爷是空心的）；兔儿爷拍肚子——空空如也；兔儿爷打架——散摊子啦；兔儿爷洗澡——一摊泥；隔年的兔儿爷——老陈人儿。"[②] 这些俏皮话儿足可见北京人民对兔儿爷的钟爱之情。

现在的兔儿爷也不光是泥捏的了，塑料制作的兔儿爷、陶瓷制作的兔儿爷等应有尽有，在各大工艺品柜台都能看到兔儿爷的身影，现在的兔儿爷已经成为真正的北京民间工艺品了。来北京旅游的国内外游客，都喜欢带点老北京的东西回去，许多国外游客逛北京买纪念品，专门要买兔儿爷。兔儿爷已经被带到了世界各地，"保佑"着人们吉祥如意，阖家团聚，祛病除灾，健康平安。由于社会经济的发展，人民生活水平的提高，物质生活大大丰富了，所以现在很少有北京小孩玩兔儿爷，甚至许多小孩不知道兔儿爷为何物，但这并不等于传统文化的缺失。兔儿爷永远承载着老一辈北京人对童年的回忆，它是北京文化的象征。兔儿爷作为北京文化的重要组成部分会一直传承下去。

---

① 老舍：《兔儿爷》，《老舍全集》（第十五卷），人民文学出版社，2008年，第357页。

② 白铁铮：《老北平的故古典儿》，百花文艺出版社，2010年，第219页。

4. 北京的庙会习俗

北京庙会是北京传承下来的民俗活动及民间宗教文化活动。庙会为老北京过年时的重要习俗，最富有北京的民俗特色。庙会是人们过年期间庆祝、娱乐、休闲的重要场所。以前，哪有庙宇哪就有佛事，有佛事的地方就会香客云集，这就招来了做生意的商贩，渐渐地就固定下来形成了庙会。逛庙会在北京有悠久的历史。北京庙会有的是一年举行一场，有的是一个月内就会有好多场，有些庙会的会期是固定的，还有的是不固定时间的。老北京春节期间著名的有厂甸儿、白云观、大钟寺、隆福寺等八大庙会。

当代作家刘心武曾在《隆福寺的回忆》中再现当年隆福寺庙会的盛况：

> 当我上小学四年级的时候，隆福寺还定期举行庙会。没有庙会的时候，寺院的大门、后门也似乎永远敞开着，可以随时穿行，并且也有一些固定的或临时的摊位，卖各色的东西。当然，逢到庙会的时候，可就热闹非凡了，大殿两边、前后，一个摊子接着一个摊子，一个布篷挨着一个布篷，当我穿过那庙会去上学时，真好比穿过一条麦芽糖铺成的甜路，所以常常迟到，被老师批评；当放学后我穿过那庙会回家时，则好比一只蝴蝶被放入了花丛，哪里舍得马上回去？总要在庙里尽兴地游逛一阵，方才回家，自然又惹得母亲频频责备。唉，我小学时功课不好，多半是隆福寺使然吧？但至今忆起当年的隆福寺，我却丝毫没有怨厌它的情感，相反的，我心中溢出的，只有欣喜与温馨！在那庙会中钻来钻去，最吸引我的，首先是各色零食。在卖零食的小摊上，可以买到“半空”（籽粒不饱满的花生）、爆米花，还有用秫秸秆蘸出的糖稀，以及那大大小小的糖瓜儿……母亲给我的零钱，一大半都花在了买这些吃食上……除了吃的，我最注意的是玩的。庙会中有各种有趣的土玩具，除了风筝、空竹、

风车……这些大家都知道的以外，我还见到过成套的桦木碗，一个套一个；成套的泥人还带泥人模子；高粱秆架出的楼阁；蜡塑的鸭子和金鱼。[①]

热闹非凡的隆福寺庙会在刘心武的童年里留下了最美好的记忆。让我们再来看看当代作家李陀在《七奶奶》中对隆福寺庙会的描写：

隆福寺西迎那趟街，也卖吃的。打庙西门一进去，就是一个卖粘糕的大摊子。那粘糕花样儿可多了。冬天有蒸笼蒸出来的烫嘴的豆铲糕，夏天有冰镇去火的凉糕，秋天有栗子糕，春天有玫瑰花糖卤浇的小枣粘糕。那些糕都比驴打滚儿好吃。那时家就住隆福寺旁边。每月逢九逢十她没有不去隆福寺的。为了不挨打，她每回都带着弟弟。她给他买猴拉稀吃，有时候也买布布登儿、玻璃球。猴拉稀现在也没有了，那东西哄孩子最好了，又便宜又实惠。这都过去多少年了？她不怕死，就是死之前能再逛一回隆福寺庙会就好了，上个礼拜她一连做了三天梦，天天梦见自己带着弟弟逛隆福寺，买鸡毛掸子，买小金龟儿，买笼屉。[②]

在李陀的心中有一个热闹非凡的隆福寺庙会，庙会中的各类吃食与哄小孩子的玩意儿给作者留下了深刻印象。张中行对应有尽有的北京庙会也是难以忘怀的，他在《北平的庙会》中有这样的描写：

赶庙会的买卖人是既非行商，又非坐贾，十天来一次，卖上两天又走了，正像下乡的粥班戏，到了演期，搭上台

① 刘心武：《隆福寺的回忆》，《刘心武文集》（第七卷），华艺出版社，1993年，第192页。

② 李陀：《七奶奶》，谢冕编：《中国百年文学经典文库》（短篇小说下），海天出版社，1996年，第272页。

图88 庙会表演

了，就若有其事地吆喝起来，等到会期一过，就云飞星散。庙会的末天的晚上，他们或推车，或挑担，离开这个庙，去到另一个庙，地方总新鲜，人与货仍是那一群。庙会里货物的种类可真多，大至绸缎古玩，小至碎布烂铁，无论是居家日用，足穿头戴，或斗鸡走狗，花鸟虫鱼，无所不备。只要你有所欲，肯去，它准使你满意，而且价钱还便宜，不像大商店或市场，动不动就是几块钱。庙会的交易时刻是很短的，从午后到日落，在此时以外没有人去，去也没有人卖。时间短而买卖多，所以显得特别匆忙。人们挨肩挤背地进去，走过每一个摊，每一个案。庙会的东西很少言不二价，常去的人自然知道哪类东西诳多，哪一类东西诳少，看好了，给一个公道价，自然很快成交。

……

你是闲人雅士，它有花鸟虫鱼；你是当家主妇，它有锅盆碗箸；你是玩童稚子，它有玩具零食；你是娇媚姑娘，它有手帕脂粉。此外你想娱乐，它有地班戏，戴上胡子就算老生，抹上白粉就算花旦，虽然不好，倒也热闹，使你发笑，使你轻松。就按我自己来说，是非常爱庙会的，每次都是高高兴兴地去，我想旁人也应该这样。人生任有多少幻想，也终不免于过小家日子，这是快乐的事，也是严肃的事，而庙会正包含这两种情调，所以我爱它，爱每一个去庙会的人。①

除了隆福寺庙会给人留下深刻印象外，厂甸儿庙会因其规模之大、时间之长而享有盛名，也进入了文人的视野。当代作家李维基就曾在《我们的老北京——古稀土著的京华琐忆》中绘声绘色地向我们描述了厂甸儿庙会：

庙会通常都是以庙宇的名称命名，而厂甸儿则是个地名，它的街面不大，海王邨公园（今旧货市场）门前及其东侧的一条长一百多米、宽不过七八米的胡同叫厂甸儿。由于这三座庙宇（火祖庙、吕祖祠和土地祠）相距很近，而且都在农历正月佛事兴盛，人群和商贩的摊位连在了一起，所以称为厂甸儿庙会。这也是厂甸儿庙会规模最大、时间最长的一个主要原因。在新中国成立以前，这三座庙宇就没有了佛事，但这一庙会形式一直流传了下来。每当厂甸儿庙会期间，在东、西琉璃厂，大、小沙土园，南新华街及海王邨公园、厂甸儿等地，设立几百个摊位，那嗡嗡的空竹声使人振奋、哗哗的风车响令人神往，各种风味儿小吃叫人垂涎，插着小彩旗的大糖葫芦及熏屋子的香草，人们更是争先购买。“拉洋片的”摊位前孩子们笑声不断，买风筝的人们络绎不绝。儿童玩具、日用百货一应俱全……而最具特点的是琳琅

① 张中行：《北平的庙会》，《柴门清话》，陕西师范大学出版社，2008年，第177页。

满目的珠宝玉器，古玩字画儿和经、史、子、集，应有尽有的各类古旧书籍。这一大特点是与琉璃厂文化街就在庙会地区之内有直接关系的。这就使厂甸儿庙会不同于其他庙会，而具有高雅的文化特色。①

图 89　厂甸儿庙会

现如今，北京依然有很多庙会长盛不衰。庙会已经融入了我们的民俗生活中，成为节庆及宗教活动的重要组成部分。它不仅是人们在春节中体会过年气氛的场所，更是一个我们继承和发扬北京乃至全国优秀非物质文化遗产的地方。

① 李维基：《我们的老北京——古稀土著的京华琐忆》，中国轻工业出版社，2015年，第45页。

三、穿越时空的老字号

在中国，只要是历史比较悠久的城市，几乎都能看到老字号的身影。老字号经历了历史的洗礼与岁月的雕琢，它们不仅是历史的见证者，也是中华文明的传承者；它们承载了一代又一代人的记忆，是城市商业文明的活化石。北京的老字号数量在全国来讲都是数一数二的，无论在字号的命名，还是招牌幌子的设计、牌匾楹联的书写上，都体现着北京这座历史文化名城独有的京味儿特色。文人笔下的老字号，作为记录历史的独特方式，构成了一幅幅浓墨重彩的帝都风情画，延续着这座城市的精神血脉。

1. 小店名号多别致

中国人讲究“名正”，起名字是相当严肃的事，凡事都要“名正”才能“言顺”。一座山、一条河、一幅画、一间店铺、一座小亭，配上一个别有意味的名字，或古雅，或灵动，或庄重，或淡泊，风格多样，意境高远，一字一号，都蕴含了美好的祝愿和希冀。中国古人的名、字、号其实是分开的，“名”是正式名字，也称为“官名”，往往在正式场合使用，遇到长者、尊者等还要避其名讳；“字”则类似于今天的小名、乳名，是一种较为随意的称呼，用于家人、亲友或同辈、同僚之间来称呼。“号”又称“别名”，类似于今天的外号或者笔名，可以自己取，也可以别人取。商铺自然也得有自己的“身份证”，古代商铺的“字号”主要是用来让顾客称呼的，故而不像“名”那么严肃，往往通俗易懂、寓意吉祥，而且朗朗上口、便于记忆。好的字号名字，既能叫得响，又不容易忘，不仅蕴含着美好的希望，同时也构成了品牌文化的一部分，闪烁着命名人的智慧。

既然一个好名字如此重要，那么在店铺名称的选择上，老字号的创始人往往都煞费苦心。按经营的行业来讲，老字号大致可以分为服饰类、餐饮类、粮油类、百货类、医药类、文玩类等。除了古玩、古书、茶楼、酒肆等行业取名较为典雅冷僻外，一般的字号名大多会选用昌、盛、鸿、荣、兴、隆字眼，以求吉利。据史料记载，清人朱彭寿擅长给字号命名，久而久之摸索出了一定的规律。他写有一首颇为押韵的七言律诗，以56个吉利字巧妙概括店名，这些字的适用范围很广，无论什么行业，无论何地，无论店铺大小，几乎都可以从这56个字当中挑选出几个字任意组合成一个寓意吉祥又朗朗上口的字号名，诗曰：

顺裕兴隆瑞永昌，元亨万利复丰祥。
泰和茂盛同乾德，谦吉公仁协鼎光。
聚益中通全信义，久恒大美庆安康。
新春正合生成广，润发洪源厚福长。①

除此之外，还有一首在商界广为流传的《店铺字号诗》也写得十分精彩。这两首诗互为补充，可以说几乎囊括了老字号名字当中的精华。诗云：

国泰民安福永昌，兴隆正利同齐祥。
协益长裕全美瑞，合和元亨金顺良。
惠丰成聚润发久，谦德达生洪源强。
恒义万宝复大通，新春茂盛庆安康。②

北京是名副其实的历史文化名城，这座历史悠久的古都拥有得天独厚的文化氛围，在千百年的发展中孕育了独特的京味儿文化。北京城里的不少店铺，名称往往蕴含着浓厚的文化色彩和京味儿气息。就名称来讲，不少字号是按照行业约定俗成的规则来命名的，例如药店

① ［清］朱彭寿：《旧典备征——安乐康平事随笔》，中华书局，1982年，第273页。
② 仲富兰：《民俗与文化杂谈》，上海教育出版社，1992年，第212页。

名称一般都有个“堂”字，如著名的同仁堂；饭馆茶肆则常用“楼”“居”“馆”“坊”“春”“兴”“斋”“顺”“林”“园”“处”等字眼，老北京饭庄中有名称古朴的“八大楼”：正阳楼、万德楼、泰丰楼、新丰楼、东兴楼、会元楼、悦宾楼、庆元楼，名称典雅的“八大居”：和顺居、天兴居、同和居、鼎和居、广和居、义盛居、天然居、会仙居，名称喜气的“四大兴”“八大顺”：福兴居、同兴居、东兴居、万兴居，东来顺、南来顺、西来顺、又一顺；以“村”和“寨”命名的大多是点心铺，如稻香村、采芝村、又一村等；钱庄票号则往往用一些寓意昌隆的字眼，如“恒”“丰”“昌”等，象征财源广进，财运亨通，著名的“四大恒”便是如此；绸布业则多用吉利的“祥”字，如瑞蚨祥、瑞增祥、广盛祥、瑞林祥等。大多老字号的名字古雅中不失俏丽，平淡中蕴含理趣，富有东方美。

京城八大居之首的“同和居”起初只是一个无名小饭馆，为招揽生意，常以客为友，名为“同和居”便是取“同怀和悦”之意，给人一种亲切舒适的感觉；药店老字号“鹤年堂”的名字，取自《淮南子·说林》中“鹤寿千岁，以极其游”，意思是鹤的寿命可达千年，能够尽情地自由飞翔，寓意人身体康健，长命百岁。老北京有句古话：“买成药，丸、散、膏、丹，请到同仁堂；抓汤药，还是鹤年堂讲究。”鹤年堂的汤药，材质优良，许多汤药的制作都是百年来的不传之秘，疗效奇佳，受到患者一致好评。鹤年堂与同仁堂各有所长，都是享誉京师的老字号。

老字号自诞生起，就与文人结下了不解之缘，为老字号题匾、赋诗、写楹联的文人不在少数，流传下来的故事也五花八门。作为古都的北京，更是历代文人雅士、商贾名流的聚集之处，他们流连于京城大大小小的商铺间，觥筹交错，推杯换盏，在千百年的历史上留下了众多为人津津乐道的风雅故事。一方面，文人的妙笔生花往往能提高老字号的知名度；另一方面，这些生动的文字也是老字号前世今生辉煌的见证，为民俗及文化研究提供了丰富的素材。不少文人喜欢根据字号名字的字眼来赋诗，写得妙的既能展示店铺的经营理念、流传绝艺、繁盛场景，又暗合商家的名字，装裱起来悬于门店更是绝佳的广告，人们口耳相传，也不失为一段佳话。咸丰年间的状元孙家鼐，为王致和南酱园写过两副楹联，分别是“致君美味传千里，和我天机养寸心”，“酱配龙蟠调芍药，园开鸡跖钟芙蓉”。连起来是一首藏头诗，可谓独具匠心。广和居门口的对联“广居庶道贤人志，和鼎调羹宰相才”磅礴大气，对仗工整，既体现文人志趣，也契合了经营范围，可惜作者已不可考。一得阁的店门上“一艺足供天下用，得法多自古人书”是字号的创立人谢松岱所题的藏头诗，点明了字号创立之不易和独特的技艺；清代王埣为天源酱园题过一首藏头诗：“天高地厚千年业，源远流长万载基。酱佐盐梅调鼎鼐，园临长安胜蓬莱。”将店铺比作仙岛，可见其对这家店铺的厚爱。清朝末代皇帝溥仪的老师朱益藩钟爱信远斋的蜜果和酸梅汤，特意写下一副对联称赞：“信风开到途糜经，远浦芬来兰慧香。”齐白石一生钟爱刻刀张的刻刀，专门为张凤鸣题写堂联赞曰：“我有钳锤成利器，君由雕刻出神工。”郭沫若当年也曾为鸿宾楼题过一首藏头诗：“鸿雁来时风送暖，宾朋满座劝加餐。楼头赤帜红于火，好汉从来不畏难。”[①] 他在给予评价的同时巧妙地再现了鸿雁楼生意兴隆的场景。著名文物专家王世襄为庆祝同和居开业写过一副对联：“同味齐称甘旨，和羹善用盐梅”[②]，分别化用了《孟子·告子》中“口之于味也，有同嗜焉”和《尚书·说命》中“若作和羹，尔惟盐梅”两句，字号名藏于联首；他还赠予悦宾楼分店悦仙小馆“举杯皆喜悦，到此即神仙”[③] 一联，尾字连起来正好是店名。类似的例子还有很多，店铺的名字和楹联里讲究很多，学问也很多，文人用自己的智慧为老字号的传承及发展增光添彩，这些楹联本身也是京商老字号文化的有机组成部分。

---

① 黄小京：《感悟于北京老字号语言文化之间》，中国商务出版社，2014年，第7页。

② 王世襄：《饭馆对联》，《京华忆往》，生活·读书·新知三联书店，2010年，第298页。

③ 王世襄：《饭馆对联》，《京华忆往》，生活·读书·新知三联书店，2010年，第299页。

文人与老字号的渊源可谓深矣！不少文人本身就是美食家、书画家、古玩家，是老字号的常客与知音，除了题词写匾之外，他们也将自己印象中的老字号诉诸笔端，为这些老字号留下了珍贵的记录。张恨水爱喝信远斋的酸梅汤，专门赋诗赞美之："一盏寒浆驱暑热，梅汤常忆信远斋。"梁实秋尤其喜爱美食，几乎吃遍了京城大大小小的餐馆。"记得从前在外留学时，想吃的家乡菜以爆肚儿为第一。后来回到北平，东车站一下车，时已过午，料想家中午饭已毕，乃把行李寄存车站，步行到煤市街致美斋独自小酌，一口气叫了三个爆肚儿，盐爆油爆汤爆，吃得我牙根清酸……生平快意之餐，隔五十余年犹不能忘。"① 他不仅爱吃，会吃，还善于品鉴，写起文章来旁征博引，充满闲情逸趣，他的《雅舍谈吃》不仅记录了许多美食，而且几乎就是一幅描绘老北京市井风貌的风俗画，他笔下玉华台的核桃酪，会贤堂的冰碗儿，正阳楼的烤羊肉与活蟹，天义顺的酱菜，信远斋的酸梅汤与糖葫芦，厚德福的核桃腰，东兴楼的十年花雕，致美斋的爆肚儿……无不让人垂涎欲滴。

鲁迅在北京居住长达14年之久，他的足迹遍布各大书肆、碑帖铺、南纸铺、古钱铺、饭馆酒肆、茶楼会馆等。据统计，《鲁迅日记》中有明确记载的在北京宴饮过的地方多达57处，琉璃厂的书铺、古玩铺47处。其日记中记载过的字号数量众多，荣宝斋、师古斋、德古斋、宝华堂、弘道堂、神州书社、中华书局、富晋书社、广文斋、云松阁、富华阁、仪古斋、致美斋、敦古谊、便宜坊、来今雨轩、东兴楼、醉琼林、泰丰楼、华宾楼、玉壶春、广和居，内联升、青云阁、劝业场、瑞蚨祥、稻香村、信远斋、同和居、龙海轩、中兴茶楼、四宜轩、福全馆……其中，专营南方风味的广和居是鲁迅最常去的一家，这家店位于会馆众多的宣南一带，文人士大夫云集，生意相当火爆，不少文人墨客常来此地聚会、吟诗、论画，几乎是一个文人俱乐部。《旧京琐记》中记载："士大夫好集于半截胡同之广和居，

① 梁实秋：《爆双脆》，《梁实秋文集》（第五卷），鹭江出版社，2002年，第100页。

张文襄（之洞）在京提倡最力。”[①] 鲁迅常常在工作之余与友人小聚于此，把酒畅谈。广和居也曾是鲁迅借酒消愁的一个去处，每当生活不顺的时候，他总会来此痛饮。能吸引这么多名流和官僚前来，除了口碑好，还因为广和居的菜品有不少典故，契合了文人追求雅趣的心理。其招牌菜之一“潘式清蒸鱼”，据说由晚清翰林潘祖荫发明，还有一道“曾鱼”相传是曾国藩所创的。此外，安福楼的“胡适鱼”，长美轩茶馆的“马叙伦汤”，常三小馆的“许地山饼”……皆是文人与老字号情缘的见证。古籍整理专家石继昌写道：

> 北京的古旧书店或文物字画店，和文人学者有密切关系，店名往往都是两个字，下边再缀一个堂、斋、阁等室名，典雅有据，犹如文人的书斋。如修绠堂取“汲古得修绠”，二希堂取“希贤希圣”，郁文斋取“郁郁乎文哉”，来熏阁取“熏风自南来”，抗希堂取“抗志希古”，看起来和文人的室名出无二致。“得利复兴”四个字的店名，在书业是绝无仅有的一例。书业虽有“开通书社”“丽生书局”等四个字的以及“穆斋鬻书处”五个字的店名，实则书社、书局、鬻书处乃是书店的异称，真正作为店名的仍是两个字。且“得利复兴”四字与文事无关，仿佛店主的开业誓言，用为店名，殊为别致。[②]

北京在相当长的时间里都是全国的政治中心、经济中心、文化中心，官多、商多、文人多，文人经商的也不少，多是进京赶考落榜的文人或者官场失意的官员。因此，京商老字号当中，还产生了一些与文人相关的“美丽的错误”。清康熙初年，安徽举人王致和进京赶考。虽数次科举落榜，却意外成就了香飘北京三百载，“臭”名远扬海内

---

① 夏仁虎：《旧京琐记》，辽宁教育出版社，1998年，第127页。

② 石继昌：《春明旧事》，北京出版社，1996年，第248—249页。

外的王致和臭豆腐。同治年间，同样来自安徽的考生谢松岱，深感科考中研磨太过费时费力，不仅思路常常被打断，一不小心墨汁溅到试卷上还有被淘汰的危险，于是苦心钻研改良之法，用液体墨汁取代了墨块，造福了众多文人，自己也由落榜考生转变为“一得阁”墨汁的创始人，他一生恪守诚信，不断创新，将这一品牌发扬光大，充分展示了“儒商”的品位与追求。

图 90　如今老字号云集的北京前门大栅栏

还有一些老字号的名字虽不是那么文雅有韵味，却也妙趣横生，别出心裁。例如专营川菜的力力餐厅，乍一看十分普通，实际上这个字号名取自李绅《悯农》当中的“粒粒皆辛苦”之意。原来这个小饭馆最初的名字是“劳动食堂”，指劳动人民吃饭的场所。但是考虑到那个时候识字的人并不多，因此将“劳”字中的“力”字单独拿出，取了个简单的叠字名，既能体现店铺命名的原意，又能照顾到顾客的文化程度，再配上郭沫若亲自题写的匾额，通俗好记，便于识别，这样一来，店铺的口碑也就无形中建立起来。郭沫若当年还曾兴致勃勃地赋诗一首："盘中粒粒皆辛苦，席上盘盘出火炉。食罢常思来不易，鼓足劲头莫踌躇。"不难看出，字号的命名往往和经营项目有着密切的关系，采用谐音、双关、用典等手法来命名字号非常常见。当然，也有一些老字号店名新颖讨喜，别有一番味道。

> "虾米居"本名"永兴居"，取"永世兴旺"之意，位于阜成门瓮城，后临护城河，是一个小酒馆，春夏间专卖捞自附近河水的小青虾，炝而食之，味极鲜美，冬季则自制兔肉脯，是下酒妙品。此处介乎城郊之间，环境优美，小酌其中，颇具别趣。旧时西山煤工贩运，多出入阜成门，风沙刁刁，驼声橐橐，更增野意。护城河河道甚宽，两岸杨柳摇曳生姿，一二扁舟摆渡其间，大有水乡风味。时逢冬令，坚冰在河，则有冰床往来渡客，幼童三五相伴高呼："上虾米居买兔肉脯去！"诗情画意兼而有之。现护城河遗迹早已无存，城墙亦改为通衢，思之令人神往！记得该店的市招上明明写作"虾米居"，其永兴居本名反为所掩了。①

民俗学家袁家方在《老北京的"字号"》一文中，记载了几处老字号命名的趣闻：

> 上世纪30年代，北京的西单牌楼有个江南风味的饭馆，名为"鹿鸣春"，它出自曹操诗《短歌行》："呦呦鹿鸣，食野之苹。"古代称酒为"春"，酒春同意；鹿、禄同音（福禄寿三星中的禄星掌管官爵职位）。禄星命（鸣的谐音）酒，正是高官得坐，连升三级的寓意。此意为文人点破，店内终日客满于堂。
>
> 稻香春是北京南味食品老字号名家，成立于1916年。

① 石继昌：《春明旧事》，北京出版社，1996年，第249页。

稻香春的掌柜张森隆的别号是“春山”，唐代诗人许浑曾有“村经绕山松叶暗，野门临水稻花香”句，充满诗情画意的江南水乡情趣，取其“稻花香”中的“稻香”二字，再加上张森隆别号中的“春”字，还能让人联想到宋代大词人辛弃疾的《西江月》中的名句：“稻花香里说丰年，听取蛙声一片。”

据说民国间，北京某处有个小饭铺，取名“四而斋”。某学者就餐时看到，百思不得其解，及归，遍查诸书，亦未得其解，专门询问其主，曰：来一人挣十元钱，来十人便是百元，来百人则千元，来千人则有万元收入了，因名“四而斋”。大学问家恍然。由此可见京城饭馆的起名，其中多有学问，往往使人琢磨其中奥妙，并由此生出多少坊间趣闻，甚或传为文坛佳话，由此也就成了一种别致的广告宣传。类似故事传说，不胜枚举。这些店名字号富有文化内涵，又高度概括店家的经营内容，具有一定的艺术魅力，进而带来了生意和主顾。①

在北京，讲规矩是民众普遍的文化心态。在古老的北京城里，除上述较大的商号外，就连一些规模较小的副食杂货铺，在店铺的命名方面也追求文化品位。小店铺的掌柜，不仅致力于给小店起个文雅的店名，而且不惜花钱请文化名人题写牌匾。真可谓麻雀虽小，五脏俱全。实际上，不少老字号就是这些遍布京城的小店铺发展起来的，尤其是一些用自己的姓氏来命名的老字号，如馄饨侯、葡萄常、烤肉季、烤肉宛、刻刀张、茶水萧、茶汤李、爆肚张、爆肚冯、小肠陈、奶酪魏、豆汁儿丁、老王麻、张小泉、蝎子李、豆腐脑白、炉灶曹、狗肉陈……即便店面再小，名称也要响亮。这些字号用老板的姓氏来

① 袁家方：《老北京的“字号”》，边建主编：《茶余饭后话北京》，中国档案出版社，2007年，第132页。

命名，一来是方便顺口又好记，二来也体现了对自家手艺的一份自豪与坚守。姓氏都加上去了，自然得对得起自家的招牌，老祖宗留传下来的手艺是独一无二的，几百年来代代相传。

庆丰泰、宏隆、宏泰、德盛魁、三义兴、广聚隆、德恒泰、宝安永、同华坊等则是一些名称较为讲求文化品位的小店铺，诸如此类还有许多……这些小店的名称中，大都含有“顺”“义”“隆”“恒”“兴”等字，淋漓尽致地展现了主人“和气生财”“财源广进”“生意兴隆”等朴实愿望和经营理念。对老百姓来讲，老字号代表了一种认可和信赖，甚至是一种品位与情调。老字号之所以能在历史的大河中沉淀下来，靠的就是一流的品质与服务带给老百姓的那一份放心与依恋。梁实秋在《喝茶》一文中记载了自己一次买茶叶的经历：

> 我平素喝茶，不是香片就是龙井，多次到大栅栏东鸿记或西鸿记去买茶叶，在柜台前面一站，徒弟搬来凳子让座，看伙计称茶叶，分成若干小包，包得见棱见角，那份手艺只有药铺伙计可以媲美。茉莉花窨过的茶叶，临卖的时候再抓一把鲜茉莉花放在表面上，所以叫作双窨。于是茶店里经常是茶香花香，郁郁菲菲。①

从上述的描述不难看出，温馨的购物环境和礼貌周到的服务，都是老字号赢得回头客的制胜法宝。要想在商铺林立的京城扎下根来，还必须得有些真本事。基本上各大字号都有自己的独门绝艺，如马聚源的“马三针”、内联升的“千层底”、荣宝斋的木版水印……这些百年传承的绝艺绝不是如今形形色色的现代品牌所能随意替代的。对细节的精益求精，对品质的无上追求，为老字号创下了良好的口碑。作家陈建功在《寻访爆肚冯》一文中详细记录了爆肚冯的技艺：

---

① 梁实秋：《喝茶》，《梁实秋文集》（第四卷），鹭江出版社，2002年，第430页。

爆肚冯以选料、刀工、火候、作料为四大法宝。听冯老先生论其道，看他那肃穆端庄的神情，从容不迫的自信，窃以为至圣先师讲经论学也不过如此。先告诉我说选牛必选某处某种某龄之牛，选羊则又异之。再告诉我说刀工有裁工和切工之分；裁者，将小小牛肚按部位分开，肚仁儿、肚领儿、蘑菇头儿……各归其档；切者，宽不过韭叶，最要紧是必须横断纤维。又说到火候。牛羊肚部位不同，火候各异，全凭几十年之经验，细察色泽而决定成色，少一分则生，多一分则老。恰到好处，最是难得。最后说到作料，冯先生莞尔一笑，说系为家中秘传，不足为外人道也。现在，作料之调配，全由他一人为之。问为何不传诸儿孙？答：非不传也，时机不到也。轻传之，儿孙得之易，失之亦不足惜。老祖宗的心血，岂可轻抛？……这老人讲的还是“爆肚”吗？是爆肚，又不是爆肚。你听明白了的，是“爆肚”，你好像隐约能感受到的，是比爆肚本身更超迈的东西，是什么呢？①

在他的笔下，我们感受到的不仅仅是一门技术，更是艺术。手艺传承人对古老技艺的那种敬畏与爱护，那种勤勉持家的精神，那比爆肚本身更超迈的或许就是一种文化心理，一种对优秀文化的坚守与传承。这也正是老字号的动人之处。爱新觉罗·溥杰曾为鸿宾楼酒店题过一首诗：“牛尾羊筋清真馔，海异山珍不世馐。既餍名庖挥妙腕，更瞻故业焕新猷。肆筵设席鲜虚夕，四座重泽醉五洲。”② 他用满怀希冀的文字，赞美了大厨们的精湛手艺，以及选用真材实料的商家诚信。名满京城的制鞋老字号内联升，制作工艺相当烦琐，每一道工序都要保质保量完成。底子的层数、厚度、针眼数有着严格的规定，绝

① 陈建功：《建功散文精选》，华夏出版社，1997年，第368—369页。

② 黄小京：《感悟于北京老字号语言文化之间》，中国商务出版社，2014年，第6页。

不允许偷工减料，每平方寸要纳81针，一字底要纳2100多针，十字底要纳4200多针。针要细、线要粗，这样才能保证穿着舒适，结实耐穿。纳鞋的姿势讲究一坐三道弯：腿弯腰弯脖子弯。一坐就是一双鞋的时间，中途不能间断。对品质的极致追求是老字号的共识，这样的老字号在北京还有很多，它们像一粒粒明珠，散落在京城的各大角落，装点着这座城市的荣耀与辉煌。

岁月不居，时光如流。在漫长的日子里，富有强烈京味儿气息和民俗特色的老字号已经与人们的生活融为一体。正如刘一达在《胡同味道》中所说的那样：“老北京吃喝讲究认口儿，什么叫口儿？就是口味，口味对路了，别的再好，他也不稀罕。就像现在的老北京人喝酒就认二锅头，您给他‘茅台’‘五粮液’，他也觉得不对口儿，尽管一瓶茅台的价儿能买几十瓶二锅头。这也许正是老字号的魅力所在。”[①] 人们所坚守的，不过是一份对于传统的热爱，从某种程度上

图91　前门内联升店铺

图92　如今的瑞蚨祥店铺

① 刘一达：《胡同味道》，中国华侨出版社，2011年，第56页。

说，这种热爱已经成为一种惯性，与日常生活水乳交融。老北京曾经流传着这样的民谣：“头顶马聚源，脚踩内联升，身穿瑞蚨祥，腰缠四大恒。”马聚源的帽子，内联升的鞋子，瑞蚨祥的绸布衣裳，几乎是每一位老北京市民向往的标配，有了这样的门面，那才是顶讲究、会生活的爷。

邓友梅算得上是一位“北京通”，他这样写道：

> 过去提起北京的商业繁荣地段，习惯说：“西单东四鼓楼前”，其实这是文明人的说法，并不全面。真正论起商业繁荣，还得数南城。别的不说，您就听这地名吧：鲜鱼口、菜市口、猪市口、粮食店、煤市街、珠宝市……吃闷炉烤鸭要上“便宜坊”，吃挂炉烤鸭得上“全聚德”，买绸段上“瑞蚨祥”，买茶叶要上“张一元”。“花汉冲”的香粉，“同仁堂”的药材，头顶“同升和”，脚踩“步瀛斋”。买酱菜上“六必居”，寻古董上“琉璃厂”，消闲上天桥，解闷有茶园。您说吧，吃的用的，玩的乐的，哪样不够一绝？①

赏古玩品字画要到琉璃厂，听戏要去广和楼，吃酱肉还数月盛斋，酸梅汤还是信远斋的地道，酱菜要数六必居的纯正，挑茶叶还是得上张一元，看钟表当然是亨得利，抓药得数同仁堂、鹤年堂……懂这些，才能算得上地地道道的老北京。老字号的魅力，其一在于个个创号不易，历史悠久；其二在于其工艺精湛，服务贴心；其三在于世代传承的经营理念和品牌文化。岁月悠悠，几经沧桑，这些耳熟能详的老字号，是京城过往的生动记录，珍藏着人们对过往岁月的珍贵记忆；是城市日久常新的灵魂与脉动，昭示着这片土地充满活力的未来。

---

① 邓友梅：《闲说北京的“南城文化”》，《那五》，人民文学出版社，2014年，第281页。

2. 老北京店铺的“脸面”

老字号是展示城市风情的美学长廊。各具特色的老字号，是旧京风貌的活化石，从建筑风格、店面装饰、门店用具、室内设置到招牌、幌子、楹联，每一处细节无不精雕细琢，独具内涵。一家店铺里里外外的设计就是店铺的脸面，不仅仅是经营者审美品位和价值取向的反映，更是展示一座城市整体风貌的良好窗口。全聚德古朴气派的门楼、荣宝斋古色古香的画廊，正乙祠的纯木结构戏楼，听鹂馆雕梁画栋的宫廷建筑和做工考究的名贵家具，本身就是极富审美价值的文化景观。

正如今天的名牌十分注重广告效应，老北京字号对铺面形象格外重视。老舍在短篇小说《老字号》当中，详细地描写了老字号“三合祥”的铺面形象，通过他的描述，我们依稀可以看到20世纪老北京字号的风貌：

> 多少年了，三合祥永远是那么官样大气：金匾黑字，绿装修，黑柜蓝布围子，大杌凳包着蓝呢子套，茶几上永远放着鲜花。多少年了，三合祥除了在灯节才挂上四只宫灯，垂着大红穗子外，没有任何不合规矩的胡闹八光。多少年了，三合祥没打过价钱，抹过零儿，或是张贴广告，或者减价半月；三合祥卖的是字号。多少年了，柜上没有吸烟卷的，没有大声说话的；有点响声只是老掌柜的咕噜水烟与咳嗽声。①

老北京店铺的布置风格，既有像三合祥这样大气的，也有朴实简单的。例如梁实秋在《雅舍谈吃》里记录的信远斋的门店：

> 信远斋铺面很小，只有两间小小门面，临街是旧式玻璃门窗，拂拭得一尘不染，门楣上一块黑漆金字匾额，铺内清

① 老舍：《老字号》，《老舍全集》（第七卷），人民文学出版社，1999年，第321页。

洁简单，道地北平式的装修。进门右手方有黑漆大木桶一，里面有一大白瓷罐，罐外周围全是碎冰，罐里是酸梅汤，所以名为“冰镇”。①

无论是哪种风格，总归是要让人感到舒适自在。除了整体风格符合经营的内容外，各大商铺还会利用各种手段来宣传自己。在那个没有电视广告的时代，匾额、招牌、幌子是店铺的第一道门楣，也是绝好的广告。牌匾无疑是最引人注目的。牌匾，又称“招牌”，是商店在门前高悬起来用以招徕顾客的一种匾额，是旧时店铺最为普遍的一种商业语言。小小的一方匾额，融入了诗词歌赋、书法、篆刻等艺术，集字、印、刻于一体，是传统文化中集大成者，极富诗意。好的牌匾，就是一幅传世的墨宝，是字号门店的神与魂。招牌是店铺的“脸面”，人们对店铺的认识往往从招牌开始，其内容到形式都至关重要。招牌要醒目，使人们走在街上远远地就能看见招牌上写的介绍；招牌还需要有特色，即便没有购物需要的人，也可能被招牌内容吸引，愿意进店一逛，成为潜在的顾客。

老字号与牌匾有着天然的亲近，请名人题匾几乎是每家字号的追求，也是老北京的传统特色。京城老字号的牌匾十分讲究题写人的身份与名气，谁给这个店起的字号，字号是什么含义，谁给题的匾，写匾时有什么趣味，制作匾时发生了什么故事，挂匾时出了什么“异兆”，甚至连匾挂出来后，哪位名人看到了，看完后说了什么，都可能出说法、出故事、出节目，成为人们茶余饭后的谈资，故事越传奇，宣传效果越好。好的匾额就是一块响亮的金字招牌，甚至可以为店铺带来财运，最典型的就是位于前门大街的“都一处”烧卖馆，这个名不见经传的小店铺就是因为在大年三十晚上接待了微服私访的神秘来客——乾隆皇帝而声名大噪。这个小饭庄之前连

① 梁实秋：《酸梅汤与糖葫芦》，《梁实秋文集》（第五卷），鹭江出版社，2002年，第39页。

个像样的名字都没有，人们按照掌柜的姓氏称其为“李记”酒店，俗名“醉葫芦”。该店创办于清乾隆三年（1738），主营山东特色的炒菜和小食。

起初，这个小饭馆并没什么名气和特色，在名店云集的前门显得分外普通。有一年除夕，其余商家都打烊了，唯有这家小店仍在营业，恰好乾隆皇帝路过此处，在此美美地饱餐一顿，虽比不上宫里的珍馐美味，但方圆百里，恐怕只此一家。过了些时日，门外敲锣打鼓来了一群人，原来是宫里送牌匾来了，只见太监们抬着的匾额上赫然书写着御笔亲题的三个大字——“都一处”。李掌柜这才反应过来，自己款待过的那位神秘的大人物竟然是当朝皇帝！于是赶忙将牌匾恭恭敬敬地挂在店中，还将乾隆爷坐过的椅子铺上黄绸，不许他人再坐，同时将进门至“宝座”的那条小道保护起来，终年不许扫尘。日子久了，这条道积了厚厚的尘土，被称为“龙土”。历代文人对这条小道多有描述，《续都门竹枝词》中也记载：清嘉庆二十四年（1819），苏州文人张子秋，慕名来到“都一处”，饭后感叹道：“都一处土龙接堆柜台，传为财龙”，并写下诗句：“一杯一杯复一杯，酒从都一处尝来。座中一一糟邱友，指点犹龙土一堆。”北京历史地理学者陈宗蕃先生的《燕都丛考》中也专门写到了都一处的这条小道，其小注曰：“《顺天时报丛谈》：‘正阳门都一处，小饭店也。地势狭小，门中甬路一道，凸起如阜，称曰土龙，坑坎难行，亦不加修葺，自谓设肆百余年，生意兴隆，土龙有力焉。’”① “都一处”自乾隆赐匾后，生意日渐红火，许多人甚至不为吃饭，专程来看御赐匾额。“都一处”的几种招牌菜也不断被古今文人所称赞。

当然，不是每个店都有这个荣幸得到皇帝的垂青，一般来讲，店铺往往会请书法功力颇佳，又有名气的书画大家、文人雅士来题写，或者是有一定身份、地位的文官、儒将和社会名流来题写，这样可以最大限度提高字号的品位和身价。这些匾额不仅仅是一块商业牌匾，

① 陈宗蕃：《燕都丛考》，北京古籍出版社，1991年，第474—475页。

图 93　前门都一处的御赐匾额

也是京城深厚文化底蕴的一部分，每一幅匾背后都有一段故事。现代作家沈从文在《谈写字》一文中，对乾嘉以来至民国时期琉璃厂匾额的书法做了总结，他认为琉璃厂的牌匾“不仅可以见出近两百年来有象征性的大人物名姓墨迹，还可以从执笔的身份地位见出时代风气的变迁”①。不同时代商家喜好也会有所不同：

> 北平商店最有名市招，自然应数宣武门外骡马市大街“西鹤年堂”一面金字招牌，传为严分宜手书，字体从小欧《道因碑》出，加峻紧险迫，筋骨开张；二百年来还仿佛可从笔画转折间见出执笔者性情。至于琉璃厂匾额，实美不胜收。民国二十六年最摩登的应数梅兰芳为“伦池斋”写的三

① 沈从文：《谈写字》，《沈从文全集》（第三十一卷），北岳文艺出版社，2009年，第132页。

个字。乾嘉时代多宰臣执政名公巨卿手笔，刘墉、翁方纲可作代表。咸同之季多儒将手笔，曾左可作代表。晚清多诗人名士手笔。[①]

遍布京城的老字号留下了众多文人墨宝，且看下列名单：力力餐厅，郭沫若题；墨缘阁，张伯英题；松筠阁，张国溶题；清秘阁，吴昌硕题；通古斋，李可染题；步瀛斋，毛昶熙所书；盛锡福，吴佩孚题；正乙祠戏楼，是著名书法家、古戏楼专家王遐举题；龙威阁，曾国藩题；西来顺，孙墨福题；全聚德，乾隆御笔题；柳泉居和幽州书屋，胡絜青题；鸿宾楼，清朝两榜进士于泽久题；一得阁，谢崧岱题；正兴德，华世奎题；便宜坊，董寿平题；东来顺，陈叔亮题；丰泽园，李琦题；同和居和烤肉季均为溥杰所题；信远斋，朱益藩题；仿膳饭庄，老舍题；砂锅居，柏涛题；萃华楼，刘炳森题；元长厚茶庄，萧劳题；永安茶庄，于右任题；来今雨轩最初由徐世昌题写，现牌匾为赵朴初所书；荣宝斋最早由清朝状元陆润庠题写，后来徐悲鸿、郭沫若、董寿平、启功等都有所题；来熏阁由金石考古学家马衡题，韵古斋为潘祖荫题，商务印书馆原为郑孝胥写，后来由郭沫若题；同仁堂和大观楼，启功题；北京画店是吴作人题；宝翠堂，费孝通题；戴月轩，陈半丁题……此外，李鸿章、梁启超、康有为、徐世昌、郑孝胥、黄宾虹、曾国藩、张大千、郭沫若、欧阳中石、启功、赵朴初、邓拓、舒同、李可染、吴作人、刘炳森、王遐举等人，也都在琉璃厂留下了墨迹……正因如此，匾额本身形成了一种文化景观，尤其像琉璃厂这样名家书法荟萃之地，去琉璃厂看匾一度成为一种时尚，会不会看匾甚至成为会不会逛琉璃厂的一大衡量标准。人们一传十，十传百，口碑有了，销量自然也就有了。清人李若虹的《朝市丛载》中，记载了38家琉璃厂店铺匾

---

① 沈从文：《谈写字》，《沈从文全集》（第三十一卷），北岳文艺出版社，2009年，第132页。

额的来历：

> 博古斋：古玩铺，那彦成书。富文堂：藏书处，何绍基书。松竹斋：南纸店，梁诗正书。两宜斋：裱画铺，胡仁颐书。隶古斋：法帖铺，祁寯藻书。永宝斋：文玩处，周寿昌书。英华斋：印书局，杨能格书。德古斋：法帖铺，温忠翰书。聚元斋：刻字铺，袁思桦书。文贵堂：藏书处，许乃普书。文贵堂：藏书处，许乃普书。聚古堂：法帖铺，李文田书。宝丰斋：图章铺，阿克敦布书。德宝斋：古玩铺，克勤郡王书。翰藻斋：刻字铺，全庆书。龙威阁：藏书处，曾国藩书。宝珍斋：文玩铺，贺寿慈书。荣升堂：缙绅铺，王维珍书。宜古斋：字画铺，陈孚恩书。尊汉阁：法帖铺，翁同龢书。论古斋：藏画处，刘桂年书。韵古斋：古玩铺，潘祖荫书。魁元斋：刻字铺，孙诒经书。启元斋：眼镜铺，戴彬元书。萃元斋：刻字处，吕锦文书。云藻舫：字画处，李象寅书。寄观阁：古玩铺，曹登庸书。宝润斋：眼镜铺，蒋乃勋书。藜光阁：书林，王祖光书。文光楼：书坊，戴恩溥书。蔚文堂：书肆，冯文蔚书。宝文斋：书铺，贾桢书。宝善堂：书店，鲁琪光书。来熏阁：琴室，袁希祖书。修文堂：书坊，伦五常书。鉴真斋：钱店，张岳嵩书。富虚润轩：画室，赵光书。同文书局：刘宗标书。①

这些题匾人中不少都是担任过太子太傅、军机大臣、内阁大学士、翰林院编修、文渊阁协修、南书房行走、国史馆协修、大理寺少卿、工部尚书、兵部尚书等官职的大臣，还有的是清末著名书法家、藏书家和金石收藏家，各个都有较为深厚的书法功底。这些店铺的匾额大多采用正统的颜体或欧体楷书来题写，一来明确清楚，易于辨

---

① ［清］李若虹：《朝市丛载》，北京古籍出版社，1995年，第163—165页。

认，二来字体饱满，端庄大气，象征财源广进。看似简单的几个字，却需要相当的书法功力才能写就，各位名家的风格又不尽相同，若是题匾人对字号的历史渊源、经营理念有着深入了解，则更有利于在艺术上做出富有特点的阐发。金台稚川居士在《琉璃厂匾额》一文中，对11位清朝书法家的书法做了精彩点评：

> 旧都琉璃厂各商店之匾额，皆系名家所书，字体不一，极尽琳琅壮观之致；尤以茹古斋、松华斋、清秘阁、松古斋等匾额为精彩。按茹古为翁叔平所写，浑脱潇洒，老气横秋。松华为徐颂阁所写，圆润紧凑，超然绝俗，循其笔迹，系宗多宝塔，而运笔浑脱过之。清秘为阿克敦布所写，神气十足，结构精密，似脱胎于九成宫，然运笔潇洒过之。松古为胡浚所写，胡为近代写家，天津人，书法宗颜之麻姑，笔力雄伟。他如徐东海之静文斋，华壁臣之虹光阁，朱益藩之信远斋，或祖欧黄，或宗颜赵，堪称北平匾额精华之集萃。至于恽薇荪之写苏，唐驼之写欧赵，冯公度之写颜柳，张海若之写北魏，尤足珍贵绝伦。①

除了上述名人外，京城大多数牌匾多出自张伯英、冯恕和王垿之手。提起京城老字号的匾额，曾有“无匾不恕”之说，“恕”就是指冯恕。冯恕是著名收藏家和书法家。他待人和善，几乎是有求必应，因此京城匾额大多出自其手。由于年代久远，至今保留下来的有张一元、同和居、福兴居、仁德茶庄和中华大药房等为数不多的几处。其字苍劲饱满、古朴凝重。

张伯英是清末民初著名书法家、碑帖家、金石家，齐白石和启功都曾受过他的指点。他的行楷、篆隶、草书俱佳，字体端庄大气，凝重刚劲，古朴秀逸，“笔阵曾教淮海惊”，一度被称为“彭城书体”。

---

① 孙殿起辑：《琉璃厂小志》，北京古籍出版社，1982年，第44页。

《春明旧事》中记载：

> 张伯英有二，一武一文。其一位张钫，字伯英，河南新安人，早年追随孙中山先生参加辛亥革命……伯英先生酷嗜金石碑版，收藏石刻最富……另一位张伯英，字勺圃，江苏铜山人，是近代著名书法家，北京各大商店牌匾多出其手，犹记西琉璃厂路南富晋书社匾额，宗法北魏，古朴渊雅，昔年屡经其地，迄今印象犹新。①

王垿不仅是朝中二品大员，也是名动京师的书法家。当年，北京劝业场的玉壶茶室里悬挂着一副对联“有额皆书垿，无腔不学谭”，分别指的就是王垿和京剧大师谭鑫培。将王垿和谭老板并列，可见他的书法名气之大。他的字磅礴大气，苍劲有力，世称“垿体”。北京西单天源酱园的四幅条屏“天高地厚千年业，源远流长万载基，酱佐盐梅调鼎鼐，园临长安胜蓬莱”便是他所写。王垿是山东莱阳人，在京为官之时，不少饭馆都是山东人开设，因同乡之谊，求书匾额者络绎不绝，王垿往往来者不拒，因此京城老字号之牌匾多出自其手。

还有一些店面牌匾的来历较为传奇，古玩店“宝古斋”的匾是翁同龢题，但奇怪的是，翁同龢早在“宝古斋”创立之前已经去世，这是怎么回事呢？原来“宝古斋”创立时正逢同是古玩店的“赏古斋”歇业，而“赏古斋”是翁同龢题写的，价值极高。于是，“宝古斋”的创立者邱震生买下了“赏古斋”的牌匾，请收藏家陶北溟先生将“赏”字改为繁体的“寶”字，这样一来，一个崭新却又极有价值的字号就诞生了。

① 石继昌：《春明旧事》，北京出版社，1996年，第292—293页。

图 94　今天的宝古斋牌匾

北京老字号的牌匾讲究多、说法多、传闻多、逸事多。其中，有的是事出有因，却查无实据；有的虽是杜撰，却也能引发人们联翩遐想。但不管怎么说，借着匾额，给人以种种暗示、联想、猜测、揣摩，塑造企业形象的目的达到了，广告宣传的效应就有了。因此，但凡是做买卖的，无论店铺大小，都讲究“有头有脸”，即便请不起名人题书，也至少要请识文断字，有一定书法功力的人来撑起门面，再加上北京民间卧虎藏龙，小店铺的招牌里也不乏书法精品。北京的大街小巷里随处可见的招牌楹联，都为这座城市增添了不少文化韵味。由于年代久远，不少牌匾早已遗失，再加上战乱、“文革”的毁坏，能幸存下来的实属凤毛麟角，也是岁月留给老字号的珍贵财富。现如今，人们对于牌匾的热情丝毫不减，当人们在一条商业街上，走过鳞次栉比的店铺，品味着有千说百解的字号、牌匾、招幌、楹联，无形中也成就了一种特殊的文化气氛，这不能不说是中国商业文化发展史上的一大创举，也是文人与北京城共同留给后人的独特财富。

除了招牌，形形色色的幌子也十分吸引人眼球。“幌子”是旧时店铺为了兜揽生意挂在门口的广告幅，用来标明经营范围，有实物幌、文子幌、象征幌、模型幌、形象幌等多种类型，让人一目了然，即使不认字也能看得懂。唐人杜牧所描绘的“千里莺啼绿映红，水村山郭酒旗风”中的酒旗就是幌子的一种。有些店铺幌子设计本身就很艺术，本身就是街市的一大风景，装点着国泰民安的太平景象。新开张的店铺能不能在商家林立的皇城立住脚，招牌写得好不好，楹联写得妙不妙，幌子是否吸引人是很关键一环。招牌幌子的作用不仅仅是广告，还包含着店铺的信誉、历史和文化，同时也代表着顾客的信任，人们常说的“可不能砸了招牌”就是这个道理。

图 95　前门老字号门前的幌子

北京这座千年古都，在漫长的历史发展中，留下了数不清的名人趣事和逸闻传说，一商一铺都有各自传奇的故事。文人的书写则是这个城市跃动的心跳，生花的妙笔赋予了老字号灵魂与活力，一个个或凝重或鲜活的文字，带着记忆的温度，飘散在京城的各个角落，延续着迷人的旧都风情，为后人的北京想象锦上添花。老字号多年不变的坚守，逐渐沉淀为一种自发的气质，一种特有的儒雅风韵，融入老百姓的精神记忆里，融入城市的文化血脉中。如今，在全球化的背景下，琳琅满目的京商老字号仍然焕发着勃勃生机，以各自不同形式展现着自己独特的文化情调与美学内涵。

第五章

北京的舞台神韵

北京是一座文化活动相当丰富的城市，深厚的历史文化内涵孕育了独具特色的京味文化艺术。这里百艺荟萃，大师云集。民间艺人大显身手的天桥舞台，上演着江湖的传奇故事；名角大腕儿一展风采的宫廷戏楼，诉说着达官显贵的艺术品位。人杰地灵的北京城，在漫长的岁月中孕育出了独特的京味儿艺术，京剧、话剧、相声、评书、大鼓书等京味艺术无不彰显着这座城市的魅力。在文人的笔下，这些艺术形式也得到淋漓尽致的书写，生动地展现了这座城市的迷人与辉煌，展示着她古老、典雅的精魂。岁月的车轮匆匆碾过，历史的长河大浪淘沙。今天，让我们跟随文人的文字，回溯天桥杂艺，感受京剧、话剧的舞台神韵，重温京华旧梦，追寻北京城一脉相承的精神与气韵。

一、岁月悠悠话京剧

京剧又叫“京戏”，因形成于北京而得名。京剧同越剧、豫剧、评剧、黄梅戏一起，并称为我国“五大剧种”。京剧融表演、唱歌、舞蹈、服饰、化装、杂技等形式为一体，是中华文化的瑰宝，自19世纪中叶诞生以来，至今已有200多年的历史。历代文人墨客的笔下，都留下了它的痕迹。

1. 京剧是乡音

提起我国的国粹艺术，相信许多人首先想到的便是京剧。京剧的诞生要从历史上非常有名的“四大徽班”进京讲起。清乾隆五十五年（1790），以高朗亭为台柱的徽班三庆班到达京城，准备为乾隆帝贺

图96　恭王府内的戏楼

寿，从此拉开了徽班进京的序幕。此后，又有不少徽班相继进京，其中较为著名的有四喜班、春台班、和春班，同之前的三庆班一起，并称为“四大徽班”。徽班进京后，海纳百川、博采众长，在原先的基础上又吸纳了多种剧种的优点，旋律更加丰富，在众多的唱腔中脱颖而出，迅速风靡京城。京剧的诞生得益于京腔、昆腔等多种唱腔的融合，尽管并非原产于北京，但京剧自诞生以来就深深地印上了北京的烙印。

京剧是一门博大精深的综合类表演艺术，也称“皮黄”。“西皮”和“二黄”是其两种基本腔调。西皮声腔较为欢快活泼，往往用来表现慷慨激昂或喜悦的情绪；二黄声腔则较为低沉平稳，适于表现忧愁、慨叹、思考、悲凉的情绪。京剧按行当可分为生、旦、净、丑，表演方式有念、唱、做、打，伴奏乐器有皮、黄、锣、鼓……京剧有着迷人的艺术魅力，历史上迷恋京剧的名人数不胜数：咸丰皇帝、慈禧太后、光绪皇帝、爱国将领张学良、“民国四公子”之一张伯驹、现代诗人徐志摩、民国才女陆小曼、通俗文学大家张恨水及夫人周南，现代作家老舍、梁实秋、郁达夫、靳以，戏剧家曹禺、戏剧理论家齐如山、藏书家黄裳、国画大师张大千、美术教育家李苦禅、画家李可染、散文家丰子恺、历史学家顾颉刚、漫画家李滨声、话剧导演石挥、书法家欧阳中石、中国电影之父郑正秋、电影家周剑云、早期电影明星（阮玲玉、赵丹、胡蝶、童月娟、言慧珠、童芷苓、袁美云、王熙春、李丽华、程之、徐琴芳、舒适等）、上海滩教父杜月笙、武术大师杜心五、北大教授陈鸿舜等均是资深戏迷。

说起戏迷，还有一个更专业的词——票友。起初，票友是专指“非伶人演戏者”，“票房”则是指票友们聚集起来排练的地方。民国时期鉴赏家张伯驹在《所观票友戏》一文中描述过票房的起源：“八旗子弟气轩昂，歌唱从军号票房。大小金川征战地，不教征戍尽思乡。”① 原来，乾隆三十六年（1771），清军远征位于今四川金沙江流

① 张伯驹：《所观票友戏》，《张伯驹集》，上海古籍出版社，2013年，第46页。

域附近的大小金川，当时的戍军有不少是满人，为解将士们思乡之苦，乾隆皇帝特许八旗子弟歌唱曲艺，以安抚军心，为了方便管理，朝廷发给表演者一种类似于演出许可证的执照，称为“龙票”。当时唱的是一种名叫“清音子弟书”的曲艺，演出者往往不收报酬，因此被亲切地称为“票友”。这一称呼最初在军中流行，后来流传到民间。京剧兴起后，人们把逐渐喜爱京剧的业余演员称为“票友”，票友转行为职业京剧演员则称为“下海”。古代的捧角儿类似于今天的追星，疯狂程度丝毫不亚于今天，没钱是捧不起角儿的。因此，清代的票友大多是有钱又有闲的上层人士，且有一定的文化和艺术修养，他们不仅懂戏，会鉴赏，自己也是这方面的行家，还会参与演出。有一些名票下海后甚至成为在梨园行当响当当的人物，言派创始人言菊朋，奚派奠基人奚啸伯就都是票友出身。如今，“票友”“票房”“下海”的含义已经大大扩展，不再局限于戏曲行当。

京剧是我国土生土长的戏曲形式，经过了漫长岁月的打磨，已经不单单是有钱人的专属了。遍布京城的各大戏楼、茶馆，满是叫座儿的戏迷们。泡一壶好茶，闭目养神地哼着调儿，遇到精彩之处，恰到好处地叫一声“好”，是老北京戏迷们的真实写照。梁实秋在散文《听戏》一文中写道：

生长在北平的人几乎没有不爱听戏的。我自然亦非例外。我起初是很怕戏园子的，里面人太多太挤，座位太不舒服。记得清清楚楚，文明茶园是我常去的地方，全是窄窄的条凳、窄窄的条桌，而并不面对舞台，要看台上的动作便要扭转脖子扭转腰。尤其是在夏天，大家都打赤膊，而我从小就没有光脊梁的习惯，觉得大庭广众之中赤身露体怪难为情，而你一经落座就有热心招待的茶房前来接衣服，给一个半劈的木牌子。这时节，你环顾四周，全是一扇一扇的肉屏风，不由你不随着大家而肉袒。前后左右都是肉，白皙皙的、黄澄澄的、黑黝黝的，置身其间如入肉林。（那时候戏园里的客人全是男性，没有女性。）这虽颇富肉感，但决不能给人以愉快。戏一演便是四五个钟头，中间如果想要如厕，需要在肉林中挤出一条出路，挤出之后那条路便翕然而阖，回来时需要重新另挤一条路。所以常视如厕如畏途，其实不是畏途，只有畏，没有途。①

京剧有着广泛的群众基础，对许多人来说，听京剧、唱京剧不仅是一种休闲娱乐方式，而是已经成为生活的一部分。直到今天，假若你在清晨绕着故宫走一圈儿，仍然能见到提着鸟笼咿咿呀呀的老大爷，要么就是对着护城河吊嗓子的年轻人，各大公园的角落、社区文化活动中心，自发聚集在一起的票友们自弹自唱、自娱自乐，十分陶醉……京剧之所以能在历史长河中历久弥新，与它深厚的民众基础息息相关。京剧所代表的是一种传统文化，一份根植于民众内心的依恋。京剧以其强大的同化力和感染力影响了一代又一代中国人，超越了时代和地域，穿越古今，成为经典。现代作家黄宗江在他的自述中亲切地称京剧为他的乡音，他回忆道：

我未卜而居京华，尤难卜地时而出走、出征、漂流、云游……涉足天津、青岛、南京、上海、苏杭、重庆、呼和浩特、乌鲁木齐、格尔木、拉萨、香港、台北、高雄……东京、纽约、巴黎、巴厘、雅加达、孟买、河内、西贡、金边、哈瓦那、关塔那摩，又不止一国的圣地雅谷……

每在异地思乡，首先想到的便是烧饼、咸菜、豆浆、豆汁儿……大闸蟹、黄泥螺……伴奏的音乐常是西皮二黄。我的已故知交台北张学森（学良弟，人称张五爷），犹健尤健的好莱坞卢燕（我家昵称黄宗燕）莫不如此；我的从事外事

① 梁实秋：《听戏》，《梁实秋文集》（第二卷），鹭江出版社，2002年，第412—413页。

外交的朋友也多如此。①

图 97 北京正乙祠戏楼内景

踏遍了千山万水，尝过了人间珍馐，但最不能忘怀的，仍然是家乡美味和京剧。京剧如故乡一般给人以慰藉，那优美婉转的唱腔，不似秦腔那般高亢激越，也不如昆曲那样柔婉细腻，却能给人以独特的美感。黄宗江对京剧的喜爱，达到了如痴如醉的程度，连睡觉也要伴着京剧才可入睡，并且由京剧生发出对人类的喜爱，找到了全人类的共鸣。在《京剧是我的乡音》中，他写下了这样动人的文字：

我进入晚岁，每晚枕着的“催眠曲”是余叔岩的绝唱“十八张半”，梅尚程荀的《五花洞》，那迷人的真假潘金莲同声叫板：“这是哪里说起！”说来只因为此“催眠曲”也

① 黄宗江：《京剧是我的乡音》，《我的坦白书——黄宗江自述》，中国电影出版社，2005年，第151页。

> 是我的“摇篮曲”，我出世头一声无端的“哇哇”，和我辞世那一声无奈的“拜拜”，必然亦偶然地俱是京腔京调，我的乡音。我痴爱我的乡音，也爱着你的，因为你我均属于人类中的追星追乡族群。①

京剧已经融入了这位戏痴的日常生活中，甚至因为爱戏冷落了家人，让人忍俊不禁，他曾记录了一件有意思的小事。有一天晚上观剧归来，家门已锁，他于是不由自主地用韵白呼唤老伴儿来开门，谁知门内老伴儿居然用京白对答道：“谁是你老伴儿？京剧才是你老伴儿！”两位老人用韵白和京白对答的场景真实地反映出京剧的同化力和感染力，不仅已经与日常生活融为一体，而且一方对戏剧的喜爱已经在潜移默化中感染到了另一方，这样妙趣横生的小故事生动地展示了京剧在民间强大的生命力。

京剧之美，美在唱腔。文学评论家王元化对京剧颇有研究，他这样写道：“凡懂得并喜欢京剧的人都会同意京剧最吸引人的是在唱腔方面。我小时在北京，观众到剧院，不说看戏而说听戏。据说早先时候，一些老观众，只是闭目聆听，用手拍板，而眼睛并不看台上。这固然是一种不足道的畸形现象，但同时也可见唱功在京剧中所居的重要地位。”② 梁实秋同样痴迷于京剧的唱腔之美，并且认为京剧具有同西洋音乐不同的味道，他深情款款地写道：

> 只要能听到一两段韵味十足的歌唱，便觉得那抑扬顿挫使人如醉如迷，使全身血液的流行都为之舒畅匀称。研究西洋音乐的朋友也许要说这是低级趣味。我没有话可以抗辩，我只能承认这就是我们人民的趣味，而且大家都很安于这种

---

① 黄宗江：《京剧是我的乡音》，《我的坦白书——黄宗江自述》，中国电影出版社，2005年，第152页。

② 王元化：《京剧札记》，《王元化集》（第二卷），湖北教育出版社，2007年，第231页。

趣味。这样乱糟糟的环境，必须有相当良好的表演艺术才能控制住听众的注意力。前几出戏都照例的是无足观，等到好戏上场，名角一露面，场里立刻鸦雀无声，不知趣的“酪来酪”声会被嘘的。受半天罪，能听到一段回肠荡气的唱儿，就很值得。“余音绕梁，三日不绝”，确是真有那种感觉。[①]

有“人民艺术家”之称的老舍是土生土长的北京人，对他来说，京剧更是乡音。尽管老舍以小说和散文蜚声文坛，但实际上，老舍对京剧也深有研究。他不仅写过不少京剧剧本，对京剧理论建设做出了贡献，在20世纪50年代的戏剧改革中还亲自“点戏”，为京剧中的优秀剧目写下了多达68篇的剧目介绍。

现代作家郁达夫是浙江人，却对京剧情有独钟，用今天的话来讲算得上是个追星族。他在北京生活的时间并不长，却与京剧结下了不解之缘。在他的笔下，京剧是生活中不可或缺的一部分，只要有看戏的机会必定欣然前往，凡是有京剧的地方必有他的身影。有一次看梅兰芳、余叔岩的戏，甚至连厕所都来不及去，“一则恐怕座位会被人抢去，二则也怕失掉了听一句戏的机会”[②]。若是错过了一场精彩的戏，多年后仍然念念不忘，“记得有一年，也是在这样的一晚封班义务戏里，全部人马都是反串，如梅畹华唱黑头，董俊凤唱青衣之类，而这一晚我却因买票失去了机会，终于不能饱享那一晚眼福”[③]。在后来流亡南洋的时光里，他依旧惦念着京剧。不仅参加了新加坡的业余京剧爱好者社团——平社，还以京剧为纽带，联络新加坡爱国华侨，积极投身于抗日救国、赈济难民的事业中。他对京剧的热爱，已经由个人的爱好上升为一种家国情怀，也从侧面反映出京剧在特殊年代强

① 梁实秋：《听戏》，《梁实秋文集》（第二卷），鹭江出版社，2002年，第414页。

② 郁达夫：《看京戏的回忆》，《郁达夫全集》（第三卷），浙江大学出版社，2007年，第378页。

③ 郁达夫：《看京戏的回忆》，《郁达夫全集》（第三卷），浙江大学出版社，2007年，第378页。

大的感召力。京剧是乡音，这里的“乡”，不单单是故乡，更是国家。没有乡音的人定是漂泊无依的，身在异国他乡，当听到京胡响起的那一瞬间，内心想必是温暖的。京剧是乡音，是中国人心中难以忘却的故园旧梦，是无情岁月里刻骨铭心的精神慰藉。

对当时的人们来讲，京剧如同今天的流行歌曲一样，风靡全城。不仅大人爱听戏，就连小孩子也听戏。或许，孩童们喜欢的，并不在于京剧的唱词或唱腔，而在于听戏所带给他们的那一份自由的享受和文化氛围。过去的戏园子是个相当开放、自由的空间，人来人往，鱼龙混杂，自然也是孩子们玩耍的天地。三教九流的人们在这里会聚，喝喝茶，起起哄，聊聊天，捧捧角儿，谈天说地，高谈阔论，好不热闹！梁实秋曾经回忆过自己儿时看戏的经历，通过儿童的视角，诙谐地展现出戏园子卫生条件差，拥挤嘈杂的特点。尽管如此，人们听戏的热情仍然不减，宁可在炎热的夏天人挤人，也要加入这全民娱乐的活动中。透过梁实秋的描写，我们依稀可以看到20世纪初北京戏园子里热闹的场景：

> 孩子到了戏园可以足吃，花生、瓜子不必论，冰糖葫芦、酸梅汤、油糕、奶酪、豌豆黄……应有尽有。成年人的嘴也不闲着，条桌上摆着干鲜水果、蒸食点心之类。卖吃食的小贩大声吆喝，穿梭似的挤来挤去，又受欢迎又讨厌。打热毛巾把的茶房从一个角落把一卷手巾掷到另一角落，我还没有看见过失手打了人家的头。特别爱好戏的一位朋友曾经表示，这是戏外之戏，那洒了花露水的手巾尽管是传染病的最有效的媒介，也还是不可或缺。①

梁实秋还将中国的戏园子同国外的剧场做了对比，认为国外的剧场太过拘谨，虽然体现了文明观剧，但压抑人性，无法过瘾。中国自

① 梁实秋：《听戏》，《梁实秋文集》（第二卷），鹭江出版社，2002年，第413页。

古以来就是礼仪之邦，重礼仪、讲规矩的文化传统千年流传。然而在听戏方面，中国人却似乎是释放了天性，放肆地吃、放肆地喝、放肆地笑、放肆地闹……唯有在戏园子里，这份不多见的放肆才能够生根发芽：

> 在戏园里人人可以自由行动，吃，喝，谈话，吼叫，吸烟，吐痰，小儿哭啼，打喷嚏，打呵欠，揩脸，打赤膊，小规模的拌嘴，吵架，争座位，一概没有人干涉。在哪里可以找到这样安全的放肆的机会？看外国戏院观众之穿起大礼服肃静无哗，那简直是活受罪！我小时候进戏园，深感那是另一个世界，对于戏当然听不懂，只能欣赏丑戏武戏，打出手，递家伙，尤觉有趣。①

京剧之所以能在众多剧种当中脱颖而出，艳压群芳，与其通俗性是分不开的。相比昆曲，京剧的唱词不再那么文绉绉，更容易为大众所接受。老少皆宜，全民追捧，远在他乡，犹忆乡音，是京剧最鼎盛时期的辉煌写照。

2. 爱戏如同爱生命

京剧就是这样一种令人着迷的艺术，让人为之倾倒，为之沉醉。上自皇亲国戚、达官显贵，下至黎民百姓、乡野村夫。梁漱溟对于京剧迷为戏而狂的状态深有体会，认为京剧能使人入“化境”，他写道：

> 我对于戏剧所知甚少，没有什么研究，不过我有我的戏剧观。记得俗语上有两句话，很足以说明戏剧：“唱戏的是疯子，看戏的是傻子。”这两句话很好。我虽然不会唱戏，可是在我想，若是在唱戏的时候，没有疯子的味道，大概是

① 梁实秋：《听戏》，《梁实秋文集》（第二卷），鹭江出版社，2002年，第413页。

不会唱得很好；看戏的不傻，也一定不会看得很好。戏剧最大的特征，即在能使人情绪发扬鼓舞，忘怀一切，别人的讪笑他全不管。有意的忘还不成，连忘的意思都没有，那才真可即于化境了。能入化境，这是人的生命顶活泼的时候。化是什么？化就是生命与宇宙的合一，不分家，没彼此，这真是人生最理想的境界。因此想到我所了解的中国圣人，他们的生命，大概常是可与天地宇宙合一，不分彼此，没有计较之念的。所谓“仁者浑然与物同体”者是。这时心里是廓然大公的，生命是流畅活泼自然自得的，能这个样子便是圣人。①

所谓“化境”，就是一种彻底的忘我之境，历史上因戏而入“化境”的人不在少数。最有名的戏迷首先要推咸丰皇帝，这位皇帝是清朝入关以来最节俭的皇帝，吃饭、仪仗等一切用度都可以从简，甚至连龙袍都可以缝补，唯独对梨园事宜却从来都不曾有半分怠慢。他不仅爱听戏，自己还常常亲自上阵，扮上一回方可尽兴。据晚清史料记载，咸丰皇帝爱戏如命，在热河行宫避乱之时，仍然带着戏班子，有时上午刚听过彩唱，下午还要传戏班子清唱。也正是从他开始，皇室开始召民间戏班子进宫演出，客观上促进了京剧的形成和发展。受丈夫咸丰皇帝的影响，慈禧太后同样爱戏如命，常常召见民间戏班和名角进宫献艺。当时大红大紫的程长庚、王瑶卿、谭鑫培、杨隆寿、孙怡云、余月琴、杨小楼等名角儿都曾为慈禧太后演出过。从圆明园的同乐园到宁寿宫的畅春阁，从紫禁城的畅音阁、漱芳斋大戏台到承德清音阁，这些古老的舞台见证了一个王朝远去的背影，也成就了京剧艺术自身的灿烂与辉煌。

① 梁漱溟：《谈戏剧》，《梁漱溟文集》（第二卷），山东人民出版社，2005年，第119—120页。

> 清末，喜欢听戏的，莫过于慈禧太后了，她经常在宫里“传差”演戏，独赏其乐。据先前辈讲，她不仅爱听戏，还喜欢亲自删改。今天上演的《长坂坡》，就残留着当年慈禧改动的唱词呢！语云：“上有好者，下必有甚焉者矣。”一时从王公贵族到黎民百姓无不争唱“二黄、西皮”，更有些王公贵族，像肃亲王善耆，镇国公溥侗，贝勒载涛等等，率先向梨园界名伶苦学其长，直到青出于蓝。载涛擅长“猴戏”，为当时一绝，李万春受其传授，演来颇为精彩。溥侗人称侗五爷，别号红豆馆主。他对生、旦、净、末、丑，无所不能，无所不精，为谭鑫培所敬佩。肃亲王善耆更是如此。他平时与梨园界多有往来，特别与杨小朵友谊更为深切。当时梨园艺人在社会上的地位非常低贱，清代不准王公贵族登台演戏。于是那些嗜戏成癖的王公只好在自己府邸之内登台串演。①

不少近现代文化名人也是京剧票友。众所周知，曹禺是在话剧领域有着卓越贡献的大家，但他同时又对京剧非常痴迷。曹禺自幼便随母亲听戏，观摩了众多京剧名角的优秀剧目，尤其推崇梅兰芳和余派的戏剧，还多次登台演出。在清华读书期间，他常常和好友靳以到广和楼听戏，在他看来，“京戏是我国民族文化宝库中的一份宝贵财产，是很高级的文化”②；原央视著名播音员赵忠祥嗜戏成癖，曾客串多档戏曲节目主持人并参与演唱；原央视著名播音员罗京虽为四川人，但生平一大爱好就是唱京剧；北京人艺著名话剧演员杨立新，酷爱京剧，爱听爱唱且不拘行当；人称“铁三角”的张国立、张铁林、王刚也都是京剧票友……在众多嗜戏如命的票友中，叶广芩是比较独特

① 启骧：《堂会戏闻见录》，翁思再编：《两口二黄——京剧世界揽胜》，山东画报出版社，2008年，第165页。

② 曹禺：《曹禺谈〈徐九经升官记〉》，《湖北日报》，1981年5月18日。

的一位。她在《戏缘》中写道："我爱戏，爱得如醉如痴。"[①]旗人出身的她家学渊源深厚，几乎全家都喜欢京剧，闲暇时光，家人便会聚在一起自弹自演唱上一出，好不过瘾，在小说《没有日记的罗敷河》中，她写道：

> 父亲不仅戏唱得好，京胡也拉得好。一家人经常在晚饭后一起演戏，父亲和三大爷坐在金鱼缸前，海棠树下，拉琴自娱。而几位兄长也各充角色，生旦净末丑霎时凑全，一家人演《打渔杀家》《空城计》《甘露寺》《盗御马》，戏一折连着一折，一直唱到月上中天。[②]

由于种种原因，她未能如愿从事戏曲相关的工作，也曾多次在作品中遗憾地表达了自己今生与戏无缘的感慨。然而，与戏曲的缘分并没有就此作罢，带着这份热爱，叶广芩将对戏的痴念带入了小说创作中，她的作品中随处可见对京剧的描写，甚至不少篇目直接以京剧的名字来命名，如《盗御马》《豆汁记》《状元媒》《逍遥津》等，作品中出现的京剧名称更是数不胜数，如《群英会》《金锁镇》《拾玉镯》《锁麟囊》《钓金龟》《赤桑镇》等。此外，她的小说中有些篇目几乎随处可见京剧戏文，因此，她的作品被人们称为"京剧小说"。

现代历史学家钱穆对京剧与文学、人生的关系有着精准的概括："中国的人生理想，一般讲来，可谓在中国戏剧中，全表演出来了。能欣赏中国的文学与戏剧，就可了解得中国之人生哲学。京剧在有规律的严肃的表演中，有其深厚的感情。但看来又觉极轻松，因为它载歌载舞，亦庄亦谐。这种艺术运用，同时也即是中国人的人生哲学了。"[③]

---

① 叶广芩：《戏缘》，《颐和园的寂寞——叶广芩散文选》，西安出版社，2010年，第33页。

② 叶广芩：《没有日记的罗敷河》，吉林人民出版社，2015年，第29页。

③ 钱穆：《中国京剧中之文学意味》，翁思再主编：《两口二黄——京剧世界揽胜》，山东画报出版社，2008年，第14页。

现代作家、藏书家黄裳是位戏通，在《京白》中，他详细介绍了京剧中的各大行当以及名家名剧，对四大名旦及京剧中不同女性的京白做了对比和分析。不难看出，他对京戏颇有研究，若不是出自内心深处的喜爱，怎能有如此耐心去探求人物舞台语言之间的细微差别？在他的笔下，梅兰芳“雍容华贵，京白极好”[①]，“居然也嗓子细得比女人还要细，出语更是委婉”[②]，他形容《四郎探母》中的公主扮演者梅兰芳“那真是绝代风华，更加他的甜而娇的口吻，听戏时真可享受一种不可言说的感印，美极了”[③]。荀慧生的京白“甜而细碎而糯，又是一种风光”[④]。而筱翠花的京白则“如市井妇人，倚门思妇，说年纪在三十左右，已非小姑娘，或竟是半老的徐娘，话语中间自然更多一种深沉爽辣”[⑤]。除此之外，他还概括出了另一类的京白，“如盖三省所演之禁婆（《金锁记》）、芙蓉草所演《法门寺》中的刘媒婆与《四郎探母》中之萧太后，然而这毕竟所占的比重较小而较不重要了”[⑥]。有趣的是，他喜爱京剧，但却对京剧的表演语言有着自己的感悟，“纯粹的京片子是颇讨厌的，大约只有小丑可用，其‘贫’，可以助小丑的描绘性格，然而铁镜公主或何玉凤出此口吻则不免恶形”[⑦]。

京剧艺术是一门综合艺术，是写意的艺术，是表达美的艺术，与其他艺术门类乃至社会科学有着潜在的联系。与西方戏剧重模仿的传统不同，中国的戏曲是偏向写意的。民国时期剧评家张厚载在《我的中国旧戏观》一文中，认为京剧的特征在于善于运用假象和会意的手法，创造出无限的自由的时空，达到各种表演效果。这也是京剧的一大好处，“有人讲笑话，说天下东西，只有戏台最大。什么缘故呢？因为曹操带领八十三万人马，在戏台上走来走去，很觉宽

① 黄裳：《京白》，《旧戏新谈》，开明出版社，1994年，第7页。
② 黄裳：《京白》，《旧戏新谈》，开明出版社，1994年，第7页。
③ 黄裳：《京白》，《旧戏新谈》，开明出版社，1994年，第7—8页。
④ 黄裳：《京白》，《旧戏新谈》，开明出版社，1994年，第8页。
⑤ 黄裳：《京白》，《旧戏新谈》，开明出版社，1994年，第8页。
⑥ 黄裳：《京白》，《旧戏新谈》，开明出版社，1994年，第8页。
⑦ 黄裳：《京白》，《旧戏新谈》，开明出版社，1994年，第8页。

绰。这就可见中国旧戏用假象会意的方法，是最经济的方法”[①]。王元化在《模仿说与比兴说》中写道：“京剧中开门没有门，上下楼没有楼梯，骑马没有马，这些也是空白艺术。这种空白艺术在西方是罕见的。”[②] 1930年梅兰芳访美演出时，美国评论家布鲁克斯·阿特金逊就注意到了京剧这种东方戏剧与西方传统戏剧的区别，认为西方的戏剧“在想象力方面，从来不像京剧那样驰骋自如”[③]。正因为京剧能够超越时间、空间的限制与束缚，才能充分表达出内心的自由。策马奔腾，日行千里，山高水深、狂风大作、十年一日、征战沙场、千军万马、红日西坠、披星戴月等这些较为抽象的动作或者场景在京剧舞台上都是可以实现的。“一把简单的椅子就代表了高山峻岭和人物所处的情景，青山、白云、乱石嵯峨的山峰和崎岖不平的山路，都要靠演员的身段给表现出来。”[④] 人物出场，手执马鞭就表示骑着马，抬轿过桥则并不一定要有轿子，一个圆场就能代表几十里路，仓啷啷一阵响则代表平地一阵大风，一块蓝色布可以当城墙，两面黄色旗子能当车子，演员轻轻一推，门的概念便出现了，门内门外两个空间便分割开来。京剧伴奏的节奏、音调也都有不同的含义，“那惨烈紧张的一长串的拍板声——用以代表更深夜静，或是吃力的思索，或是猛省后的一身冷汗，没有比这更好的音响效果了”[⑤]。

中国的诗、书、画都讲究意境，讲究留白含蓄，讲究抽离现实，用有限的笔墨创造出无限的想象空间，言有尽而意无穷。唐代画家吴道子的人物画有“吴带当风”的美称，王维的诗歌常常给人

---

① 张厚载：《我的中国旧戏观》，《新青年》，1918年第5卷第4号。

② 王元化：《模仿说与比兴说》，翁思再编：《两口二黄——京剧世界揽胜》，山东画报出版社，2008年，第6页。

③ 王元化：《模仿说与比兴说》，翁思再编：《两口二黄——京剧世界揽胜》，山东画报出版社，2008年，第6页。

④ 盖叫天：《身段与生活》，翁思再编：《两口二黄——京剧世界揽胜》，山东画报出版社，2008年，第69页。

⑤ 张爱玲：《洋人看京戏及其他》，《张爱玲全集》（散文戏剧卷上），中国戏剧出版社，2005年，第67—68页。

以“诗中有画，画中有诗”之感，齐白石画虾并没有画水却能让人感受到水的流动，郑板桥画竹也顺带画出了风，这种有意地唤起观赏者想象的技法就是留白。同样，“中国京剧亦如作画般，亦要抽离不逼真”[①]。京剧中采用了大量留白的技法，1935年梅兰芳在苏联交流演出时，导演爱森斯坦认为京剧“不仅在于一物可以用来标示另一物，而且可以标示许多不同的实物和概念，从而显示了极大的灵活性。比如一张桌子可以作饭桌、作公案，也可以作祭坛等等。同一只尘拂可以作为打扫房间的工具，也可以作为神祇和精灵所执的标志”[②]。钱穆认为：“中国戏剧之长处，正在能纯粹运用艺术技巧来表现人生，表现人生之内心深处，来直接获得观者听者之同情。一切如唱功、身段、脸谱、台步，无不超脱凌空、不落现实。”[③] 张爱玲对京剧的写意技法有较为深入的了解，在散文《洋人看京戏及其他》中这样写道：

> 京戏里的人物，不论有什么心事，总是痛痛快快说出来，身边没有心腹，便说给观众听，语言是不够的，于是再加上动作，服装，脸谱的色彩与图案。连哭泣都有它的显著的节拍——一串由大而小的声音的珠子，圆整，光洁。因为这多方面的夸张的表白，看惯了京戏觉得什么都不够热闹。台上或许只有一两个演员，但也能造成一种拥挤的印象。[④]

京剧最核心的艺术思想是中正平和、不急不躁，对于搞艺术的

① 钱穆：《中国京剧中之文学韵味》，翁思再编：《两口二黄——京剧世界揽胜》，山东画报出版社，2008年，第6页。

② 王元化：《模仿说与比兴说》，翁思再编：《两口二黄——京剧世界揽胜》，山东画报出版社，2008年，第6页。

③ 钱穆：《中国京剧中之文学韵味》，翁思再编：《两口二黄——京剧世界揽胜》，山东画报出版社，2008年，第13页。

④ 张爱玲：《洋人看京戏及其他》，《张爱玲全集》（散文戏剧卷上），中国戏剧出版社，2005年，第67—68页。

人来说，这一心态难能可贵，心无外物，方能气贯长虹。现代画家李苦禅对京剧之于绘画的影响深有体会：“绘画中的布置等同于京剧‘腔’的安排，使笔使墨则犹演唱中之‘味’。”[①] 同样是画家的李可染一生酷爱京剧，认为京剧促进了自己绘画水平的提高，他常对家人说：“我一生的第一志愿是拉京胡，第二志愿才是画画。”[②] 他经常给弟子们讲戏，同样也常常教梨园朋友们画画。20世纪画坛里，能将京剧与戏曲的意境联系并且运用自如的，李苦禅应当是第一人。在国画教学中，他以戏喻画，以戏讲画，认为中国画和京剧都是写意的艺术，二者在许多表现手法与美学规则上有着相通之处。“京戏是写意的戏，是很高度的综合艺术。要想画好中国画，除了打好一切有关的基础之外，最好还得懂点京戏。中国写意画早已达到了追求气韵（神韵）的高度艺术境界，倘不知京戏，则很难体会到这种深邃的境界。”[③] 戏曲的表演程式、唱腔、虚拟手法与意韵的追求同中国画的笔墨技巧、绘画理念等都是戏画一理，所以研究中国书画的人不接触点儿戏曲知识是一大遗憾。“你若细心地品赏言菊朋在《卧龙吊孝》与《让徐州》中的唱段之后，就不难体会出大写意干淡墨中，笔断气不断、‘笔不周而意周’的韵味。特别是《让徐州》中那句‘众诸侯，分那疆土他们各霸一方’，实在是神韵充溢，痴醉心田！”[④] 李苦禅的写意花鸟画气势十足，落笔一气呵成，毫不拖拉，这与他常以拳参画、以戏参画不无关系。他还将戏曲的心得运用到平日的课堂教学中，时不时拿戏曲知识来参悟画理。他的画意境辽阔，运笔开合连贯、气势恢宏，常常被认为得了杨小楼武戏的神韵。

---

① 蒋锡武：《人保戏，以味胜》，翁思再编：《两口二黄——京剧世界揽胜》，山东画报出版社，2008年，第61页。

② 苏玉虎：《会拉胡琴的李可染》，翁思再编：《两口二黄——京剧世界揽胜》，山东画报出版社，2008年，第111页。

③ 李苦禅：《画戏不解之缘》，《北京艺术》，1982年第1期。

④ 李苦禅：《画戏不解之缘》，《北京艺术》，1982年第1期。

除了铁杆粉丝之外，京剧还拥有不少不是京剧迷的京剧迷。一代才女张爱玲即是如此，她深深浸润于传统文化中，观戏无数，尽管自谦是外行，但实际上早已不亚于内行。她深知京剧的规矩重，“京戏这东西，复杂得很呀，就连几件行头，那些个讲究，就够你研究一辈子”[①]。对于京剧烦琐的讲究，她也表达了自己的看法：“规矩的繁重在舞台上可以说是登峰造极了。京戏里规律化的优美的动作，洋人称之为舞蹈，其实那就是一切礼仪的精髓。礼仪不一定有命意与作用，往往只是为行礼而行礼罢了。”[②] 因此，她宁愿以业余爱好者自居，反而轻松自在，自谓“外行的意见是可珍贵的”。张爱玲对京剧的表现方式有着自己独到的理解，对自己的戏曲鉴赏力也充满了自信，“门外汉的议论比较新鲜戆拙，不无可取之点”[③]。在《洋人看京戏及其他》中，她这样写道：

> 京戏里的世界既不是目前的中国，也不是古中国在它的过程中的任何一阶段。它的美，它的狭小整洁的道德系统，都是离现实很远的，然而它决不是罗曼蒂克的逃避——从某一观点引渡到另一观点上，往往被误认为逃避。切身的现实，因为距离太近的缘故，必得与另一个较明澈的现实联系起来方才看得清楚。[④]

京剧与绘画、歌舞、表演、史学、文学、影视等都有着相通之处。不同门类的艺术之间的相互借鉴，往往能碰撞出新奇的火花。

---

① 张爱玲：《洋人看京戏及其他》，《张爱玲全集》（散文戏剧卷上），中国戏剧出版社，2005年，第64页。

② 张爱玲：《洋人看京戏及其他》，《张爱玲全集》（散文戏剧卷上），中国戏剧出版社，2005年，第69页。

③ 张爱玲：《洋人看京戏及其他》，《张爱玲全集》（散文戏剧卷上），中国戏剧出版社，2005年，第64—65页。

④ 张爱玲：《洋人看京戏及其他》，《张爱玲全集》（散文戏剧上卷），中国戏剧出版社，2005年，第65页。

3. 会呼吸的文化名片

京剧之所以被誉为“东方歌剧”，就是因为它不仅为国人所喜爱，同时也走出国门，在日本、美国乃至欧洲等地流传甚广。京剧以它独有的魅力吸引着中外广大戏迷，在外国人眼里，京剧就是中国几千年古老文明的代表。京剧那风华绝代、国色天香的外表下裹挟着的是中国几千年沉淀的传统美学，是世世代代相传的价值观念和人生思考，是独属于中国人的古老审美和智慧。京剧是世界三大公认的最古老的剧种之一，2010年入选联合国教科文组织人类非物质文化遗产代表作名录。尽管京剧诞生不过只有短短两百多年，但其形成过程却是在中国文化传统的母体当中海纳百川的过程。从某种程度上说，看戏就是在读史，就是在与古老的文明对话。世界三大古老戏剧中，古希腊戏剧和印度梵剧早已消失在历史的尘埃里，唯有中国的戏曲从未间断，至今还活跃在世界舞台上。

20世纪二三十年代，京剧开始走出国门，在世界舞台上大放异彩。一代京剧宗师梅兰芳的首场海外演出便引起轰动，逐渐打破了西方对中国戏曲，乃至中国人的偏见。中国京剧这一东方艺术的奇葩在世界戏剧舞台上找到了属于自己的一席之地。新中国成立后，京剧逐渐成为中国对外友好交流的文化使者。作为中国戏曲最高水平，京剧在众多剧种中独领风骚，彰显着东方艺术的魅力。

尽管由于语言不通，许多外国人并不能完全理解京剧的内容，但仍然被这种古老的东方艺术所吸引。中国曾数次派遣京剧团赴世界各地访问演出，1919—1924年，梅兰芳先后两次到日本访问演出，引起强烈反响，他的舞姿被誉为“梅舞”。20世纪30年代，中国京剧首次在纽约百老汇舞台上演就引起轰动，连喜剧大师卓别林也对京剧赞许不已。胡适在《梅兰芳和中国戏剧》一文中，将传统剧目《思凡》的梅氏演绎，与欧洲文艺复兴时期的诗歌艺术相提并论。当时，美国剧评家罗伯特·里特尔对京剧评价甚高：“我也许只懂得其中的百分之五，而不了解其他大部分，但这足以使我为我们的舞台和一般西方的舞台上的表演感到惶恐谦卑，相比之下我们的表演似乎没有传统，根本没有往昔的根基。”[①] 1930年2月17日，他在《纽约世界报》上发表的文章中这样描写道：“你看他在舞台上表演，会觉得自己仿佛置身于一个古老的神话般优美和谐而永恒的境界里，你忘记他是按照古老的习俗在扮演旦角，在用奇妙而令人难以抗拒的假嗓歌唱。你忘记了一切，仅剩下他所绘制的一幅优美的图画，每个富有表情的姿势都像中国古画那样浓重而细腻，单单服装和容貌看上去就十分美丽，充满极其微妙的庄严和宁静。”[②] 梅兰芳先后赴日本、美国等国家访问，为京剧在海外赢得了巨大声誉，同时也对日本和欧美的戏剧、电影艺术等产生了深远影响。戏剧大师斯坦尼斯拉夫斯基和布莱希特在他们的创作中，都汲取了梅兰芳表演艺术的精华。在日本，还涌现了不少“京剧通”，如辻听花、青木正儿、长泽规矩也、村田孜郎、丰田穰、今关天彭、波多野乾一、黑根扫叶、井上红梅、福地信世等都是其中的佼佼者，研究京剧的著作相当多，其中辻听花的《中国剧》、波多野乾一的《京剧二百年历史》等都很有代表性。辻听花回忆道：“我不知何故从一开始就非常喜欢中国剧，绝非有什么特别之处，更没有其他很深的理由。只要我一进入剧场，面对着舞台，听着俳优的歌唱和说白，看着他们的身段和武打，就自然觉得很是喜欢，深深被其吸引。”[③] 民国时的梅宅堪比外交部，各国使节、名流络绎不绝。印度诗人泰戈尔来华时曾观看过梅兰芳表演的《洛神》，惊为天人，他用孟加拉文赋诗一首赠予梅兰芳，并且兴致勃勃地现场朗诵了这首诗，后来梅兰芳请精通孟加拉语的专家石真女士译成中文：“亲爱的，你用我不懂的/语言的面纱，遮掩着你的容颜；正像那遥望如同一脉/缥缈的云霞/被水雾笼罩着的峰峦。”[④] 诗作清新自然、唯美浪漫，传达出了京剧那种犹抱琵琶半遮面的朦胧之美，也透露出诗人对于语言隔阂的一丝遗憾。

① 梅绍武：《我的父亲梅兰芳》（下），文化艺术出版社，2015年，第301页。

② 梅绍武、梅卫东：《梅兰芳与京剧》，新世界出版社，2016年，第94页。

③ ［日］辻听花：《支那剧及其脚本》，《歌舞伎》，1910年第123期。

④ 梅兰芳：《忆泰戈尔》，《人民文学》，1961年第5期。

老话说，“台上一分钟，台下十年功”，“十年状元登科，未必能出一角儿”，“五年胳膊十年腿，二十年练不好一张嘴儿”，足见这门功夫的博大精深，讲究很多。余派创始人余叔岩的弟子李少春曾经回忆起当年跟师父学戏时候，用马鞭子这个小小的动作却怎么都学不好，“老生戏，没有一个戏的上马是一样的，《战太平》《洗浮山》《定军山》都不同，身份、官职、年纪都有关系”①。一身行头，一招一式，足够人研究一辈子。不光演出需要演员们投入极大的专注力，还需要长年累月的练习和舞台实践，不是人人都能坚持的。胡琴圣手孙佐臣早年为了练琴，常常在数九寒天把手伸到雪地里冻僵，然后开始拉琴，直到手恢复知觉，灵活自如才肯收工。京剧大师盖叫天六十年如一日练功的精神早已为后辈树立了榜样，即便在吃茶闲谈的空当里，他还把一只脚插在八仙桌里练腿功呢。但即便如此，每年仍有许多慕名而来的外国友人拜师学艺，京剧的服装行头美、扮相化装美、身段动作美、唱腔伴奏美、戏文唱词美，无不是令这些外国友人为之倾倒的原因。对外国人来讲，看京剧就是看文化。郁达夫在《看京戏的回忆》中记载了一位外国人看戏的趣事：

> 在当时，和我们同去看戏的，有一位外国朋友，后来他做了溥仪的英文教员，他现在不晓得有没有死，但在当时，却已是四十五六岁的中年人了，他的名字叫庄士敦。这一位先生，喜欢研究中国戏的脸谱，可是像刘备穿了皇袍出来时，他是认得的，而一将长袍皇冠脱去，换上了小帽和短褂佩剑出来的时候，却又不认得了。②

京剧是极具中国特色的剧种之一，积淀了丰厚文化底蕴，体现着中国文化精髓。一桌一椅、一杯一壶、一招一式、一颦一笑、一举手

① 石挥：《与李少春谈戏》，翁思再编：《两口二黄——京剧世界揽胜》，山东画报出版社，2008年，第56页。

② 郁达夫：《看京戏的回忆》，《南洋商报》，1941年5月31日。

一投足都有许多讲究和说法，体现的是中国文化和东方美学的韵味。小舞台上大乾坤，京胡一响，锣鼓一敲，各路角色逐一登场，唱念做打各显神通。数百年前，京剧靠着独具东方传统艺术韵味的念、唱、做、打红遍整个京城，上自皇宫大内，下至乡间茶馆，戏迷当中既有帝王将相，也有升斗小民。在时代发展如此之快的今天，各类文化争相斗艳，让人目不暇接，我们更有义务和责任将京剧这门古老的艺术传承下去，发扬光大。尽管随着时代的变迁，京剧的发展面临许多困难，但同时也蕴含着机遇。京剧是传承中华传统文化的活化石，在世界舞台上展示着属于中国独有的故事。

二、北京人艺的京味风情

京味话剧是京味文化的重要组成部分，而北京人艺则是京味话剧的大本营。北京人艺的魅力就在于它用自己独特的方式记录着北京的历史、文学和文化，以其“京味”区别于其他人艺。要了解京味文化，一定离不开北京人艺。北京人艺培养了大批北京观众，走进剧场观看话剧的人越来越多。品话剧、赏话剧已经成为新老北京市民平日里提升自身艺术素养和休闲娱乐的必备功课。

1. 品京味话剧，读京味人生

京味话剧上演京味人生，京味人生尽显京味文化。话剧这个外来的戏剧形式已经在北京生了根发了芽。文人笔下对于北京人艺的描写数不胜数，当代话剧研究专家李鸣春在《朱旭》一书中对北京人艺有这样的评价：

> 北京人民艺术剧院是有着自己鲜明的艺术个性与文化传统的艺术殿堂。自打成立伊始，北京人艺始终把握着中国社会的时代发展脉搏，即时反映每个阶段中国社会的时代风貌，及时传播社会行进中的变迁信息；其次，担负着建设中国社会主流文化的重任，为每个时代的先进文化思潮、进步主题服务；同时，利用立足北京的天然优势，充分挖掘老北京的地域，文化资源，形成了自己浓厚的“京味”话剧特色。主流、大气、积累、厚重、个性突出是北京人艺话剧留给观众的深刻印象，这从半个多世纪以来人艺长演不衰的众多经典剧目中可以得到验证。[①]

① 李鸣春：《朱旭》，中国戏剧出版社，2016年，第65页。

图 98　北京人民艺术剧院

在北京人民艺术剧院上演的300余部话剧作品中，代表性的剧目有《龙须沟》《虎符》《蔡文姬》《武则天》《茶馆》《骆驼祥子》《雷雨》《日出》《北京人》《关汉卿》《王昭君》《绝对信号》《小井胡同》《红白喜事》《狗儿爷涅槃》《天下第一楼》《李白》《鸟人》《第一次的亲密接触》《万家灯火》《北街南院》《赵氏孤儿》《我爱桃花》《全家福》《北京人》《大将军寇流兰》《知己》《窝头会馆》《喜剧的忧伤》《我们的荆轲》《家》《甲子园》《公民》《牌坊》《司马迁》《玩家》等。这些话剧大多都展现了老北京人的北京生活，其中《窝头会馆》《天下第一楼》《鸟人》等极具京味意蕴。青年学者章诗雯在《新青年"独立宣言"》中认为《窝头会馆》与《茶馆》有几分神似：

在人艺上演的一部大获成功、广受好评的话剧《窝头会馆》中，观众被领入北平解放的前一年。整个话剧与《茶馆》有几分神似，讲述的是窝头会馆中各种小人物五味杂陈的生活状态，这其中有思想进步的女学生，有拜神拜佛的小民，也有重病在身的“先进”青年，还有落入民间、自持甚高的格格……在窝头会馆中充满力道的人物表演与情境，表达了话剧充沛的情感与个性，层层铺垫的干柴让话剧的高潮一点就着。话剧中也穿插了不少完整的隐喻与反讽，然而这种隐喻和反讽完整地生发于并停留在观众的对面，完整地保全于另外一个时代，并没有和现实撕破脸皮。①

当代作家刘恒编剧的《窝头会馆》，“主题就是一个字：钱，如果‘钱’显得直白，换个含蓄一点的说法就是：困境”②。当代作家钟艺兵《珊瑚——钟艺兵艺术文集》中的《我看话剧〈窝头会馆〉》一文说道：

看《窝头会馆》，有三个“没想到”。一是没想到反映北京平民百姓生活的现实主义话剧又添了一部新作品。此类话剧难写，但也出过不少名作，早如《龙须沟》《茶馆》《骆驼祥子》，晚如《小井胡同》《天下第一楼》，之后就不多见了。其实，广大观众是十分喜爱这类戏的。《窝头会馆》的上座率居高不下，就是一个例证。二是没想到编剧刘恒如此熟悉老北京底层人民的生活。他以自己笔下独特的人物、语言、故事、文学韵味，为我们展示了一幅解放前北平南城平民小杂院的“原生态”画卷，出手不凡！由此想到北京人艺新院长张和平两年前上任时，开局的第一步棋就是抓剧本，约定作家刘恒来为剧院写一部戏。这个决策真是做对了。三是没想到由何冰、濮存昕、宋丹丹、杨立新、徐帆等人联袂

① 章诗雯：《新青年“独立宣言”》，四川人民出版社，2013年，第19页。

② 铁凝：《山中少年今何在——关于贫富和欲望》，《江南》，2011年第3期。

主演此戏。这可以称作北京人艺当代实力派演员的一次集体亮相。他们的表演都有新的突破。[①]

窝头会馆虽然是新时期的话剧，但已是北京人艺最受瞩目的作品之一。编剧刘恒从小生长在北京南城，在《窝头会馆》中给我们讲了一个地道的老北京故事，剧本中地道的北京话堪比老舍的作品。《天下第一楼》也是北京人艺的经典话剧，中国社会科学院文学研究所研究员刘平在《中国话剧百年图文志》中说道：

《天下第一楼》，三幕话剧，编剧何冀平，发表于《十月》1988年第3期。剧中描写京城烤鸭老字号“福聚德”的发展历史，通过卢孟实让“福聚德”从三间老屋的“东山再起”和最后的衰落，反映了社会世态的炎凉和人情的冷暖。1988年6月由北京人民艺术剧院演出，导演夏淳、顾威，舞美设计黄清泽、方堃林、鄢修民、冯钦，主要演员有：林连昆、谭宗尧、吕中、孙俊峰、张瞳、任宝贤、韩善续、李大千、修宗迪、李光复等，该剧曾赴香港、台湾地区和日本、新加坡、韩国演出。由作者改编成电视剧在中央电视台播出。[②]

当代戏剧研究者徐健在《困守与新生：1978—2012北京人艺演剧艺术》中为我们详尽分析了《天下第一楼》的故事梗概：

三幕话剧《天下第一楼》将视角聚焦于京城老字号饭馆“福聚德”，以其兴衰沉浮为主线，展示了一幅旧北京市民生活的民族风俗画：1917年初夏，北京前门外肉市口百年老店

① 钟艺兵：《珊瑚——钟艺兵艺术文集》，作家出版社，2015年，第267页。

② 刘平：《中国话剧百年图文志》，武汉出版社，2007年，第260页。

> “福聚德”的老掌柜唐德源年迈多病，无力掌管祖宗留下的产业。他的两个儿子，一个迷上了梨园唱戏，一个醉心于习武练拳，均不务正业，挥霍无度，致使家族产业岌岌可危。危难之际，二掌柜王子西举荐同乡玉升楼的账房卢孟实，此人颇为老掌柜赏识，并在其弥留之际将产业托付给了他。精明干练的卢孟实上任后，重整店规、扩大门面，调整经营方式，善于吸纳人才，经过十年的呕心沥血，“福聚德”老店买卖兴隆、蒸蒸日上，进入了日进百金的鼎盛时期。然而，买卖兴隆的“福聚德”经不起两位少东家的折腾、挥霍、拆台。最终，壮志未酬的卢孟实在悲愤中离开了京城，“一个人干，八个人拆”的巨大“内耗”使这个“天下第一楼”最终走向衰败。[①]

《天下第一楼》以“全聚德烤鸭店”为原型，借烤鸭店，聚集清末民初北京城里的各色人等，形象地勾勒出那个时代的一幅“清明上河图”。它相继获得当年北京市编剧奖、1988—1989年第五届全国优秀剧本创作奖和1991年文化部颁发的“文华大奖”。话剧《天下第一楼》屹立多年长演不衰，至今已演出500多场，但剧本自1988年首演以来从未变过，已成为北京人艺的招牌剧目。

1993年过士行的《鸟人》首演，其有当时北京人艺最优秀的演员阵营，如林连昆、濮存昕、梁冠华、何冰、徐帆等。剧作一经上演，便引起了话剧评论界的关注。《鸟人》这部作品成功的关键就在于既能“接地气”，符合大众口味，又在很大程度上彰显了京味文化的独特魅力。正如有研究者所说：

> 《鸟人》因为题材贴近当代北京人的生存状态，适应了

① 徐健：《困守与新生：1978—2012北京人艺演剧艺术》，广西师范大学出版社，2015年，第134页。

公众日渐自觉的消闲娱乐需要，既有表层义，又有更为深致的象征义，能够做到“会看的看门道，不会看的看热闹”，雅俗共赏，所以很叫座。①

北京人艺已经与北京这座城的历史文化紧密地联系在一起，当代女作家范党辉在《后“茶馆”时代的艺术观察》中讲道：

从《龙须沟》《茶馆》到《雷雨》《日出》《蔡文姬》等，北京人艺先后将近有十九出大戏轮番上演。京城里的戏迷们可谓翘首以待。大家常说北京人艺的演员“戏”好，举手投足都是“戏”。的确，是北京人艺的老一辈艺术家们在表演上的精打细磨，精益求精，逐渐琢磨出一套自己独特的表演创作方法，形成了人艺表演学派。唯有真正的“戏”，才能留得住观众，守得住这铁打的营盘。“深厚的生活基础，深切的内心体验，鲜明的人物形象”，这三句话是北京人艺一切艺术活动的创作宗旨，从剧作到导表演，从舞美设计到音效合成，这三句话贯穿始终。同时，以真实为生命的现实主义创作精神贯穿始终。京味儿是对北京人艺在艺术形式上的自觉选择，北京人艺表演学派的风貌和血肉，现实主义是北京人艺演剧观的内在的本质，是其演剧观的精神和脊梁。②

北京人艺以舞台形式展现出新老北京人的京味人生，可谓部部精彩，部部深入人心。从话剧文本到表演，无不展现出人艺和北京人民对这座城市的深情厚谊。看人艺的话剧，就像是跟时代对话，与历史握手。京味话剧带给我们的不只是震撼，更多的是心灵的撞击与融合。

① 何西来、丛小荷：《文外文》，广东人民出版社，2000年，第110页。

② 范党辉：《后“茶馆”时代的艺术观察》，作家出版社，2016年，第181—182页。

2. 话剧大家的北京情怀

北京人艺的话剧大家首推曹禺与老舍。曹禺是中国最负盛名的剧作家，同时也是北京人民艺术剧院的院长，一生写了十多部戏，北京人艺前后十四次排演了他的八部剧作。京味话剧《北京人》是曹禺经典代表作之一。北京人艺戏剧博物馆馆长刘章春的《经典：〈北京人〉的舞台艺术》中对《北京人》有这样的评价：

> 《北京人》是曹禺“三部曲”中最出色的一部。如果说，曹禺的成名作《雷雨》是从情节出发，《日出》是从戏剧结构出发，前者含有伦理学和心理学的概念，后者含有社会学（阶级观点）的概念的话，那么，《北京人》则是作家摆脱“主题先行”，以自己心灵中印象最深的那些人和事为原型，试图抛开贝克教授的《编剐理论》模式，直接写人，写人的性格和气质、写人的思想与感情的第一部高水平的作品。[①]

一个“充满丰满的生命和人类日后无穷的希望”的“巨灵”形象——“北京人”登上舞台。他寄寓着曹禺心中，“要杀就杀，要打就打”，“要爱就爱，要恨就恨，要哭就哭，要喊就喊”的自由自在的理想人格与“没有虚伪，没有欺诈，没有阴险，没有陷害”的理想社会。[②]

> 我特别喜欢《北京人》中“中秋家宴”那一场戏。在“养心斋”的匾额下面，古香古色的红木八仙桌边围坐着主人与客人。当文清向父亲曾皓叩拜辞行之后，老太爷又命孙子曾霆、孙媳瑞贞向文清跪拜送行时，人们很自然地联想到封建礼仪以及封建伦理观念代代相传、绵延无尽的历史现

① 刘章春：《经典剧目：〈北京人〉的舞台艺术》，中央戏剧出版社，2012年，第111页。

② 林克欢：《〈北京人〉与“北京人”》，《中国文艺评论》，2018年第7期。

象。贯穿《北京人》全剧的氛围似乎只有一种，那就是压抑、冷漠、伪善、仇视和永无休止的忍受。这种气氛不仅使曾家的后代们感到窒息，也使看戏的人产生不同程度的压抑感。封建文化禁锢的结果，从思想到生活习惯上无不反映出曾家几代人的严重异化与精神上的创伤。这就不能不使我们从两代人“叩头”中悟到一点简单但又颇为重要的道理：两千多年来，中国历朝历代的人都在不断的“叩头”声中送走了自己的华年。“叩头”不仅将仁人志士的壮怀抱负消磨殆尽，也让一批又一批的封建顺民在皇权、神权、族长与师长面前匍匐在地，打心眼里相信“世上无不是的父母”。①

北京人艺的历史是与老舍的名字紧密联系在一起的。老舍不仅为剧院提供了剧本，更重要的是他以独具北京特色的文学风格影响了剧院，陶冶和培养了北京人艺。当代戏剧评论家黄维钧在《菊苑巡睃》中说道：

老舍是我国著名的小说家、剧作家和曲艺作家，解放初他的力作《龙须沟》由于北京人艺的上演而珠联璧合，名噪一时，而后北京人艺又上演了老舍为他们所写的《青年突击队》《春华秋实》《红大院》《女店员》《茶馆》。老舍熟悉北京市井生活，他的富有北京文化特色、浓郁京都生活气息和民族传统特色的戏剧作品，对造成北京人艺擅长演“京味话剧”起了至关重要的作用。由《龙须沟》的成功，老舍获北京市颁发的“人民艺术家”称号。《茶馆》的演出则把中国话剧推向高峰，并且使中国话剧第一次走向世界，载誉全球。在催发这些名作的诞生以及创造中国话剧演出史上辉煌

① 刘章春：《经典剧目：〈北京人〉的舞台艺术》，中央戏剧出版社，2012年，第112—113页。

业绩，北京人艺功不可没。老舍与北京人艺的关系诚可谓相得益彰。①

2019年2月23日至3月5日，北京人艺再次在首都剧场上演话剧《茶馆》。现代话剧家赵起扬在《忆——起扬文艺工作回眸》中说道：

在一个相当长的时间里，人们一提到《茶馆》，就会自然地想到北京人艺；一提到北京人艺，又会马上想到《茶馆》；好像北京人艺就是《茶馆》，《茶馆》就是北京人艺。为什么会产生这样一种现象呢？当然会有许多原因，但其中有一个重要的原因，就是在建国以后新创作的优秀剧目中，只有《茶馆》这一出戏是仅由一个话剧单位演出的，不知为什么，至今也弄不清楚，也无需弄清楚。②

老舍是土生土长的北京人，他对北京的爱深沉久远，所以北京话就成为老舍作品的一大语言风格。北京话使得老舍的作品更加接地气，更具地域特色，富有极强的生命力。中国艺术研究院话剧研究所研究员柯文辉在《英若诚》一书中说：

北京话一直是作为他作品的语言的素材。他的语言，一方面通俗易懂，另一方面又达到高度的简练，具有丰富的表现力。在他创作的后期，特别注意避免使用过于生僻的土话、方言，但同时又保存了北京话的特色和神韵。在《茶馆》一剧中表现得尤其突出。他对北京的口头文学、曲艺，如相声、说书、鼓词、数来宝等非常熟悉，这些都为他的戏剧语言提供了丰富的营养。以数来宝为例，这本来是旧社会

① 黄维钧：《菊苑巡睃》，大众文艺出版社，1998年，第276页。

② 赵起扬：《忆——起扬文艺工作回眸》，北京图书馆出版社，2000年，第58页。

北京乞丐沿街求乞时编的顺口溜，在《茶馆》中，他巧妙地利用了这个形式，使之成为介绍时代背景的幕前词。他一方面严格地保持着数来宝的风格、神韵，一方面又赋予它以深刻的思想内容。①

焦菊隐是中国著名的戏剧家，他是北京人民艺术剧院的创建人之一。在北京人艺，由焦菊隐担任导演，先后排演了郭沫若的《虎符》《蔡文姬》《武则天》，老舍的《茶馆》，田汉的《关汉卿》《名优之死》等。焦菊隐的导演成就备受称誉，被认为是“五四以来的戏剧艺术——特别是导演艺术最高成就之一”。北京师范大学文学院教授邹红在《作家·导演·评论：多维视野中的北京人艺研究》中说道：

曹禺称焦菊隐是北京人艺发展史上必须被我们长久记住的名字，这是他从焦菊隐与北京人艺的关系得出的结论，事实上焦菊隐也是中国现代戏剧史，特别是中国现代戏剧导演理论史上一个应该被人们记住的名字。他曾是一名出色的作家，出版过不止一部诗集和小说集；他也是一名优秀的翻译家，翻译过莫里哀、哥尔多尼、高乃依、左拉、爱伦堡、巴拉兹、契诃夫、高尔基等人的剧作或小说；他还是一名杰出的学者，对于中西戏剧文学、戏剧理论都有独到的研究；他更是一名卓越的戏剧导演，在理论和实践两个方面都有辉煌的建树，取得了人所不及的成就。

但焦菊隐的成功却非偶然。如果我们认真追溯一下这位大师成长的历程应该会发现除了天分之外，至少还有勤奋和机遇，加上时代的沾溉，共同造就了一代名导焦菊隐，使他成为中国现代戏剧舞台天幕上耀眼的星座。

---

① 柯文辉：《英若诚》，北京十月文艺出版社，1992年，第137页。

那么，在焦菊隐的成功背后，由哪些因素在起作用？其中为焦菊隐本人所独有的又是什么？①

他们是北京人艺屹立不倒的支柱，是京味话剧历久弥新的精神力量，相信今后还会有更多的话剧大家让北京人艺永葆辉煌，让京味文化以话剧的形式继续传承下去。

3. 话剧里的京味儿语言

众所周知，我国的话剧艺术是舶来品。艺术舶来品的特征就决定了话剧在我国的发展必然伴随着一个民族化的进程，云南艺术学院戏剧学院的孟姣曾在其文章中写道：

人物的语言是带动其他视听要素的先决条件。因此，对戏剧语言的改良就显得尤为重要。这种改良可以是以白话的方式呈现，也可以是以带有某种韵律或某种地方特色的方言为主的方式呈现。如此，话剧就有被大众接受的可能。因为观众首先听懂了语言，才谈得上了解作家作品的艺术内涵。试想，如果观众觉得连台词都生涩，尽是一些学生腔、欧美腔的话，那就自然不会对话剧产生亲切感，更谈不上欣赏话剧、普及话剧了，这会有碍于话剧民族化的进程。但是，如果话剧的语言是通俗易懂的，是大众喜闻乐见的，甚至是带有生活化的语言，那么，这就对推动话剧的民族化非常有益了，也有利于话剧艺术的宣传和普及。②

话剧民族化进程的实现必然伴随着话剧语言民族化的过程，只

① 邹红：《作家·导演·评论：多维视野中的北京人艺研究》，文化艺术出版社，2008年，第102页。

② 孟姣：《从〈茶馆〉京韵语言的运用看中国话剧的民族化问题》，《戏剧之家》，2014年第1期。

有带有地方性或者民族性的语言节奏或韵律呈现在话剧的表达中，在观众懂了的基础上才能了解作家通过作品所传递的内涵。而话剧在融入北京人生活的过程中，伴随着一些京味儿化的民族化过程，而民族化进程的结果是伴随着民族风格的形成，有什么样的语言就有什么样的艺术风格。老舍曾在其著作《关于文学的语言问题》中提及：

> 我们常常谈到民族风格。我认为民族风格主要表现在语言上。除了语言，还有什么别的地方可以表现它呢？
>
> ……
>
> 对话很重要，是文学创作中最有艺术性的部分。对话不只是交代情节用的，而要看是什么人说的，为什么说的，在什么环境中说的，怎么说的。这样，对话才能表现人物的性格、思想、感情。①

“京味儿”话剧是北京人艺的一大特色之一，北京人艺话剧中的京味儿语言是渐行渐远的京腔京韵在北京生活的一种体现，体现了北京话所具有的独特的语言魅力以及京味儿话剧所蕴含的丰富的北京文化内涵。当代戏剧学者廖奔在《说北京人艺的风格》中谈及：

> 北京人艺的“京味儿”风格至少有两个方面的内涵，一是运用了北京胡同语言的表达方式，二是涂染了北京民俗生活的浓郁色彩。②

廖奔笔下的人艺“京味儿”，一方面体现在胡同语言的表达方式对于历时、共时场景的一种再现，通过舞台的方式予以再次呈现；另

① 老舍：《关于文学的语言问题》，《老舍全集》（第十六卷），人民文学出版社，2008年，第361页。

② 廖奔：《说北京人艺的风格》，《中央戏剧学院学报》，2010年第2期。

一方面浓郁的北京民俗生活场景不仅可以通过话剧的语言形式本身呈现出来，故事情节本身就是生活场景的一种再现。

话剧里的京味儿不仅仅体现在北京语言词汇层面，还体现在腔调、节奏的角度。如老舍的《茶馆》中所用的语气词较多的是“唉、哼、嗯、哟”，这四个语气词具有强烈的生活气息，同时也有更具有地方特色的“喝、得”，具有浓浓的北京味儿。透过短短的一个语气词，伴随着强烈的情感起伏，我们可以看到一个地地道道的北京人在表达个人情感时的反应，更为重要的是在话剧这个舞台上能够建立表演者所呈现的故事情节与观众之间的一种情感上的联系，从而引发一种认知与情感的共鸣，进而为观众所接受。

老舍为北京话剧的发展做出了重要的贡献，他所处的时代不仅造就了他在话剧史上的重要地位，而且在语言学上的地位也得以凸显，他促进了由书面语向口语发展的进程，并用白话文进行写作。华东师范大学胡范铸教授曾在其文章《〈茶馆〉语言的美学特征》中写道：

> 如果说郭沫若的语言仿佛雷劈斧砍而就的山岩，遒劲有力而难免嶙峋；如果说叶绍钧的语言好像太湖潮退后的沙滩，平平展展却未免单一，那么，老舍《茶馆》的语言则首先如甘泉一般，是纯净清冽之液态。这种“简单的、有力的、可读的，而且美好的”文学语言，体现出一种极为圆润的流动美，是真正的生活的“原味儿”。①

在胡范铸的眼中，北京话剧代表人物之一老舍的语言是流动的，简单、有力、可读，具有生生不息的生命特征，而这种生命特征通过舞台的形式展现出来呈现的就是极为洒脱灵动的句式。如老舍的茶馆中没有拗口的长句，呈现出来的是直白简短的语句，也是地地道道的

① 胡范铸：《〈茶馆〉语言的美学特征》，《四川师大学报》，1986年第3期。

北京话。如《茶馆》第一幕中：

> 算了吧，我送给你一碗茶喝，你就甭卖那套生意口啦！用不着相面，咱们既在江湖内，都是苦命人！（由柜台内走出，让唐铁嘴坐下）坐下！我告诉你，你要是不戒了大烟，就永久交不了好运！这是我的相法，比你的更灵验！
>
> ［松二爷和常四爷都提着鸟笼进来，王利发向他们打招呼。他们先把鸟笼挂好，找地方坐下。松二爷文绉绉的，提着小黄鸟笼；常四爷雄赳赳的，提着大而高的画眉笼。茶房李三赶紧过来，沏上盖碗茶。他们自带茶叶。茶沏好，松二爷、常四爷向邻近的茶座让了让。①

《茶馆》中多是这种简短的语言表达，通过这种简练的表达方式，我们不仅可以看出浓厚北京味儿的语言特征，更能透过这些语言简短的话语看到一个世界，一个属于北京味儿的世界。在这个世界里，松二爷、常四爷、遛鸟、画眉、盖碗茶，构成了一幅生动的遛鸟图，呈现的是地道的老北京人闲适的生活，老北京人的情趣，老北京人的性格特征以及那飞雪溅玉、喷涌而出、倾泻而下的沉浸在字里行间的作者对于老北京的深沉的热爱之感和对于作品本身所描绘的那个年代里述不清的故事。

而话剧语言民族化的进程绝不是庸俗化的过程，它仍然对语言表达、起承转合有着较高的要求，话剧呈现的是一个具体的故事。老舍曾对话剧的语言特征在《出口成章》中做了一个较为详细的说明：

> 我们讲思想性，故事性；应当讲！但是，思想性越高，便越需要精辟的语言，否则夹七夹八，词难达意，把高深的

① 老舍：《茶馆》，《老舍全集》（第六卷），人民文学出版社，2008年，第23页。

思想说得糊里糊涂。多么高深的思想，需要多么精到的语言。故事性越强，也越需要生动鲜明的语言。精彩的语言，特别是在故事性强的剧本里，能够提高格调，增加文艺韵味。故事性强的戏，容易使人感到作者卖弄舞台技巧，热闹一时，而缺乏回味。好的语言会把诗情画意带到舞台上来，减少粗俗，提高格调。不注意及此，则戏越热闹，越容易降入平庸。

格调欲高，固不专赖语言，但语言乏味，即难获得较高的格调。提高格调亦不端赖词藻。用的得当，极俗的词句也会有珠光宝色。为修词而修词，纵字字典雅，亦未必有力。不要以为多掉书袋，酸溜溜的，便是好文章。字的俗雅，全看我们怎么运用；不善运用，雅的会变成俗的，而且比俗的多着点别扭。为善于运用语言，我们必须丰富生活经验，和多习书史，既须掌握活的语言，又略习旧体诗文。好的戏剧语言不全凭习写剧本而来，我们须习写各种文体，好好地下一番工夫。缺乏此种工夫的，应当补课。

有的剧本，语言并不十分好，而演出很成功。是，确有此事。可是，这剧本若有更好的语言不就更好吗？有的剧本，文字上乘，而演出不大成功。是，也确有此事。这该去找出失败的原因，不该因此而断定：成功的剧本不应有优美的文字。况且，这样的作品虽在舞台上失败，可是因为文字可取，在图书馆中仍能得到地位。有许多古代剧本已多年不上演，我们可还阅读它们，原因之一就是因为语言精致，值得学习。[①]

语言是思想的表达，话剧是以对话的形式展开的一门舶来品的艺

① 老舍：《出口成章》，《老舍全集》（第四卷），人民文学出版社，2008年，第29—30页。

术，而北京话剧中的京味儿语言是其民族化的一个显著体现。但是民族化的进程在老舍的笔下并不意味着就是庸俗化的过程，也不意味着一味脱离生活的高雅化的语言。北京人艺中的话剧形式具有显著的北京话剧民族化的进程，透过话剧的语言，我们可以体会浓浓的北京风情，品味京味儿世界的艺术快感。

三、荟萃百艺的天桥

文人笔下的北京，少不了人头攒动的天桥市场。天桥是老北京市民最接地气的“大舞台”，是文人北京书写中牵动生活意趣与品位的“闲笔”，同样也是市民社会的文化标志，蕴蓄江湖风味与人文情怀。作为六朝古都，北京经历了几度改朝换代，历史的风云变幻为这座城市增添了几许厚重的色彩，也为生活其间的人们留下了道不尽的传奇故事。

清代朱一新《京师坊巷志稿》有云：“永定门大街，北接正阳门大街，有桥曰天桥。东南则天坛在焉，西则先农坛在焉。”天桥原是位于北京外城永定门北、正阳门南的一段石拱桥，因作为明清天子到天坛祭祀的必经之路而得名。20世纪30年代，天桥被拆除，“天桥”一词成为周围街区地名。天桥一带曾因风光优美而成为文人墨客游览雅集之所，后成为市井消费娱乐之地。“旧时王谢堂前燕，飞入寻常百姓家。”本是供天子出行、平民回避的“天子之桥”，在历史流转中竟成为平民消费娱乐的集市，并深深地镌刻进城市记忆，市民社会的活力与韧性由此可见一斑。

“三教九流无奇不有，百业杂陈无所不备，凡欲维持临时生活者，苟有一技特长，能博观者之欢乐，亦可借此糊口。”[①] 老天桥是一个商贩、艺人富集的热闹街区，往来者多为下层百姓，游乐项目、曲艺杂技等演出项目、摊贩吃食繁多，充满了烟火气。《北平旅行指南》介绍这里“艺人如蚁，游人如鲫”，现代剧作家、翻译家姚克在《天桥风景线》中则称其为“北平下层阶段的乐园”：

> 此向东南循着路走去，就是高等华人所不去的“天桥”！北平下层阶段的乐园。

① ［清］朱一新：《京师坊巷志稿》，北京古籍出版社，1982年，第195页。

高低不平的土道旁，连绵的都是“地摊”，穿的、用的，甚至于旧书和古董，色色都有。我跟着蚂蚁似的群众在这土道上挤向前去，前面密密层层排着小店铺，露天的小食摊，茶店，小戏馆，芦席棚，木架，和医生卜星相的小摊，胡琴、锣鼓、歌唱、吆喝的声音。在我耳鼓上交响着；一阵葱蒜和油的气息向我鼻子里直钻。[①]

20世纪30年代初，姚克主要从事中外优秀文学作品的译介。他在《申报》上发表了介绍天桥情况的文章，除他一贯活跃于上海文艺界的原因之外，未尝没有以当时中国最具开放气质的摩登都市——上海作为窗口向世界展示中国的意图。姚克重点描写了天桥集市的摔跤项目。摔跤是世界最古老的运动项目之一，也是中国传统竞技项目，竞技内容是两名运动员徒手相搏斗，以将对方摔倒于地为胜。天桥摔跤是中国式摔跤的代表之一，第三代“天桥八大怪”中的沈三便是摔跤好手。天桥摔跤兼具竞技性和表演性，既紧张刺激又传情逗趣，素有“武相声”的别称，这对艺人的体力、智力都是很大的考验。表演时，艺人不仅要使巧妙劲将对方搏倒，还要插科打诨，活跃场上气氛，时而出言挑衅，时而自我解嘲，在这一来一回、有输有赢间尽显天桥杂艺的快意和趣味。姚克在《天桥风景线》中呈现的这段摔跤表演可谓别有风趣，场面滑稽而酣畅，体现着艺人的巧思，使人印象深刻：

走到尽头处，有一个露天场子围着一堆瞧热闹的人。我挤进去一看是两个“摔跤的”在那里角力。他们上身赤着膊，只穿一件粗麻布的特别背心，胸腹都袒露着。其中一个是大肚子，肚皮像瓠一般凸出，形状很好笑。

① 姚克：《天桥风景线》，姜德明编：《梦回北京：现代作家笔下的北京（1919—1949）》，生活·读书·新知三联书店，2009年，第122页。

"我就不服这口气，"大肚子指着他的伴当说，"只准你摔倒我，不准你趴下。只等我一趴下——哗哈！大伙儿就都乐啦！"

"哈……哈……"看客们哄然笑了。

"噼啪，噼啪。"在肉和肉的搏击声中，大肚子和他的同伴扭做一团。才一眨眼，他已把他凌空抱了起来。但那人手脚快，双手扳住他的颈项，两条腿就夹住了他凸出的肚皮，若要摔倒他，大肚子自己也得跌翻。

"哈……哈……"观众看大肚子没法想，都很高兴。

"你瞧！他们只帮你！"大肚子放下他的伴当，忿忿地说。

"哈哈……"众人又笑了。

我刚离开这片场子，背后哄哄的又是一片笑声。回头一瞧，原来大肚子被他的伴当摔翻了，正趴在地上喘气儿。①

张恨水祖籍安徽，出生在江西，1919年秋到北京，从此开始了寓居北京的生活，直到抗战爆发才迁居西南。作为一名外乡人，张恨水是以赏玩的目光抚摸北京城的，因而他的北京书写多是全景式描写而少细节，铺展如画。他的散文《天桥》对天桥游艺的场面也有着墨，在文中点染了天桥游艺内容之丰富、价格之低廉：

天桥游艺的内容是很丰富的。唱戏的有五家（天桥剧场除外），唱京戏、河北梆子和评戏。电影院三家。大鼓书四家。说相声的两家。清唱京戏的有两家。说评书的有十几家之多。摔跤（一名掼跤）一家。演幻术的六家。拉洋片的一家。

---

① 姚克：《天桥风景线》，姜德明编：《梦回北京：现代作家笔下的北京（1919—1949）》，生活·读书·新知三联书店，2009年，第124页。

大家都知道，过去在天桥演杂技的第一流名手，早已组成了中国杂技团到各国演出过，博得了很好的声誉。演出的节目中，像踢毽子、走高跷、练双石、攀扛子、双轮车、抖空竹等，最为精彩。

上天桥玩，价钱是十分便宜的。譬如看戏，充其量不过五角四角钱，看幻术不过一角钱。好多玩艺，你坐着看可以，站着看也可以，等他歇艺，向你道着劳驾的时候，你伸手给五分钱，他还向你道谢呢。甚至没有钱，卖艺的也就算了。小摊子饭馆里的东西也非常便宜，花几角钱就可以吃个饱。[①]

正如张恨水所说，天桥游艺项目林林总总，异常丰富。据方志学家张次溪的《天桥丛谈》介绍，天桥集市仅说唱一门便有八角鼓、十不闲、子弟书、大鼓书、坠子、秧歌等数十项，加之各种软硬杂技，实在叫人目不暇接。而在张恨水的小说《啼笑因缘》中，天桥作为故事展开的一个重要场景起到了很大作用，张恨水将天桥设置为寓雅于俗、雅俗相接、上层人士结交下层百姓的场所。小说第一回，公子哥樊家树便于游天桥时与武师关寿峰、关秀姑父女结识，而天桥的鼓书表演，则为樊家树与女艺人沈凤喜的相识相知相恋提供了机缘。

鼓书是流行于北方的中国传统曲艺，一般有弦乐伴奏，由一人自击鼓板站着演唱，演唱的内容是模式化的历史故事或男女爱情故事，讲究唱念与弦功。老天桥有许多鼓书女艺人，小说《啼笑因缘》的主人公沈凤喜就是其中之一。鼓书表演需要演唱者揣摩并呈现曲词中人物的性格与心境，她演唱的是《黛玉悲秋》，眉目间的清媚与忧郁让樊家树对她一见钟情：

四周有一二十个听书的，果然分在草地和台阶上坐下。

① 张恨水：《天桥》，《大公报》（香港），1956年6月20日。

家树究竟不好意思坐，看见身边有一棵歪倒树干的古柏，就踏了一只脚在上面，手撑着脑袋，看了那姑娘唱。

当下这个弹三弦子的便伴着姑娘唱起来，因为先得了家树两吊钱，这时更是努力。那三弦子一个字一个字，弹得十分凄楚。那姑娘垂下了她的目光，慢慢的向下唱。其中有两句是："清清冷冷的潇湘院，一阵阵的西风吹动了绿纱窗。孤孤单单的林姑娘，她在窗下暗心想，有谁知道女儿家这时候的心肠？"她唱到末了一句，拖了很长的尾音，目光却在那深深的睫毛里又向家树一转。家树先还不曾料到这姑娘对自己有什么意思，现在由她这一句唱上看来，好像对自己说话一般，不由得心里一动。①

天桥集市是市民社会昌隆的一个窗口，这得益于官方城市规划的缺位。民国初年，市政府在天桥建造商场的计划因资金不足而搁浅，作为临时市场的天桥吸引了大量商贩和艺人，平民市场由此得以恣意生长。1918年天桥戏棚火灾之后，市政府欲重启建造大商场的规划，遭天桥商贩请愿反对而搁浅。官方最终未能将天桥市场"收编"进城市规划，天桥作为北平市民娱乐空间、消费空间乃至心理空间的重要地位由此可见一斑。

图 99　卖糖葫芦的天桥摊贩

天桥的"面相"即北平下层社会的世相。潮涌在天桥街

① 张恨水：《啼笑因缘》，《张恨水全集》（第十五卷），北岳文艺出版社，2019年，第13—14页。

头的是北平最贫苦的百姓，这里的摊贩、艺人、游玩者和消费者无一不是城市贫民，寥寥可数的钱与物在这地界从一个干瘪的钱袋游走到另一个干瘪的钱袋。天桥集市也像这个巨大而“羞涩”的钱袋吞吐着北平民众的苦难，为箪瓢屡空的下层百姓兑换某一日的餐食或某一刻的笑容。

钱歌川的《游牧遗风》对天桥的书写带有审视的距离感，将天桥艺人的生活作为一种独特的文化现象加以看待，笔触冷静亦不乏悲悯。他指出，天桥街区的贫苦是王府井或东交民巷一带上层人士所不可想的，恍若“另外一个世界”：

> 天桥也就和伦敦的东区（East End）一样，是北平的贫民窟。这儿的人所受到世间的最大的恩惠，就是阳光……
>
> ……
>
> 惯在北平王府井大街或东交民巷一带走动的人，他们是不会知道人间还有地狱的。一朝走到天桥，也许他们要惊讶那是另外一个世界。殊不知那正是我们这个世界的基础，我们这个人间组织的最大成分呢。①

老舍《天桥》一文则对比了新中国成立前后天桥的巨大变化，以天桥作为观察新中国成立后“全北京新风气”的基点。新中国成立前在天桥一带寻衅滋事、欺男霸女的流氓恶棍被公审，天桥一带的治安情况整治一新，以往藏污纳垢的可怕天桥变成值得羡慕与学习的可爱天桥，让老舍感慨不已。同样表现天桥新面貌的还有吴祖光的随笔《北京的天桥》。与老舍着眼于天桥讨生活的人群不同，《北京的天桥》更多的是从往来游人的精神面貌来写天桥的变化，吴祖光在文中赞颂新生天桥的活力，他笔下的游客服饰崭新、笑容满面与《游牧遗

① 钱歌川：《游牧遗风》，《钱歌川文集》（第一卷），辽宁大学出版社，1988年，第48—49页。

风》对天桥的书写大相径庭。

老天桥的欢笑是以北平下层百姓的悲苦生活作为底色的。贫苦百姓在这里以带笑的吆喝或新奇的表演来维持人生的存续。正如现代诗人衷若霞的《天桥》所写的那样，天桥人群的笑是经苦难磋磨后的韧性，是《西游记》式的“哭不得，所以只得笑也”的疲乏与无奈，而艺术的小花就是从这样苦难的土壤里生长出来的：

> 天桥是一部活动电影，是一部沉痛人生的悲剧，虽然，你从他们的脸上，可以看到他们都有笑容。这笑容，是从他们铁压下的心上和身上榨出来的。为了生活，他们便把自己的悲剧来反串喜剧，把自己的眼泪滴成歌曲，自己的技术作为商品，自己的精力变成娱乐。
>
> ……下层群众的集体，天桥写出了这社会穷苦者的真实面目，匍匐人生道上，流血出汗洒泪珠，是为了生活，是为了应付不断抽上身来的铁鞭，每个人，在这把生命渐渐支还上帝去，他不会知道自己一生是为着什么，也不知道自己为什么要这样生活。他承认命运，那人骗人的荒谬的语言，使他们不作声息过下这一生。①

天桥集市的盛况是一种广场式的狂欢，其临时性、敞开式的经营方式与“广场空间”相契合、自由乃至混乱的游艺娱乐与皇城根儿下的森严等级秩序格格不入，反而与巴赫金所说的“发生在广场上的狂欢节”如出一辙。正如当代民俗学者岳永逸在《空间、自我与社会：天桥街头艺人的生成与系谱》中所指出的：“在这二里地大的范围内，近代狂欢的天桥也就始终洋溢着‘广场式狂欢化精神’，狂欢化也就

① 衷若霞：《天桥》，梁国健编：《故都北京社会相》，重庆出版社，1989年，第84—86页。

成为贱、脏、贫的杂吧地天桥的本真。”[1] 在下层贫民负重前行的日子里，天桥游艺所带来的片刻欢笑、些微艺术的闪光就足够让他们继续忍耐生活的磋磨。在小说《骆驼祥子》中，被生活打击得“已经不会笑”的祥子来到天桥街头，他感觉一切也还没那么糟糕，他舍不得热闹可爱的天桥，舍不得离开有天桥的北平：

> 新年后，九点多钟，铺户的徒弟们就已吃完早饭，来到此地。各色的货摊，各样卖艺的场子，都很早的摆好占好。祥子来到，此处已经围上一圈圈的人，里边打着锣鼓。他没心去看任何玩艺，他已经不会笑。
>
> 平日，这里的说相声的，耍狗熊的，变戏法的，数来宝的，唱秧歌的，说鼓书的，练把式的都能供给他一些真的快乐，使他张开大嘴去笑。他舍不得北平，天桥得算一半儿原因。每逢望到天桥的席棚，与那一圈一圈儿的人，他便想起许多可笑可爱的事。现在他懒得往前挤，天桥的笑声里已经没了他的份儿。他躲开人群，向清静的地方走，又觉得舍不得！不，他不能离开这个热闹可爱的地方，不能离开天桥，不能离开北平。[2]

清贫的物质生活与丰富而有韧性的文化生活交织，这便是苦中作乐的老天桥的生存况味，是天桥的文化意义之所在。让同祥子一样的北平百姓所魂牵梦萦的正是这个热闹可爱的天桥，是这群苦中作乐的天桥百姓，是这片从酸楚的人生泪里榨出艺术回甘的文化街区。“天桥”这两个字的意义并不局限于这座桥，而更在于这两个字所代表的一种娱乐文化。天桥的文化内涵早已深入人心，成为市民娱乐文化的

---

① 岳永逸：《空间、自我与社会：天桥街头艺人的生成与系谱》，中央编译出版社，2007年，第195页。

② 老舍：《骆驼祥子》，《老舍全集》（第三卷），人民文学出版社，2008年，第129页。

名片融进了北京的文化记忆。这种内涵，是如今的仿制天桥所难以企及的，甚至可以认为仿制天桥会将人们对天桥的想象凝固在建筑实体中，反而成为另一种限制。

今天，曾经的“御路”天桥早就湮灭于历史烟云，曾经的天桥集市也已经不再，其原址上建起了天桥市民广场。市民广场周围诸如天桥艺术中心、天桥剧场、北京杂技剧场和德云社等文艺场所云集。老天桥种下的艺术种子让这片街区于物质富足的今天“百花齐放”，天桥文脉延续至今，继续为人们的精神生活增光添彩。

图100　当代艺人表演天桥绝活儿“力拉五张弓”

后　记

历史上各个历史阶段的文化名人，怀着不同的心境，在不同的文体里诠释出一个千姿百态的北京。无论是谈论北平的自然风景还是描绘北京的人文景观，或是书写北京的城与人，抑或是描摹北京风俗，这都构成了北京历史文化不可或缺的侧面。文化名人与作品是我们今天去理解北京的一个特殊视角，在他们的笔下，不仅能够看到北京几千年来的历史风貌、风土人情的演变，更加能够在传统与现代、东方与西方的交汇中体味北京文化的深厚底蕴与博大胸怀，增强我们整个民族的文化自信。

本书能够顺利完成，离不开一批作者的倾情投入，现将参加本册撰写的人员及所承担的部分分列如下——

绪　论　李春雨
第一章　万书言　谭　望
第二章　张　悦　韩　静　苏怡欣
第三章　汤　晶　梁　诗　马行空
第四章　乔　宇　刘景艳　蒙　娜
第五章　乔　宇　蒙　娜　苏怡欣

以上内容经过李春雨教授统稿、审读和多次修订，才有了我们今天看到的最终面貌。特别要说明的是，没有北京市社科联的诚挚关心与大力支持，本书的推进是不可能如此顺利完成的。在此，我们向其表示最诚挚的谢意！

由于本书涉及对象资料众多，作者能力有限，错讹之处恳请方家不吝赐教，以期共同促进这一研究领域的发展。

作者

2019年5月8日